AF396122

PREMIERE PARTIE
DE LA
PRODVCTION
DE
MONSIEVR FOVCQVET
CONTRE CELLE DE
MONSIEVR TALON.

PVISQVE Monſieur Talon ne peut épuiſer ſa
haine, & ne ſe laſſe point de m'attaquer : Puiſqu'il s'auiſe de faire imprimer certains extraicts choiſis en toute ſa production, ſeulement dans la penſée
de me faire de la peine, & non pas pour en inſtruire
la Chambre, laquelle en a eu la communication il y
a déja long-temps; Puiſque par vne conduitte nouuelle, qui ſe contredit elle-meſme, il veut rendre publiques des pieces ſecrettes d'vn procez, leſquelles
il auoit declaré ſolemnellement deuoir demeurer
dans le ſilence : I'ay cru à propos pour le ſoulager,
de faire voir le total de cette digne production, l'ouurage de dix-huit mois, le reſultat de tant de conſeils,
le chef-d'œuure de tant de grands hommes, auſquels
il preſide; afin qu'on ne prenne pas de fauſſes lumieres, & des connoiſſances imparfaites, ſur des
extraicts tronquez, & qu'on ne voit que par lam-
beaux; mais qu'on juge du total, quand on aura
veu les obſeruations que j'y ay faites.

Inueutai-
re de pro-
duction.
Fol. 4.
verſo.

I'eſpere que dans peu de temps M. Talon vſera
de ces pieces comme il a fait des procés verbaux.

Il auoit fait faire & produit le nombre de trente-
trois procés verbaux, & cent & vn interrogatoires,
ou declarations des gens d'affaires, & autres particuliers, pour juſtifier les calomnieuſes accuſations
intentées par mes ennemis contre moy : mais comme il m'a veu preſt d'y reſpondre, il a eſté contraint de ſe départir honteuſement de la pluſpart, en abandonnant du premier coup juſques à
vingt-quatre deſdits procés verbaux, & toutes ces
declarations; & ſe reſtraignant à neuf procés verbaux ſeulement : qui eſt vne choſe inouïe d'vn

LA FORME NOVVELLE que mes ennemis ont mife en pratique, pour paruenir à l'execution du deſſein qu'ils auoient formé de me perdre, eſtant innoüie, & ſans exemple dans les fiecles paſſez, & la procedure qu'ils ont tenuë, à commancer par ma capture ſans information, & ſans decret ; juſques à la viſite & jugement du Proçés qu'ils font faire : diſſimulans qu'il n'eſt pas encor inſtruit de leur part ; eſtant vne forme & vne procedure toute extraordinaire d'vn bout à l'autre : elle me contraint à vne défenſe qui paroiſtra auſſi, peut-eſtre, extraordinaire; mais je ſuis perſuadé que dans la ſuitte, on ſera conuaincu qu'en l'eſtat ou je ſuis, & dans les circonſtances qui s'y rencontrent, il m'a eſté impoſſible d'en vſer autrement.

M. Talon qui eſt mon ennemi depuis long-temps, & qui pour peu qu'il euſt eu d'honneur & de conſcience, deuoit s'eſtre deporté de luy meſme de la connoiſſance des choſes qui me regardent, ayant fait rendre vn Arreſt des le quatre, ou cinquiéme Octobre 1662. portant que la Chambre appointe les parties à produire & ouïr droit, que le Procureur General baillera ſes concluſions, & moy mes défenſes par attenuation.

Il n'y a point ſatisfait de ſa part; il m'a fait forclore de fournir de défenſes à des concluſions que je n'ay point veuës ; Il m'a retenu par authorité les pieces qu'il me faiſoit commandement de produire, & m'a fait forclore enſuite de produire les papiers qu'il refuſoit de me rendre.

Ie n'ay pû donc apprendre les chefs d'accuſation, que par la lecture des cottes de ſon inuentaire, & n'ay pû recouurer de pieces pour ma juſte & legitime defenſe, que celles qu'il produit luy meſme, & tres-peu d'autres, qui m'ont eſté nouuellement renduës, à comparaiſon du grand nombre que j'auois en ma poſſeſſion ; De ſorte

que je me trouue reduit pour faire la presente production, à prendre autant de cottes qu'il y en à dans l'inuentaire de M. Talon, pour autant de chefs d'accusation contre moy; examiner la qualité des preuues qu'il pretend
établir par chacune desdites cottes; & produire ce que
je puis trouuer dans les pieces qu'il a produites sousles
mesmes cottes, ou sous les autres cottes de sa production;
y ajoûtant seulement quelques pieces, que j'ay pû dé-
mesler à la haste, dans ce que la Chambre m'a bien voulu communiquer de mes propres papiers.

Et neantmoins par le moyen de ce petit nombre de
pieces, ma justification se trouue si entiere, que nonobstant que les plus importantes m'ayent esté soustraites,
j'espere qu'il y en aura suffisamment pour faire voir que
mes ennemis ne peuuent éviter vne punition exemplaire
d'vne si noire calomnie, & d'vne oppression si injuste.

Ie produits donc pour tout avertissement, les responses
que j'ay faites au preambule de l'inuentaire de M. Talon,
pour détruire l'impression que pourroit faire dans les esprits vn discours remply de faits aussi contraires à la verité que sont ceux qui y sont contenus.   Ladite piece
cottée.
Vn.

Pour justifier que ce n'est pas sans raison que j'ay allegué par tout, que M. Talon doit estre suspect pour les
choses qui me regardent, & que si par vne Iurispruden-
ce, & vne regle de conscience nouuelle, quelques Procureurs Generaux ont crû ne pouuoir estre recusez, & ne
deuoir se deporter d'eux mesmes des affaires ou ils ont
interest, ou dans lesquelles il y a raison de croire, qu'ils
seront agitez des passions qui ostent la liberté d'agir
auec moderation; neantmoins il y a des raisons si con-
uaincantes qu'elles doiuent au moins operer dans l'esprit des Iuges, que le mesme M. Talon demeurant partie, doit estre sans creance, & consideré, non pas comme

vne partie publique; mais comme toute autre partie, qui ne le feroit qu'en fon propre & priué nom. Ie produis la Requefte, que j'ay cy-deuant prefentée à la Chambre, contenant quelques-ynes des caufes de recufation que j'ay contre luy, aufquelles j'en aurois pû ajouter d'autres plus fortes, que je referue ailleurs, & que je tais à prefent par des confiderations particulieres.   Ladite piece cottée   *Deux.*

Et pour montrer que ces maximes n'ont pas toûjours eu lieu, & que ceux qui ont efté moderez, n'ont pas voulu dans les occafions importantes, donner ce déplaifir aux accufez de connoiftre de procés criminels, & y prendre des conclufions, quand ils ont efté fufpects aux parties, j'employe vn extraict de ce qui s'eft paffé au procés de M le Chancellier Poyet, de la connoiffance duquel M. le Procureur General & M^{rs} les Advocats du Roy du Parlement s'excuferent & fe deporterent d'eux mefmes. Ladite piece cottée.   *Trois.*

RESPONSES

AV PREAMBVLE DE

l'Inuentaire de Production de M. Talon Procureur General de la Chambre de Iustice.

LE Preambule que M. Talon fait à sa Production, est plû-tost l'inuectiue d'vn Ennemy declaré qui satisfait à sa haine, que ce n'est l'establissement du faict d'vn Procés, dans la sincerité que doit auoir vn Procureur General en toutes occasions, & principalement en matiere criminelle.

Ie croirois manquer à ce que ie me dois à Moy-mesme, si ie n'y faisois quelque response, afin que ceux qui liront vn si estrange discours, ne se laissent pas surprendre au nom & à l'authorité d'vne personne publique; mais qu'ils soient aduertis d'estre sur leurs gardes, & ne tomber pas en des pieges qui leur sont preparez auec beaucoup d'artifice.

Ils auroient peine à reconnoistre la verité, desguisée comme elle est, si ie ne prenois quelque soin de la desueloper, & il seroit presque impossible, de penetrer au trauers de tous les nuages dont elle est obscurcie, si ie n'apportois quelque lumiere pour l'esclairer.

Il est donc necessaire que j'obserue, que M. Talon estoit mon Ennemy capital, il y a plusieurs années; Il est bon que l'on sçache, Qu'il n'est pas deuenu mon Ennemy, pour auoir esté fait Procureur General de la Chambre; mais qu'il a esté fait Procureur general de la Chambre, à cause qu'il estoit mon Ennemy.

Cét employ luy a esté procuré par le sieur Colbert, que cha-

A

cun connoiſt pour ma veritable Partie ; C'eſt ledit ſieur Colbert qui depuis long-temps à formé le deſſein de m'opprimer ;
c'eſt luy qui eſt l'inſtigateur de l'accuſation intentée contre
Moy ; c'eſt luy qui eſt le plus intereſſé à ma perte, & qui a fait
tant de choſes extraordinaires pour y reüſſir, quelles font connoiſtre eſgalement ſon pouuoir & ſon animoſité, s'eſtant porté en cette affaire, comme ſi ſa fortune ne pouuoit ſubſiſter que
par ma deſtruction.

On peut juger apres ces conſiderations, ſi M. Talon excité
par ledit ſieur Colbert, & animé de ſa propre paſſion doit eſtre
ſuſpect dans les affaires qui me regardent.

En effect, il paroiſtra cy-apres, qu'il n'agit pas comme vn
Procureur General deuroit faire ; c'eſt à dire, n'auançant aucun faict qui ne ſoit veritable & bien prouué, empeſchant les
vexations, & faiſant obſeruer les formes preſcrites par les Ordonnances : Mais au contraire comme vn Ennemy paſſionné,
alleguant des ſuppoſitions pour des veritez, diſſimulant tout
ce qui peut excuſer vn Accuſé, & en vn mot abuſant de ſon credit & de l'authorité de ſa Place, pour faire des ſurpriſes, qui ne
ſeroient pas tolerées en vne autre Partie.

I'ay fait ſeulement quelques remarques à la haſte, dans le
delay qui m'a eſté donné, lequel n'eſt pas ſuffiſant pour lire la
moitié des pieces produites contre Moy ; au lieu que mes Parties ont eu dix-huict mois à faire des recherches, & y ont employé tous ceux qui ont du pouuoir en France.

Cependant M. Talon ſe plaint en toutes occaſions des ſuites
& des longueurs que j'affecte, & a voulu ſe ſeruir de ce moyen
pour empeſcher l'effect de ma demande, en communication
des pieces qu'il auoit produites ; encore que ſa Production ne
fuſt pas faite, ny l'Inſtruction acheuée ; puis qu'il a fait reconnoiſtre depuis peu la pluſpart des pieces du Procez ; qu'il a fait
de nouueaux extraicts dans les Regiſtres de l'Eſpargne ; qu'il
fait tous les jours de nouuelles productions ; qu'il a fait ſubde-
leguer vn Iuge d'Angers, pour commencer vne Information
en baſſe Bretagne ; qu'on entend tous les jours de nouueaux té-

moins; qu'on fait des Interrogatoires & des Confrontations; qu'en vn mot il agit comme en vn Procés que l'on commence, & en parle comme d'vn Procés prest à juger, pour m'exclure de mes legitimes Defenses, contre l'ordre pratiqué de tout temps en toutes Iurisdictions.

Voicy ce que porte son Preambule; je repeteray le tout de mot à mot, afin de ne rien affoiblir de son raisonnement; Et respondray partie par partie, afin que l'on voye que les faicts sont bien differents des allegations.

Production de M. Talon.

Monsieur de la Vieuville, DIT-IL, estant mort au commencement de Ianuier 1653. la Commission de Sur-Intendant des Finances fut donnée au mois de Feurier à M. Seruien & à l'Accusé conjointement sans distinction de pouuoir ny d'exercice; les fonctions en furent separées en Decembre 1654. & apres la mort de M. Seruien en Feurier 1659. l'Accusé demeura seul Sur-Intendant iusqu'au 5. Septembre 1661. qu'il fut arresté.

Response.

IE demeure d'accord de la distinction de ces trois temps, & en pretends tirer des auantages si grands, qu'ils seront decisifs de la plufpart des faicts: I'y en adjoûterois volontiers vn quatriéme, ou plûtost ie diuiserois ce troisiéme en deux; Sçauoir, depuis Feurier 1659. iusqu'à la mort de M. le Cardinal Mazarin; & depuis la mort dudit sieur Cardinal, jusqu'au 5. Septembre 1661.

La diuersité des trois temps est fort à considerer lors que les fonctions ont esté jointes, quand elles ont esté separées, & dans les temps que l'Accusé a esté seul, il n'a pas esté retenu au premier pour n'estre que le second en place: Il n'a pas eû plus d'ordre au

LE TEXTE DE L'INVENTAIRE DE PRODVCTION DE M. TALON EST EN LETTRE ITALIQVE, ET MA RESPONSE EN CARACTERE COMMVN.

* fol. 1. verso.

ſecond, pour y auoir eu plus d'authorité ; il n'a point changé au troiſiéme pour y auoir eu la liberté toute entiere.

C E diſcours en general ne merite point de reſponſe, c'eſt l'allegation d'vn Ennemy ; il faut voir comme il appuye cette belle diſtinction.

Encores que dans le premier temps M. Seruien euſt le pas, la parole, & la plume ; neantmoins ſi on veut croire la voix publique, tout ce qui eſtoit important, reüſſiſſoit ſelon la penſée, & les deſſeins de l'Accuſé, qui pour cela paroiſſoit ſouuent eſtre d'aduis contraire à ce qu'il deſiroit ; Il tournoit le dos au lieu où il vouloit aborder, & declarant à d'autres ſes veritables ſentimens, il les faiſoit inſpirer à M. Seruien par le moyen dequoy, ce qu'il auoit medité, auoit mieux ſon ſuccés.

L A voix publique ne parle pas de cette ſorte ; mais ſi on la veut croire, l'oppreſſion qui m'eſt faite eſt toute verifiée ; il n'y a aucun homme eſclairé qui ne la voye, & aucun deſ-intereſſé qui n'en ait horreur.

Neantmoins ie prends auantage de ce que dit icy mon Accuſateur ; car les choſes que faiſoit M. Seruien eſtoient bien ou mal faites ; ſi elles eſtoient mal, pourquoy me le veut-il imputer ? puiſque j'eſtois d'aduis contraire ; ſi elles eſtoient bien, pourquoy me fait-il vn crime ſur des intentions imaginaires, qu'il ne ſçauroit prouuer, & qui ne doiuent pas eſtre creuës ?

Nous n'eſtions que deux Sur-Intendans ſans diſtinction de pouuoir ny d'exercice, ſi nous eſtions de meſme aduis, ſur quel fondement m'en veut-il faire tout ſeul reſponſable ? Si nous eſtions d'aduis different, M. le Cardinal regloit par neceſſité les difficultez : Ainſi tout ce raiſonnement n'ayant fondement quelconque, il ne ſert qu'à monſtrer la mauuaiſe intention d'vn Ennemy, qui ne fait pas difficulté d'auancer des faicts ſans preuue, ſans apparence & contre le ſens commun.

Il vſa

*Il vſa de tant d'artifices, & en tant de rencontres, principalement
pour empeſcher les Traittans & Gens d'affaires, de faire des aduances
au Roy autrement que par ſon entremiſe; qu'il paruint à faire ſeparer
les fonctions de la Sur-Intendance, il ſe procura la recepte, & la deſpenſe fut donnée à M. Seruien.*

C'est accuſer M. le Cardinal de bien peu de lumiere, & le
ſieur Colbert, qui fut employé en cette affaire, de bien mauuaiſe foy enuers ſon Maiſtre, s'il aydoit à le tromper : C'eſt
encores blaſmer ~~la memoire de~~ M. Seruien, d'auoir eſté
mal-habile, luy qui auoit exercé tous les premiers emplois
de l'Eſtat, de n'auoir pû auec toute l'authorité du Roy, &
de S. E. obliger les Gens d'affaires à preſter que par mon
entremiſe. Cela eſt honteux à alleguer & ne merite autre
reflexion, ſinon ſur la mauuaiſe volonté de celuy qui l'allegue, comme s'il n'eût pas eſté facile à M. le Cardinal de
m'oſter, & laiſſer ledit ſieur Seruien tout ſeul; en cas qu'il
luy trouuaſt aſſez de credit pour ſoûtenir les affaires; En verité vn tel motif d'vn Reglement fait par le Roy en matiere
ſi importante, eſt bien injurieux, & à ſa Majeſté, & à ſon
premier Miniſtre.

*Il ſceut bien ſe conſeruer toute la Recepte, parce que c'eſtoit ſon
partage, & par ce moyen il attira chez luy les Treſoriers de l'Eſpargne, les Receueurs, les Fermiers, les Traittans, & tous les Gens
d'affaires, auſquels il accorda des intereſts, & des remiſes exceſſiues,
afin de les tenir dans la dependance par les profits immenſes, & d'eſtre
par ce moyen le Maiſtre abſolu des Finances. N'eſtant pas ſatisfait* Fol. 2 recto.
*de la Recepte, il voulut reunir en luy ſeul toute la Sur-Intendance, en
éludant ce qui auoit eſté fait par M. Seruien pour la dépenſe, ſous pretexte que cela dépendoit de la Recepte; ce qui ſe faiſoit en cette ſorte;
& auſſi toſt que M. Seruien auoit donné ſes aſſignations ſur vne Ferme, ou ſur vn Traitté; l'Accuſé pour les rendre inutiles, faiſoit faire*

B

& souuent suppofoit vn preft de cette fomme, de maniere que quand ceux qui eftoient ainfi affignez, pour les defpenfes les plus priuilegiées, fe prefentoient pour eftre payez de leurs affignations, le fonds s'en trouuoit diuerty; ce qui excitoit des plaintes contre l'adminiftration de M. Seruien; & fift qu'inuifiblement toute l'authorité paffa en la perfonne de l'Accufé: Ainfi M. Seruien n'eut prefque plus que le nom & le droit de figner en premier.

Le commencement de cet Article juftifie toûjours la haïne de ma Partie : Car fi j'ay executé ce qui m'eft ordonné par le partage qui me feruoit de regle, pourquoy m'en veut-il faire vn crime ? Et fi je ne l'ay pas executé, qu'il cotte les claufes aufquelles j'ay contreuenu, & qu'il en prouue la contrauention ? Car ce qu'il dit en fuite, n'eft pas vne preuue; au contraire, c'eft vn difcours qui fe détruit de foy-mefme, & dont on connoiftra la faulfeté en donnant quelque attention à la refponfe.

Il eft conftant par tous les Regiftres, par tous les Prefts, & les comptes des Gens d'affaires, & par mille autres preuues, que lors que ce Reglement de 1654. fut fait, les Fermes & Receptes eftoient confommées pour 1655. & 1656. De forte qu'vne affignation que M. Seruien auroit donnée fur vne Ferme, ne pouuoit feruir; Car où il eût affigné fur 1655. ou 1656. qui eftoient def-ja confommez par les dépenfes des années precedentes; & c'euft efté vne illufion, ou il eût affigné fur 1657. & en ce cas il faut que ma Partie dife, fi vne affignation fur le quartier de Ianuier 1657. qui ne fe payoit, par les claufes des Baux, qu'au 15. May 1657. eftoit bien propre à faire des recreuës de trouppes au mois de Ianuier 1655. & quand on eût donné à vn Capitaine d'Infanterie, ou à vn Treforier de l'Artillerie, ou pour la bouche du Roy, vne affignation payable dans deux années, fi le feruice fe fût fait. Il eftoit donc neceffaire de faire auancer en 1655. cét argent qui eftoit payable feulement en 1657.

Mais pour montrer dauantage la malignité de ces suppositions; Il faut sçauoir qui consommoit l'argent de ces Prests; si c'estoit M. Seruien ou Moy. Il est prouué par ce Reglement de 1654. que c'estoit M. Seruien; comment est-ce donc que j'éludois vne assignation en faisant vn Prest? Au contraire, je rendois le payement de l'assignation plus prompt, & c'estoit le mesme M. Seruien qui disposoit de ce Prest, & non pas Moy. Cela est sans replique, & justifie la mauuaise foy dont on vse à mon esgard.

Il se trouue mesme quantité d'Ordonnances, qui ne sont signées que de l'Accusé, quoy qu'elles soient dattées durant la vie de Monsieur Seruien; cela monstre que deslors il estoit Maistre absolu, & qu'il disposoit des Tresoriers de l'Espargne, qui auoient cette facilité d'expedier leurs billets sur des Ordonnances signées de l'Accusé seul; quoy que suiuant les Reglemens toutes les Ordonnances deussent estre signées par les deux Sur-Intendans: L'on peut bien juger que la cause de cette conniuence de la part des Tresoriers de l'Espargne, est que l'Accusé leur passoit plu- Fol 2. verso. *sieurs gratifications, soit par reformations de Billets, ou autrement, & qu'il les authorisoit, par son exemple, dans la liberté de mal-faire.*

Avtre raisonnement indigne d'vn Procureur General, qui ne doit dire que des veritez; au lieu de contribuer par de faux raisonnemens à la perte des hommes opprimez.

J'ay signé les Ordonnances pour la Recepte, suiuant le Reglement du Roy; Ie les ay signées le premier, comme j'ay esté obligé de faire; Ie les ay signées la datte en blanc, suiuant l'vsage de tout temps obserué, tant pour les Ordonnances, que pour les minuttes d'Arrests; les Tresoriers & les Secretaires mettent la datte, lors que les Lettres leurs sont portées, ou lors qu'il les expedient.

Quand je les ay eu signées, M. le Chancelier n'a deû signer celles où la signature de M. Seruien estoit necessaire,

qu'apres M. Seruien ; Pour moy j'ay fait ma fonction fi-
gnant le premier ; je n'ay pas deü deuiner qui figneroit
apres Moy : Mais à l'égard de M. le Chancelier, il n'en eft
pas de mefme, il n'a pas deu figner qu'en fon rang ; S'il eft
vray, comme allegue mon Accufateur, que M. Seruien
deuoit figner, en ce cas M. le Chancelier le deuoit attendre ; ou ~~s'il ne le deuoit pas~~, & qu'il y eût des ordres au contraire, comme il y en a eu en 1655. & en 1657. pendant l'ab-
fence dudit fieur Seruien ; en ce cas pourquoy me veut-on
imputer ce qui s'eft fait par ordre du Roy, & qui n'eft point
de mon faict, mais bien de celuy de M. le Chancelier, &
de ceux qui ont expedié ? Quoy qu'ils n'ayent pas deu en
faire difficulté, voyant la fignature de M. le Chancelier,
qui eft celuy qui authorife l'acte, puifque c'eft luy qui le
figne le dernier, & qui appofant fa fignature marque par là
qu'il eft reueftu de toutes fes formes ; s'il y a du mal, c'eft à
luy à en refpondre.

*Quand apres la mort de M. Seruien il s'eft veu feul Sur-Inten-
dant, dans vn pouuoir abfolu, qui eft fon troifiefme temps, il n'a rien
corrigé de ce qui auoit efté mal fait durant les deux autres ; Au contraire, ce qu'il a fait durant le troifiefme, où eftoit la plenitude de
fon pouuoir, furpaffe infiniment en defordres & en profufions, ce qui
auoit efté fait auparauant.*

DEPVIS la mort de M. Seruien, jufqu'à la mort de M.
le Cardinal, je n'ay rien fait dont ie n'aye eu l'ordre de
S. E. & dont je ne luy aye rendu des comptes par efcrit qui
font dans fes papiers, & le double dans les miens. Et depuis la mort de M. le Cardinal qui eft le quatriefme temps,
je n'ay rien fait que par ordre precis du Roy, qui en a veu les
Regiftres vne où deux fois toutes les femaines ; de forte que
ces difcours font faits à plaifir, contre la bonne foy, contre
la verité, & contre la confcience de mes Parties, qui ont
en leurs

en leurs mains la preuue du contraire de ce qu'ils alleguent.

*Les actions de l'Accusé & ses écrits, justifient son Esprit & sa
conduite; il possedoit deux grandes Charges vnies à sa personne, considerables par le poids, & par l'estenduë de leurs fonctions, qui desirent
beaucoup de vigilence, & d'application, & plus encore d'honneur, de
des-interessement, & de probité; L'vne l'establissoit le Promoteur de la
Iustice, & le censeur public : L'autre l'œconome & le dispensateur des
reuenus de l'Estat; Et cependant il ne s'est seruy du poste qu'il occupoit
dans le premier Tribunal de la Justice, que pour en arrester le cours
& empescher que ceux qui estoient opprimez par des taxes, & acca-
blez sous le faix des Impositions nouuelles, qu'on inuentoit tous les jours,
ne peussent trouuer d'azile ny de protection; & il a répandu les deniers publics auec vne extreme profusion, pour corrompre la Justice, &
se procurer des amis & des creatures.*

Si j'ay eu deux grands Postes, il faut conclure, que je
les auois meritez par des seruices precedens; autrement ce
seroit blasmer la conduite du Roy & la memoire de M. le
Cardinal, laquelle doit estre precieuse au sieur Colbert ma
Partie, & à M. Talon qui agit par ses ordres; ces seruices
ont esté rendus dans des temps difficiles, hazardeux, où
mon esprit & ma conduite ont en effet parus, puis qu'on a
veu que je n'ay rien mesnagé; que j'ay tout risqué & tout
hazardé pour seruir l'Estat, quand le nombre des vrais Seruiteurs du Roy estoit rare. Ce mesme esprit & cette mesme
conduite m'ont fait agir depuis, comme j'ay fait; c'est à dire, auec passion extreme pour le seruice du Roy, & pour l'e-
xecution des ordres qui m'ont esté donnez, sans auoir esgard à mon interest particulier.

Mais je ne sçay si mon Accusateur ne fait point son veritable tableau à luy-mesme en faisant vne fausse representation du mien, & si on ne dira point auec plus de fondement

qu'il possede presentement deux grandes Charges, lesquelles toutes deux desirent beaucoup de vigilance & d'application, & plus encore d'honneur, de des-interessement & de
probité, puis qu'il deuroit estre le Promoteur de la Iustice,
& le Censeur public; & cependant il se sert de ces Charges
pour arrester le cours de la Iustice, & empescher que ceux
qui sont opprimez ne puissent trouuer d'azile chez leurs
Iuges naturels, ny de protection en Iustice; au contraire,
celuy qui deuroit estre le Conseruateur des Ordonnances,
des Reglemens, & des Arrests, en souffre, en authorise, &
en introduit, & procure le renuersement & la destruction;
protegeant les oppresseurs, & accablant les opprimez, exer-
çant ses passions particulieres, abandonnant sa fonction à
des gens suspects, & sans caractere, & obeïssant aueuglement aux ordres de parties puissantes pour ne pas dire pis.

Fol. 3. recto.

*Cette confusion dans les Finances, qui sont les nerfs de l'Estat,
a esté la source de tous les maux que nous auons ressentis, & de tous
les perils ausquels nous auons esté exposez depuis dix ans; Elle a rendu
la guerre intolerable, & reduit les peuples dans les dernieres extremitez;
Elle a continué depuis la Paix toutes les surcharges dont la guerre auoit
esté le pretexte; Elle a enrichy les Partisans des dépoüilles de toute la
France; & ceux qui en ont esté les Autheurs, n'ont rien oublié pour les
mettre à couuert de toutes sortes de recherches; Elle a enfin excité vn
murmure, & vn souleuement general des Esprits contre le Gouuernement; & c'est vne merueille qu'elle n'ait point attiré quelque reuolution
perilleuse.*

Si mon Accusateur estoit aussi bien instruict de la verité
comme l'est le sieur Colbert qui le fait agir; & qu'il voulust
estre assez equitable pour la dire; il sçauroit que rien de ce
qui a esté fait n'a esté que par l'ordre de M. le Cardinal;
Qu'il est difficile, pendant vne longue guerre, que les Peuples ne souffrent; mais qu'il est inoüy de les faire souffrir

dauantage pendant la Paix. Ie maintiens que ce qu'il appelle confusion, a esté le salut de l'Estat; & ce qu'il dit vne merueille qu'il n'y ait point eu de reuolution perilleuse, est vn effet de la bonne politique, qu'il a pleu à Dieu inspirer pour garentir le Royaume des troubles, dont il auoit esté agité, pendant les années qui ont precedé mon Employ.

Aprés vne banqueroute qui auoit produit la guerre ciuile, & osté le credit au Roy, il n'y auoit que l'esperance du gain, les Remises, les Interests, les facilitez, les Gratifications faites à ceux qui auoient du credit & de l'argent, qui pust les obliger de faire des Prests au Roy, & qui pust faire aduancer les sommes, & les secours necessaires.

Cét expedient fut proposé à M. le Cardinal, comme le seul & souuerain remede, apres qu'il eust estudié, & tenté inutilement tous les autres; il fut accepté, authorisé & approuué par S. E. Il a esté suiuy, & on ne peut à present en faire vn crime, sans accuser sa memoire; & ce n'en peut estre vn, puisqu'il a produit des effects si auantageux à l'Estat.

Pour faire donc Iustice, il faut comparer les années dernieres aux precedentes, & voir si les dernieres ont esté plus mal-heureuses; encore que l'on sçache, que plus la guerre dure, & plus croissent les difficultez; ayant d'ailleurs à enrichir M. le Cardinal & le sieur Colbert, comme il a fallu faire, & qu'il est notoire qu'on ne pouuoit suiure d'autres Ordres que ceux de son Eminence.

Si depuis que le Calme a esté estably dans l'Interieur de la France, les Prouinces ont esté accablées, les Peuples surchargez, et épuisez, les Officiers taxez, & supprimez & restablis; et si on a veu tant de leuées, tant d'impositions, tant de retranchemens, & tant d'alienations, ce n'a pas esté pour satisfaire aux dépenses de la Guerre, qui pouuoient estre facilement acquittées des reuenus ordinaires, s'ils eussent esté dépensez auec œconomie; mais pour soustenir le luxe, la somptuosité, & les pensées ambitieuses de l'Accusé, et de ses emissaires.

IL ne se trouuera point qu'il ait esté rien fait depuis la Paix, qu'en vertu des ordres de M. le Cardinal ou du Roy: Il n'est pas vray que l'on ait continué les Impositions; au contraire, il est justifié par les Commissions des Tailles de 1659. 1660. 1661. & mesme de 1662. dont le Breuet estoit fait par Moy auant mon emprisonnement, que sans surseoir les payements de personne, ny manquer de foy, j'ay diminué notablement chacune année lesdites Impositions, & que depuis ma detention, quoy qu'on ait cessé plusieurs payemens, & augmenté les reuenus par des retranchemens considerables, on n'a pas laissé d'augmenter les Impositions des Tailles de 1663. & les Entrées de Paris sans verification.

Mais comment ma Partie ose-t'elle dire, que les despenses de la guerre pouuoient estre facilement acquitées auec les reuenus ordinaires, puisque par son propre discours cy-apres, les mesmes reuenus, qui sont doublez par l'augmentation ordinaire des Fermes pendant la Paix, par toutes les suppressions & retranchemens qui sont accreus ausdites Fermes, & par la reduction des interests, & enfin par la joüissance du courant, qui espargne les aduances de quinze pour cent du total du reuenu pour deux années, on ne trouue qu'à peine de quoy satisfaire aux despenses de la Paix, qui n'approchent pas à vn tiers prés de celles de la guerre, & de M. le Cardinal.

Cette verité se peut justifier en deux manieres : La premiere, par la comparaison de la Recepte actuelle (comme elle deuoit estre actuelle, si l'Accusé n'auoit point abusé de son Ministere) auec les charges ordinaires, & les despenses comptables & legitimes. La seconde, par l'estat auquel estoit la fortune de l'Accusé lors qu'il est entré dans la Sur-Intendance, & par les profusions qu'il a faites durant son administration. Au commencement de l'année 1653. Il possedoit des biens tres-mediocres, il auoit contracté de grandes debtes; il n'a pas plûtost esté en

Charge

* fol. 3. Verso

Charge qu'il a fait des acquifition confiderables, qu'il a remboursé fes anciennes debtes; qu'il a fait des defpenfes à V aux, & à Saint Mandé qui ont beaucoup furpaßé celles des Maifons Royales; Et fans compter la fomptuofité de fes meubles, la delicateße de fa table, le nombre de fes domeftiques; n'a-t'il pas comblé de richeße tous fes principaux Commis; dont la fortune fubite a excité fur eux l'indignation de tous les gens de bien? N'a-t'il pas répandu des biens immenfes dans fa Famille, & diftribué des gratifications fans mefure à fes Proches, & plus encore à ceux qu'il a creu pouuoir contribuer à fon eleuation, & à l'agrandißement de fa fortune?

Ie prendray droict volontiers deuant mes Iuges par ces deux confiderations, que l'on voye ce qui fe receuoit pour le Roy en 1652. & ce que j'ay augmenté de mon temps, dont le Roy s'eft trouué plus riche quand je fuis forty d'Employ; Que l'on voye pareillement l'eftat de mes biens en 1653. on trouuera qu'ils eftoient confiderables, & qu'il s'en faut plufieurs millions que je n'aye vn fol vallant: mes defpenfes (à quelques fommes imaginaires que ma Partie les faße monter,) n'approchent pas de celles à laquelle fe trouuera monter le total de mes reuenus patrimoniaux, de ceux du bien de ma Femme; des Gratifications que le Roy m'a faites, des Appointemens de mes Charges & Emplois, de la valeur de mon fonds tout entier, & de ce que je dois au delà de mes effects; Que l'on examine en fuite l'eftat des affaires de M. le Cardinal & du fieur Colbert en la mefme année 1653. & on jugera mieux des abyfmes qu'il a fallu remplir.

Pour remplir tous ces abyfmes, combien a-t'il fallu augmenter les Tailles? & quelles duretez n'a-t'on point exercées pour les exiger? Combien de fois a-t'il fallu compromettre l'authorité Royale, pour obliger les Compagnies à verifier de nouueaux Edicts? Combien de fois a-t'il fallu faire d'alienations de rentes, d'augmentations de Ga-

D

ges, d'*Aydes*, de *Droicts*, & de *Fermes entieres* ? *Les Villes n'ont esté dépoüillées de leurs Octrois, que parce que l'Accusé s'en est voulu rendre le Maistre, pour en retenir vne partie, & disposer du surplus en faueur de ses amis.*

I L ne s'est rien fait au retour de chaque campagne, que par des ordres de M. le Cardinal, apres qu'il en a conferé auec les Principaux du Conseil; & il ne se trouuera rien dont il n'y ait vn grand nombre d'exemples dans les temps precedens, où l'on n'auoit pas des raisons si fortes, que l'on en auoit dans les dernieres années; neantmoins on ne recherche point ceux qui estoient Ordonnateurs en ce temps-là.

De plus M. le Chancelier & M. Molé ont signé & sceellé toutes les expeditions; M. Seruien & MM. les Secretaires d'Estat les ont signées pareillement; d'où il faut conclure, qu'ils estoient tous bien aueuglez de ne pas voir les choses que voit à present M. Talon, ou mauuais Seruiteurs du Roy de ne l'en aduertir pas; ou bien il faut demeurer d'accord, qu'ils en voyoient la necessité, ou du moins qu'ils auoient connoissance des ordres de son Eminence; pourquoy donc cette necessité, ou ces ordres ne sont-ils pas également en ma faueur ?

fol. 4. recto.   *Le Marc-d'Or n'a esté doublé, que pour establir vn reuenu de cent cinquante mil liures de rente, dont il s'est reserué les trois quarts, & a rendu l'autre à vne personne dont l'amitié & la confidence n'estoit pas inutile à ses desseins: Enfin pendant que les subjets du Roy exposez aux rigueurs des contraintes & à la dureté de l'exacteur, gemissoient sous le poids des soliditez, pendant que les pensions employées dans les Estats du Roy n'estoient point acquitées; pendant que les Officiers de la Couronne & de la Maison du Roy demandoient inutilement le payement de leurs appointemens; & qu'on feignoit n'auoir pas de quoy subuenir aux dépenses les plus priuilegiées, l'Accusé auoit ses Pensionnaires, ausquels il distribuoit des graces , qu'on auroit blamées d'excés en la personne d'vn Souuerain.*

CET endroit est vne belle piece d'eloquence , où celuy qui a escrit sous le nom de M. Talon veut faire voir la force de son discours ; mais qui n'a aucun fondement.

Ie demeure d'accord que le mal-heur du temps a esté grand, & le credit perdu ; mais les mal-heurs des années precedentes estoient encores plus grands, & si j'auois restably seul quelque credit, par vne dépense & vne liberalité sans doute au dessus de mes forces, ainsi qu'il paroist par l'estat de mes affaires, cette dépense estoit approuuée & ordonnée par M. le Cardinal, comme n'estant pas inutile à maintenir mon credit, que j'employois tout entier au Seruice du Roy, & à l'execution des ordres de son Eminence qui en a profité.

Pourquoy dire que j'ay vendu le quart du droict de Marc-d'Or, contre les termes des pieces, & les depositions des tesmoins ? Ie n'auois que quatre cinquiesmes de reste des trois quarts qui ont esté pris, & receus sur les assignations de M. Seruien, par ordre exprés de M. le Cardinal, en payement de cinq cens mil liures, faisant partie de neuf cens mil liures, deliurez à son Eminence apres la déroute de Valenciennes, lesquels il fit mettre dans le Chasteau de la Fere, où ils se sont trouuez apres sa mort, dont la preuue est dans mes Papiers.

A l'esgard des Pensionnaires, c'est vn discours general qui ne signifie rien ; il faut venir au détail, & ne pas nommer de ce nom tous ceux ausquels j'ay fait donner de l'argent par ordre de S. E. ou pour des debtes du Roy. Mon Accusateur ne fait pas reflexion qu'il se trouueroit de ce nombre à meilleur tiltre que les autres ; car il sçait les sommes qu'il a receuës, & comment il les a receuës ; mais il ne faut pas dire tout ce qu'on pourroit presentement.

Il est plus aisé de conceuoir, que d'expliquer le peril continuel auquel la France a esté exposée par cette dissipation des Finances : S'il n'y a point eu de Batailles perduës, de Villes prises, ny de Sieges leuez, c'est vn effet du bon heur qui accompagne en tous rencontres les armes victorieuses du Roy ; C'est à la prudence & à la generosité de nostre Prince incomparable ; C'est à la sagesse de son Conseil, que nous sommes redeuables de tant de succez auantageux ; Mais si ces progrez ont esté imparfaits ; Si les Prouinces qui sont l'ancien Patrimoine de la Couronne, n'ont pas esté entierement reünies au corps de l'Estat, on ne peut pas douter que la mauuaise dispensation des deniers publics n'en soit la seule cause, le Roy s'estant veu forcé par l'accablement, & par les plaintes continuelles des habitans des Villes & de la campagne, de terminer le cours de ses Victoires, dont le torrent impetueux sembloit ne deuoir auoir d'autres bornes que celles de sa moderation.

IE pourrois tourner l'argument, & dire que sans mon credit, sans mon affection, & sans les risques que j'ay couru, dont j'auois entre mes Papiers mille tesmoignages authentiques par les lettres de M. le Cardinal, les affaires n'auroient pas reüssi comme elles ont fait, & que le succez en auroit esté bien plus aduantageux, si le sieur Colbert n'auoit pas eu tant de soin d'amasser des thresors d'argent comptant, & les mettre hors du commerce, dans les lieux où ils se sont trouuez apres la mort de S. E. sans qu'il ait paru aucune debte, & sans ce qu'on n'a pas encore diuulgué ; c'est ce qu'on doit appeller mauuaise dispensation, quand il se trouue que tout l'Estat s'appauurit, & qu'vn Estranger seul, met des millions à couuert dedans & dehors le Royaume, abusant de son authorité absoluë, & non pas en accuser vn subalterne qui n'agis que sous ses ordres ; qui se trouue sans biens ; qui tasche de soustenir le credit par vn exterieur & par politique, se sentant interieurement espuisé & consommé par vn Superieur insatiable.

L'Accusé

L'Accusé ne peut pas dire qu'on luy impute les fautes de ceux qui l'ont precedé, ny que les reuenus de l'Estat fussent engagez par des aduances precedentes, lors que l'on luy a confié le soin des Finances; au contraire le fonds de l'année 1653. estoit entier, & tres-exigible par le restablissement de l'Authorité; Et d'ailleurs le Roy venant au Parlement le 30. Decembre 1652. auoit fait verifier des Edicts en sa presence, qui pouuoient produire plus de quinze millions d'argent effectifs: Mais ce qui fait voir quelle a esté la source de ces desordres, c'est qu'ils se sont accrus, & qu'ils ont augmenté à mesure que l'authorité de l'Accusé s'est affermie, qu'ils n'ont point diminué par la cessation de la Guerre, tant qu'il est demeuré Sur-Intendant, & que l'impression en a esté si forte que le Roy n'a pû encore faire gouster à ses subjets les delices, & les veritables fruits de la Paix; les Peuples estans tellement surchargez & espuisez, que les remises qui leur ont esté faites (quoy que tres-considerables) ne leur ont pû procurer qu'vn soulagement mediocre; les reuenus des Fermes, mesme les Tailles estant tellement engagées, qu'il eust esté impossible (en faisant vne plus grande diminution) de soustenir les charges de l'Estat.

CE discours est vne suite des exaggerations ausquelles il est facile de répondre en détail. Il faut voir s'il est vray que le reuenu de l'année 1653. fut entier, exigible, & suffisant pour les dépenses ordinaires; c'est vne chose facile à connoistre; Il n'y a qu'à voir les Registres de MM. de Bordeaux & Heruart, par lesquels on peut justifier qu'il n'y auoit aucun reuenu asseuré; Que les gens de guerre estoient dans le Royaume, & mangeoient les Tailles; Que les Rentes de la Ville & les gages ne se payoient pas, les reuenus des Fermes estans tres-petits, & consommez par aduances, & que de tous les Edicts on ne trouuoit point de Traittans, qui ne voulussent des remises excessiues, & de grands remboursemens de leurs aduances precedentes, à condition de payer le surplus en plusieurs années; De sorte, que ce qui en

E

reuenoit de net, ne montoit pas au sixiesme de ce que ma Partie aduance hardiment, comme vne verité notoire & constante.

D'ailleurs il estoit deub pour dépenses necessaires, & priuilegiées des quatre ou cinq années precedentes, des sommes immenses, au payement desquelles M. le Cardinal fit employer par ordre exprés donné à M. Seruien & à Moy, tout ce qu'on peût trouuer d'argent, en épuisant le credit de tout le monde pendant les années 1653. & 1654.

Mais de plus mon Accusateur se deuoit souuenir de la distribution qu'il a faite *Fol.* 1. où il separe trois temps ; & qu'il est demeuré d'accord par force, que c'estoit M. Seruien qui estoit chargé & responsable de la dépense, jusques en Feurier 1659. ainsi il a tort de me l'imputer.

A l'égard de ces pretenduës surcharges, je repete encore 1°. Que les Impositions ont esté resoluës par M. le Cardinal, sceellées, & signées de tous ceux qui ont coustume de le faire.

2°. Que c'est Moy qui a fait faire les décharges des Tailles tous les ans, depuis 1656. qui en ay sollicité & obtenu le consentement auec peine, & que depuis le 5. Septembre 1661. on n'en a fait aucune ; car j'auois desja arresté le Breuet de la Taille 1662. auec la permission du Roy, lequel a esté rehaussé en 1663. quoy qu'on ait cessé tous les payemens aux Creanciers legitimes ; fait beaucoup de retranchemens, & par l'affermissement de la Paix augmenté le prix des Fermes, & facilité la leuée des Tailles. Il faut reuoir ce que j'ay dit cy-deuant sur ce sujet, & on s'estonnera de l'injustice de mes Parties, qui veulent que j'aye pû faire auec vn reuenu tres-petit, & tres-esloigné , ce qu'ils ne sçauroient faire auec vn reuenu present & tres-grand, & qui ne pouuans, à ce qu'ils disent, soûtenir les dépenses reglées & moderées de la Paix auec le double tout entier des reuenus, m'imputent de n'auoir pas soustenu les frais im-

menfes, extraordinaires & preſſans de la Guerre, ſans compter les treſors qu'il falloit fournir à M. le Cardinal, dont
ils ſont déchargez.

Pour comprendre juſques à quel point a paſſé la diſſipation, il faut
preſuppoſer, qu'vn Sur-Intendant, quelque pouuoir qu'il ait dans les
Finances, ne peut pas voller des millions chaque année que de concert, &
par la participation des Treſoriers de l'Eſpargne, des Fermiers, & des
Traittans, leſquels ne s'engagent pas dans la complicité d'vn crime qu'ils
n'y trouuent des aduantages conſiderables : ainſi pour ſe procurer des
penſions ſur vne ferme on la donne à vil prix, & on élude les encheres;
ainſi l'on accorde dans tous les Traittez le tiers de Remiſes, meſme dans
ceux où il y auoit tres peu de frais de recouurement; & l'on ſçait que
les Traittans n'en ont pas ſeuls profité, l'on a ſouffert, qu'ils ayent ab-
ſorbé vne partie de ce qu'ils deuoient payer à l'Eſpargne, & generalement tous les excedans des forfaits, ou de vieux billets reformez. L'on
n'a pas ignoré que les Treſoriers de l'Eſpargne reformoient des billets
de leur chef, & ſans ordre, ſoit pour leur profit particulier, ou pour faire
plaiſir à leurs amis; mais de quel front vn Sur-Intendant, qui faiſoit, ou
qui ſuppoſoit des preſts, & des aduances pour en tirer des intereſts; qui
prenoit des penſions ſur les Fermes, qui acheptoit au commencement de
vieux billets à vil prix pour les faire reformer; qui dans la ſuite faiſoit valoir ceux qui procedoient des Ordonnances de comptant des Traittez non executez, & qui en vn mot s'eſt ſeruy de toutes ſortes de
moyens illegitimes pour s'approprier les deniers publics? comment, dis-je,
auroit-il pû arreſter le cours de tous les deſordres, dont il eſtoit l'autheur
& le protecteur?

SI tous ces deſordres alleguez eſtoient veritables & ſi
publics, comme ſuppoſe mon Accuſateur; comment M. le
Cardinal Mazarin premier Miniſtre, dont la puiſſance
eſtoit abſoluë, qui diſpoſoit de tout le Royaume, ſans
qu'aucun des Sujets du Roy de quelque qualité qu'il fut,
oſaſt dire vn ſeul mot à ſa Majeſté, luy donner vn aduis ou

en receuoir vn ordre, fans la participation & le confente-
ment dudit fieur Cardinal? comment, dis-je, vn homme
fi puiffant & fi efclairé n'y apportoit-il point de remede?
comment loüoit-il & approuuoit-il continuellement la
conduite & les feruices que je rendois à l'Eftat? ainfi qu'il
eft porté par fes lettres, dont il y en doit auoir mil ou douze
cens entre mes papiers.

Et quand on voudroit dire qu'il ne pouuoit pas me depoffeder dans la mauuaife conjoncture des temps, & des affaires (ce qui n'a pas de fondement) puis que M. Seruien
reftoit en place pour agir, & que le dedans du Royaume
eftoit fort paifible. Comment au moins ne puniffoit-il pas
les Subalternes, & que ne faifoit-il des Traittez plus aduantageux, puis qu'il faifoit bien ceux de la Guyenne & d'autres quand il y auoit quelque intereft?

Mon Accufateur pourroit mieux dire la mefme chofe;
mais de quel front vn premier Miniftre euft-il ofé remedier
à des abus dont il eftoit caufe & dont il vouloit profiter? en
verité M. Talon ne fonge pas que ces difcours emportent
des confequences au delà de fon intention.

*Ainfi l'Accufé ayant tolleré des vols tres-manifeftes, & introduit
la confufion dans l'adminiftration des Finances, & vne infinité de nou-
ueautez pernicieufes pour en profiter: Il eft coupable, non feulement d'a-
uoir diuerty & appliqué à fon vtilité particuliere les deniers du Roy,
mais de toute la dépredation faite fous fon adueu, & qu'il authorifoit
par fon exemple; & plus encore de ce qu'ayant fait couler dans les Baux,
& dans les Traittez toutes fortes de claufes vicieufes, ayant paffé in-
diftinctement aux Traittans, lors qu'ils ont compté au Confeil, toutes
fortes de bonnes & de mauuaifes décharges, & leur ayant accordé tous
les Arrefts, & les Refultats qu'ils ont demandé; il fe trouue que
le Roy a efté volé de fommes immenfes, & que l'on a exercé vn pillage
public, fans qu'on puiffe fçeuir contre ces fangfuës publiques, ny leur
imputer à crime toutes leurs malverfations, parce qu'elles font couuertes*
du

du voile de la Justice. Et quoy que ces accroiſſemens monſtrueux, & les
fortunes ſubites ne puiſſent eſtre innocentes; ils ont eſté ſi puiſſans pour
faire authoriſer leurs malverſations, qu'à peine on trouue matiere d'en-
tamer contre vne procedure criminelle. Auſſi a-t'on veu auec quelle
chaleur l'Accuſé a trauaillé pour leur procurer vne abolition generale, &
pour la faire verifier dans les Compagnies Souueraines, perſuadé que
c'eſtoit vn moyen infaillible pour couurir tous les abus de ſon adminiſ-
ſtration; & cette liaiſon d'intereſts auec les Traittans, toûjours criminelle en la perſonne d'vn Sur-Intendant, a rendu la preuue contre l'Accuſé tres-difficile, ſoit parce que les Gens d'affaires luy ont voulu donner
des marques de leur gratitude, ou à cauſe qu'ils ne le pouuoient accuſer ſans ſe faire en meſme temps leurs procez.

IL EST facile maintenant à mes Parties, qui ſont bien à
leur aiſe, en grand repos, riches, & authoriſez, de faire des
raiſonnemens de cette qualité; Mais dans le temps de la
guerre, apres vne Bâqueroute peu judicieuſe qui auoit ruiné
le credit du Roy, & oſté le pouuoir & la volonté à ſes Sujets
de le ſecourir; quand les Ennemis eſtoient en campagne,
que les reuenus ordinaires n'eſtoient pas ſuffiſans, &
eſtoient conſommez toûjours deux années par aduance;
que les deſpenſes preſſoient de toutes parts; que les Troupes ſe ruïnoient faute d'argent, que M. le Cardinal d'ailleurs tres-puiſſant, vouloit auoir des threſors; c'eſtoit le
temps auquel ils deuoient propoſer des expediens, produire des perſonnes qui fiſſent les affaires à des conditions plus
aduantageuſes, que celles qui ſont blaſmées.

Il faudroit maintenant produire des gens ſoluables, qui
depoſaſſent auoir fait des encheres ſur les Fermes, ou m'a-
uoir propoſé des conditions plus vtiles dans les Traitez, &
que je les euſſe rebutez; autrement à quoy ſeruent tant de
diſcours? ſinon pour ſurprendre l'eſprit des Iuges, qui
n'ont pas veu la peine où on eſtoit, le détail des ſoins qu'on
a pris, & les riſques qu'on a courus, pour trouuer l'ar-

F

gent demandé fans relafche par M. le Cardinal.

Qu'euffent-ils fait en cette extremité ? les Traitans ne voulans prendre les Traitez, & donner leur argent, qu'à certaines conditions, cét argent eftant neceffaire, & les befoins toûjours fi preffans, que fi on euft differé d'y pouruoir, l'Eftat rentroit dans fes premieres confufions ; Euffent-ils laiffé tout perir par bon ménage , plûtoft que de paffer en rembourfement vn billet de vieilles debtes, ou de donner vne remife vn peu plus forte ? I'ay meilleure opinion d'eux, qu'ils ne la veulent faire prendre de M. le Cardinal & de Moy; Ie croy qu'ils euffent paffé tout ce qu'on euft voulu, pour efuiter vn plus grand mal; qu'ils euffent maintenu le credit, & retiré en fuite de temps en temps par des taxes, & fupplémens moderez, ce qui auoit efté exigé au delà de la raifon.

Car enfin, il ne faudroit pas blafmer fi hardiment, ce que tant d'honneftes gens approuuoient ; on peut bien changer quelquesfois de penfées; mais il ne faut pas condamner comme criminelles , celles que l'on auoit auparauant.

L'abolition propofée par les Gens d'affaires, fous le nom d'extinction de Chambre de Iuftice, eft fi ordinaire, qu'elle a efté verifiée fouuent au Parlement, auant que je fuffe en Charge, depuis la Paix cette queftion fut agitée entre M. le Cardinal, & MM. de Villeroy & le Tellier en ma prefence, fur le chemin d'Orleans; à Fontainebleau S. E. refolut de tirer des fecours à diuerfes fois des Gens d'affaires, par taxes & fupplémens; La chofe a efté depuis approuuée du Roy ; & l'on a tort de blafmer ce qui a efté fait de la forte; la confequence feroit dangereufe, fi apres que le Roy auroit difcuté, authorifé, & commandé les affaires, on les faifoit paffer pour des crimes toutes les fois que le changement des confeils feroit prendre des refolutions differentes.

Enfin pour authoriser la violence, & l'exaction des Partisans, & les recherches les plus odieuses, l'Accusé s'est seruy en toutes rencontres du nom & des ordres du Roy : Ainsi cette Puissance souueraine dispensée par son ministere, sans mesure, & sans justice, & deposée en des mains impures & profanes, est deuenuë formidable aux gens de bien, pour ne pas dire odieuse ; & comme ils entreprenoient souuent sans grande reflexion des choses, non seulement injustes, mais impossibles, apres auoir employé l'authorité Royale pour les soustenir, il se trouuoit tant d'oppositions, & d'inconueniens, qu'il falloit relacher auec vne notable diminution de cette Puissance sacrée, qui n'agissant jamais que par des raisons d'Estat, & des motifs d'equité, doit estre inflexible dans ses resolutions.

MON Accusateur s'engage encore trop auant ; car si on blâme tous les ordres du Roy pour ses Finances ; si on pretend que son nom n'a pas deu y estre employé ; si c'est vn crime aux Ministres, de trouuer de la resistance à l'execution des choses qui portent le nom de sa Majesté ; comment sauuera-t'il l'employ que M. le Cardinal a fait du mesme nom du Roy, en des affaires de Fináces, & d'autres natures, & les frequens changemens d'ordres par la rencótre des difficultez ? Toutes les affaires de Finances estoient resoluës par ses ordres ; je n'agissois que sous son authorité, il pouuoit faire ce que bon luy sembloit : Il faut conclure donc qu'il estoit bien criminel ; mais jamais le Roy n'a-t'il donné d'ordres ; & MM. les Chanceliers n'ont-ils jamais sceellé de Lettres qui ayent esté sans execution ? estoient-ce autant de crimes ? les Arrests des Parlemens sont-ils rendus criminels par des Requestes ciuiles ? & ne pourroit-on point retorquer tout le discours contenu en cét article contre mes Parties, pour les violences & vexations qui se font à present, & pour l'oppression qu'on me fait souffrir, dont la maniere deuiendra aussi odieuse, que les consequences formidables à l'aduenir.

*Cependant il a fallu reuoquer tous les Edicts & les contracts d'a-
lienations, faits pendant l'administration de l'Accusé, qui portoient sur
leurs frontispices le nom, & le caractere de l'authorité Royale, mais qui
estoient en effet des ouurages d'iniquité, & le comble du dereglement, &
de la preuarication, puisque la raison & l'experience justifient, qu'il n'y
a rien de plus pernicieux que de charger les Finances du Roy d'vne
debte annuelle de cinq ou six millions, qui se prenans par distraction sur
les Fermes, en absorbent le reuenu le plus clair; et que de rendre les
Prouinces tributaires du luxe de quelques Particuliers ausquels ces droits
& ces rentes nouuelles estoient alienées à vil prix.*

PEVT-ESTRE quelque jour on verra bien escrit, bien signé, & bien sceellé, le contraire de ce qui est dit à present;
on ne condamnera pas d'iniquité ce que l'on ne juge pas
maintenant assez aduantageux, dont il y a neantmoins
bien des exemples faits en de meilleurs temps. Ceux qui
me blasment ne disent pas les ordres que j'ay receus, ny
ceux que j'y eusse apporté si mon Employ eust continué.

Ce qui estoit bon en vn temps peut estre changé en vn autre, mais sans blesser la foy, mais sans declamer, mais sans
en faire des crimes; le mesme respect qui est icy exageré
deuoir estre rendu au nom du Roy, le deuroit estre par mon
Accusateur; & il deuroit prendre garde que le mesme nom
de Sa Majesté, sa signature, son sceau, sont aux pieces qu'il
veut rendre criminelles.

On prend souuent des Lettres de rescision contre des
contracts & des actes qui sont passez sans crime; il s'en
trouuera beaucoup dont les motifs ne sont que la Guerre,
le mal-heur des temps, la perte du credit, & des raisons
semblables, qui sont les mesmes par lesquelles j'ay esté
obligé d'agir comme j'ay fait auec l'aueu du Roy, & de son
premier Ministre.

Aussi

Aussi le Roy ne pouuoit confirmer ces alienations sans manquer au plus juste de tous les deuoirs, & sans violer le serment qu'il a fait à son Sacre, de conseruer le domaine de sa Couronne, qui consiste presentement dans les Tailles & dans les Fermes; & la Chambre qui les a condamnez ne pouuoit rien faire de plus illustre, de plus esclatant, ny de plus capable d'arrester à l'aduenir semblables déreglemens, & de contenir les hommes dans la moderation, contre l'imputation des jouïssances comme estant vne Loy dure & rigoureuse. C'est l'Accusé qui a fait toutes ces alienations sans necessité, & pour gratifier ses amis & les adorateurs de sa fortune; le Roy a bien plus sujet de se plaindre, puis qu'il rembourse souuent ce qu'il n'a pas receu, estant facile de verifier, que de toutes ces alienations l'vne portant l'autre, il n'a pas esté employé pour le seruice du Roy la valleur du denier trois du reuenu actuel & effectif; le surplus ayant esté consommé en des Ordonnances de difference de fonds, de remises, de traittez, de presfs souuent supposez, & de billets souuent reformez.*

* Fol. 7. recto.

CE n'est pas à Moy à examiner la proposition aduancée dans cét article, que les Tailles & les Impositions des Fermes sont le sacré Domaine de la Couronne, pour lequel sa Majesté a fait serment à son Sacre; seulement je diray que si ladite proposition estoit veritable, il s'ensuiuroit de là que le Roy ne pourroit jamais faire aucune diminution à ses Peuples sur les droicts de cette qualité; ce qui sans doute est vne pensée bien estrange pour vn Procureur General.

Ie connois bien que la Chambre a pû apporter quelque moderation aux alienations faites à trop vil prix; mais mon Accusateur ne dit pas ce que j'eusse fait, si je fusse demeuré encore vn an ou deux dans le pouuoir de le faire; la Chambre auroit encore fait d'autre retranchemens si on les auoit proposez; mais il y a des choses sacrées où elle ne touche point, on ne luy montre que ce que l'on veut, & on peint de telle couleur qu'il plaist à mes Parties, les tableaux qu'on expose à la veuë de la Chambre; il y auroit trop à dire sur cét article.

G

Ie me contenteray de demander, comment on peut dire que des alienations faites par ordre de M. le Cardinal, ayent esté sans necessité? car je n'en ay fait aucune qu'il ne l'ait ordonnée, & je ne luy ay jamais oüy parler que de la necessité tres-pressante, dont toutes ses lettres sont pleines, & non pas ses affaires.

Il est bien vray aussi que le Roy peut rembourser quelquesfois ce qu'il n'a pas receu; car sa Majesté receuoit peu de choses, tout ce dépensoit par les ordres de M. le Cardinal; mais il est bien vray aussi que le Roy ne rembourse pas ce qu'il a receu, & que j'ay payé par son ordre & en ses propres mains des sommes, du remboursement desquelles mes Creanciers sont frustrez.

Le Roy qui trauaille auec vne extreme vigilance à restablir l'ordre et l'abondance dans son Royaume, et à corriger les deffauts et les égaremens passez, ayant reconnu, et par les plaintes generales, et par sa propre experience, que l'administration des Finances estoit deuenuë vn brigandage public, et qu'il n'y auoit point d'esperance de reparer cette corruption vniuerselle, tant que celuy qui en estoit le protecteur subsisteroit dans la premiere place, qui luy auoit eludé toutes les propositions de la Chambre de Iustice, et qui les auoit conuerties en taxes.

MON Accusateur fait tort au Roy, de dire que j'auois eludé les propositions de la Chambre de Iustice, & les auoir conuerties en taxes. Quand le Roy m'a commádé quelque chose, jamais homme ne l'a executé auec tant de zele, de ferueur, & de ponctualité; Ie m'en rapporte au Roy mesme, & supplie S. M. de declarer, si elle a jamais commandé que je fisse quelque chose de semblable, & si elle n'a pas approué & ordonné ce qui auoit esté fait; Il est donc honteux à ma Partie d'auancer sans preuue, contre l'honneur du Roy, des faicts de cette qualité, & dont le Roy sçait le contraire.

Sa Majesté resolut de le faire arrester, cé qui * fut executé à Nan- Fol. 7. verso.
tes le 5. Septembre 1661. comme c'est la coustume de s'asseurer des Papiers, quand on arreste vne personne de sa condition, ainsi qu'il l'a reconnu luy mesme par son premier Interrogatoire, & qu'il l'auoit auparauant preueu par vn memoire écrit de sa main, dont le contenu sera expliqué cy-apres, le Roy donna ordre d'apposer le Sceellé dans les Maisons
de l'Accusé, & de ses principaux Commis, lequel ensuite fut leué dans
Paris par les Officiers du Chastelet, à Fontainebleau, à Vaux, &
à S. Mandé par aucuns de Mess. les Conseillers d'Estat & Maistres
des Requestes, & la description faite de tous les papiers qui se sont trouuez; car il est constant qu'il y en a eu beaucoup de diuertis, particulierement dans la Maison de Paris, comme il sera verifié dans la suite:
Il est vray que personne n'a assisté de la part de l'Accusé à ces Inuentaires; mais outre que la probité des Commissaires qui y ont vacqué,
rend la plainte que l'on en a voulu faire ridicule, & sans fondement:
Ne sçait-on pas que dans les Inuentaires de papiers de ceux qui sont
arrestez par ordre du Roy, il n'est pas ordinaire d'y appeller personne
pour y assister de leur part, tant parce que ces papiers pouuans regarder
* les negociations auec les Princes estrangers, & les autres secrets de Fol. 8. recto.
l'Estat, il seroit perilleux de les diuulguer; qu'à cause que les vns seruans d'indication, les autres de preuues des chefs d'accusation dont vn
accusé est preuenu, ce seroit instruire & preparer sa iustification, que
d'appeller à vn Inuentaire vn Procureur de sa part, auquel on ne pourroit refuser ensuite la communication des pieces inuentoriées, & apres
tout, la forme en laquelle on a procedé à l'apposition, & à la leuée des
Sceellez, a ses raisons & ses exemples; Et l'Accusé & ses proches sçauent bien en leurs consciences qu'on y a gardé toute sorte de fidelité, de iustice & de bonne foy; Ils n'ignorent pas non plus qu'il n'y ait eu des di-
uertissemens precedens faits en sa Maison à Paris, en celle de Bruant,
& en celle de la Dame du Plessis-Belliere. C'est vn faict dont ils ont
eux-mesmes fourny la preuue dans les libelles qu'ils ont publiez apres
la détention de l'Accusé.

IE ne suis pas le premier homme arresté & opprimé par

des interefts de Cour; les Hiftoires en font pleines; I'ay efté
arrefté fur les fauffes impreffions qu'a données au Roy le
fieur Colbert ma Partie, authorifé par la faueur de M. le
Cardinal Mazarin, auquel feul fa Majefté a voulu prendre
creance : mais s'il euft plû au Roy faire les chofes auec plus
de connoiffance, Sa Majefté pouuoit, pendant que j'eftois
en liberté, m'obliger de luy dreffer vn Eftat general de toutes les affaires ; j'auois mes Papiers ; je pouuois m'efclaircir
aux Efpargnes ; je pouuois prendre inftruction de ce qui
auoit efté fait du détail par mes Commis & par les Comptables, & j'euffe rendu bonne raifon de tout ; finon c'eftoit
par où on me deuoit conuaincre. Ie n'euffe pas eu raifon de
me plaindre de cette conduite, comme j'ay à prefent de
celle qu'on tient, me retenant mes principaux Papiers, &
m'oftant tout commerce auec ceux qui me pourroient efclaircir ; les depofts publics & les Regiftres me font fermez;
mes Commis pris ou intimidez, & toutes les voyes ordinaires de deffenfes me font interdites.

Ie fçay bien que c'eft la couftume de fceeller les papiers,
mais je fçay bien auffi que cela fe doit faire en prefence des
parties intereffées, ou perfonnes pour eux; & qu'il eft inoüy
d'en faire l'Inuentaire fans vouloir qu'aucun Domeftique,
Creancier, ou Officier public, comme Procureur du Roy
ou Subftitut y affifte.

Il eft encore plus eftrange de n'auoir point fait de defcription de tous les Papiers, quoy que ma Partie allegue contre la verité, il ne faut que la lecture des Inuentaires pour
voir ce qui en eft; & ce qui eft plus horrible eft, que la Commiffion du Roy porte en termes formels, de faire defcription *de tous & chacuns les Papiers* ; Et cependant ils ne font pas
feulement nombrez, ils ne font pas cottez, ils ne font pas
paraphez par les Commiffaires, contre l'Ordre exprés du
Roy, & qui pis eft & fans remede, ils font enleuez fans compte & fans defcription, remis au pouuoir de mes Parties ; &
diuertis

diuertis par leur ordre à Fontainebleau & S. Mandé, non à Paris, où je n'en auois que d'inutils, qui sont tous mentionnez en l'Inuentaire de M. le Lieutenant Ciuil.

On a tort de fonder la raison pour laquelle on n'a voulu souffrir aucune personne pour Moy present à ces Inuentaires, sur les negociations secretes de l'Estat auec les Estrangers, puisque mon Accusateur exagere si fort cy-apres, que je n'en ay esté d'aucune de la part du Roy, ny de M. le Cardinal; Mais quand j'en aurois esté chargé, cela deuoit-il empescher les formalitez d'vn Inuentaire? Ne fait-on point tous les jours les Inuentaires des Secretaires d'Estat? N'a-t'on point fait celuy de M. Seruien? Ses parents & heritiers n'y ont-ils point assisté? nonobstant qu'il eust eu des emplois estrangers; Ne pouuoit-on pas de cette sorte de papiers en faire vn Inuentaire separé & secret, en bonne forme pour le porter au Roy? Ne pouuoit-on pas trouuer dans ma Famille, ou dans le grand nombre de mes Creanciers, des personnes à qui il eust esté aussi indifferent que ces papiers fussent connus, qu'aux Commissaires qui y ont trauaillé, lesquels ne sont pas fort auant dans le secret de l'Estat? Ce sont de mauuaises raisons & de dangereux exemples.

L'autre raison qu'allegue ma Partie est tellement insoustenable, qu'on auroit peine à croire qu'vne chose si fort contre le sens commun, fust escrite par vn Procureur General. Il dit, Que c'est instruire la justification d'vn Accusé que de luy donner connoissance, ou à vn Procureur pour luy, de ses propres papiers qui sont sous son sceellé : Est-ce vn discours qui puisse estre tolleré en Iustice? Quoy, on trouuera mauuais qu'vn Accusé ose prendre interest à la conseruation de ses papiers? S'ils sont à luy, n'en a-t'il pas des-ja connoissance? Et s'ils n'y sont pas, n'est-ce pas vn crime de luy en supposer, & de supprimer les siens? C'est ce qu'on a pratiqué à mon égard. On a bien de la peine

H

à déguiſer cette maluerſation ; mais il faut qu'elle eſclatte, tout le Public en eſt conuaincu. On m'a ſuppoſé des Papiers, & on a deſtourné tous les principaux qui pouuoient ſeruir à ma defenſe, & à la conuiction du complot de mes Ennemis ; j'eſpere que j'en auray juſtice, & que les Autheurs ſeront punis quelque jour.

C'eſt pour eluder ma juſte plainte, qu'ils font aduancer vne nouuelle ſuppoſition, en diſant qu'il y a eu des papiers & des meubles détournez en ma Maiſon de Paris ; car il eſt notoire que c'eſtoit vne maiſon quaſi abandonnée, où des Charpentiers, Menuiſiers & Peintres trauailloient, où l'on auoit remis vne poutre dans mon Cabinet ; mes Papiers auoient eſté mis à S. Mandé & à Fontainebleau, & la maiſon demeurée toute ouuerte, comme les meubles & vaiſſellé auoient eſté portez à Vaux.

Ie ne puis répondre de la maiſon de Bruant, ce n'eſt pas mon faict ; je dirois au contraire auec ma Partie, qu'il faut bien qu'on en ait deſtourné des Papiers, puiſque toutes les décharges & billets de l'Eſpargne, qui deuoient eſtre en la poſſeſſion dudit ſieur Bruant, ne ſont pas dans ſon inuentaire, à pluſieurs millions prés ; mais cela n'eſt pas de mon faict.

Fol. 8. verſo.

*Le Roy eſtant de retour du voyage de Nantes, & voulant commencer la reformation generale de ſon Eſtat par celle des Finances, comme eſtant la partie la plus importante, & la plus delicate ; pour l'execution de ſon deſſein, il reſolut deux choſes, l'vne d'en prendre * luy meſme la direction, & d'eſtablir vn Conſeil Royal des Finances, en ſupprimant pour toûiours la Commiſſion de Sur-Intendant ; & toutes les fonctions qui y ſont attachées ; l'autre la creation d'vne Chambre de Iuſtice, pour la recherche des abus & malverſations commiſes dans les Finances depuis l'année 1635. ayant pour cét effet choiſi dans toutes les Compagnies Souueraines du Royaume, des perſonnes ſi illuſtres par leurs merites, & ſi recommandables par leurs ſuffiſances & leur probité,* que l'Accusé a luy-mesme declaré dans son Interrogatoire, qu'il auoit toute sorte de deferance pour vne Chambre composée de tant de Personnes de merite; & si depuis il a changé de sentiment, c'est que voyant tant de conuictions contre luy, il a creu qu'il ne pouuoit esperer de salut, que dans l'éloignement, & dans la fuite.

LE Roy a fait tel establissement qu'il luy a plû; c'est vn ouurage de la Paix, s'il auoit eu agreable pendant la Guerre d'estre également instruit des Finances, & en prendre connoissance, ceux qui sont aujourd'huy mes veritables Parties, ne seroient pas si riches & si puissans; ils n'auroient pas donné lieu aux desordres, dont ils accusent les autres; & je m'asseure que le Roy eust pris des sentimens bien contraires à ceux qu'on luy a inspirez: voyant d'vne part mon zele à son seruice, & mon desinteressement; & d'autre part la passion, & l'interest desordonné de ceux qui ont donné lieu à ma persecution.

Ie ne sçay pas si M. Talon me pretend faire vn crime, d'auoir dit qu'il y auoit beaucoup de personnes de merite dans la Chambre; j'ay toûjours eu les mesmes sentimens, & les ay encore.

Si je pouuois agir en liberté, si on n'auoit point destourné par mauuaises voyes mes Papiers, & la pluspart de mes Defenses; si on n'auoit point mis mes Ennemis dans les places les plus importantes de la Chambre; si on n'auoit point fait tant d'autres choses extraordinaires que chacun voit tous les jours; je serois rauy d'auoir ces MM. pour Iuges en des matieres ciuiles, où je les pourrois reconnoistre sans blesser vn priuilege, qu'on n'a pas voulu laisser juger par ceux qui en sont naturellement les conseruateurs.

La Chambre estant establie, l'on commença d'abord à instruire le procez par contumace aux Gens d'affaires, qui s'estoient absentez; Bruant l'vn des principaux Commis de l'Accusé se trouua de ce nom-

bre, & comme dans l'inftruction de ce proceZ, il s'eft rencontré diuers chefs d'accufation qui regardoient non feulement Bruant, Mais auffi l'Accusé fon Maiftre.*

Fol. 9. recto.

ON auoit fait intimider ledit fieur Bruant pour l'obliger à s'abfenter; mes Parties auoient intereft qu'il ne fuft pas en eftat de faire voir la verité de beaucoup de chofes, qui ont paffé par fes mains; & mefmes ils ont eu fi peur qu'il ne fe reprefentaft auant la fin de mon procez, qu'on a fait juger prematurément fa contumace: I'en fçay les raifons, & ceux qui font bien efclairez, les deuineront aifément; car autrement, n'eftoit-il pas auffi facile de l'arrefter que Moy? & ne deuoit-on pas commencer par celuy qui auoit fait le détail, & pouuoit en rendre compte? Mais on s'eft contenté de faire efclater les ordres, afin qu'il s'efloignaft.

Le Demandeur prefenta Requefte à la Chambre, portant que ledit Sieur Foucquet eftoit preuenu de diuerfes concuffions & malverfations, & d'auoir abusé du credit & de l'authorité de fa Charge de Sur-Intendant des Finances, en s'appropriant, & diffipant les deniers du Roy pour fon profit particulier, & en plufieurs autres manieres criminelles, & prejudiciables au feruice du Roy; fur cette Requefte il y euft Arreft du 3. Mars 1662. qui ordonne qu'il feroit informé, & que cependant ledit Sieur Foucquet feroit interrogé.

CETTE Requefte eft vne continuation des artifices de mes Parties, & vne preuue de la mauuaife volonté de M. Talon. Il y auoit def-ja fix mois que l'on eftoit en poffeffion de ma Perfonne, & de tous mes Papiers; Ces pieces criminelles dont on fait tant d'oftentation, eftoient au pouuoir de mes Parties, ils auoient examiné auec loifir depuis le 5. Septembre 1661. ces Regiftres & ces pieces, dont on tire des Procez verbaux; Et auec tout cela au mois de Mars on prend pretexte de quelques charges incidentes, en vne information

formation faite contre le ſieur Bruant; On ne repreſente point
le Projet que l'on dit eſtre vn crime de leze Majeſté ; on ne fait
point decreter ſur des pieces qui ſont les meſmes, ſur leſquelles
on a fondé le decret interuenu trois mois apres.

Qui ne voit cét artifice groſſier? qui ne connoiſt que mes
Parties ont eſté conuaincuës du deffaut de pouuoir ? & que peu
à peu ma Partie ſe fortifiant d'authorité, enfin s'eſt reſoluë de
paſſer par deſſus les formes , & empeſcher mes Iuges naturels
de me faire Iuſtice.

*Meſſieurs Poncet & Renard, l'vn Doyen de M M. les Maiſtres
des Requeſtes, & l'autre Doyen de M M. les Conſeillers du Parlement
de Paris, qui ſeruent à la Chambre de Iuſtice, ayans eſté commis, ſe tranſ-
porterent au Donjon du Chaſteau de Vincennes le 4. Mars ; l'Accuſé fit
d'abord ſes proteſtations, mais enſuite il répondit pendant deux jours;*
*Il eſt vray que le troiſiéme il reïtera ſes proteſtations, ſuppliant M M. les
Commiſſaires de vouloir differer ſon Interrogatoire pendant quelques iours,
afin que durant cét interualle il peuſt apprendre les intentions de ſa Maieſté,
adjoûtant que ſi la Chambre eſtoit * informée de ſes raiſons & motifs, il
eſtoit aſſeuré qu'elle ne deſapprouueroit pas ſa conduite. Ce ſont les propres
termes de ſon Interrogatoire.*

Fauſſe allega-
tion contre la
teneur des pie-
ces.

Fol. 9. verſo.

IL EST vray que je répondis le Samedy auec proteſtations,
& non par deux jours, còmme mon Accuſateur auance contre
la verité.

I'auois grand intereſt de faire entendre au Roy mes raiſons,
on m'en auoit interdit tous les moyens , me déniant ~~ordina~~ encre
plumes & papier, m'ayant oſté tout commerce , & meſme refuſé vn Confeſſeur dans vne extremité de maladie, je fus donc
obligé de me conduire comme je fis, ſur ce que l'on me faiſoit
entendre, que cette premiere marque de reſpect & d'obeïſſance
aux ordres du Roy, pourroit toucher ſa Majeſté & me procurer
quelque auantage & quelque ſoulagement.

Ie le repete encore : Ceux qui auroient ſceu mes motifs auroient approuué ma conduite dans les circonſtances particu-

lieres; mais l'authorité de mes Parties a preualu, & je n'ay pû trouuer d'accez, pour faire entendre la verité de chofes importantes au feruice du Roy, que j'euffe eu à luy reprefenter.

Cette Remonftrance fut fuiuie d'vn Arreft de la Chambre du 7. Mars, par lequel fans s'arrefter aux proteftations, dires & délais requis, elle ordonne qu'il fera inceffamment procedé à la continuation de l'Interrogatoire: En execution de cét Arreft il a continué de répondre volontairement, & apres toutes les refponfes à chacun des faicts particuliers, il a fait vne obferuation generale qu'il employe en partie pour iuftification, & en partie pour implorer la clemence du Roy par vne deprecation qui n'a rien qui marque fon innocence. Ce difcours & cette Refponfe aux chefs d'accufation, fur lefquels il auoit efté interrogé, eft du 23. Mars, qui eft la derniere vacation du premier Interrogatoire; & par là on peut voir qu'il ne manquoit point de memoire, & qu'il n'a rien obmis de tout ce qu'il eftimoit feruir pour fa iuftification ou pour fa defenfe.

MON Accufateur pretend prouuer que je n'ay pas manqué de memoire, parce que j'ay dit les chofes imparfaitement, & telles que j'ay pû, & à caufe que j'ay fupplié le Roy de fe fouuenir des paroles qu'il m'a données, ou que j'ay imploré fa bonté; il veut que je me fois fenty coupable. Ce font de mauuaifes confequences.

Pour le deffaut de memoire, fi on prend droict par mon Interrogatoire, on verra que je l'ay allegué par tout; & il eft de notorieté publique, que je m'en fuis toûjours plaint auant ma prifon, ne pouuant me fouuenir de rien que par le fecours des Agenda, Billets, Extraicts, & Copies que je faifois faire de toutes chofes; cela eft juftifié au procez; mes Commis le diroht; & il y a des lettres produites, par lefquelles je demande au fieur Bruant, de me faire fçauoir fi je fuis obligé à M. de la Baziniere pour vne fomme notable; s'il y a chofe qui puiffe mieux juftifier vn deffaut de memoire que celle-là, je fuis bien trompé.

De plus dans l'eftat de mes debtes, i'en ay obmis vn grand

nombre : M. Poncet peut iuſtifier que ie n'auois employé celle de M. Roüillé que pour cent quarante liures, & que ce fut luy qui me la fit corriger, & porter à cent quatre vingts tant de mil liures, à quoy i'adiouſteray d'autres preuues par eſcrit, pour me iuſtifier ſur certains chefs d'accuſation, deſquels ie ne m'eſtois pas ſouuenu ; En effet, ſi en pleine liberté ie n'auois pas de memoire, comment, accablé d'vne longue & rigoureuſe priſon, malade, & ſans commerce, aurois-ie pû la reſtablir ?

La Deprecation au Roy n'eſt jamais honteuſe à vn Subjet ; on eſt criminel quand on déplaiſt à ſa Majeſté. I'auois veu vn eſcrit, que j'eſtimois bruſlé, qui meritoit bien de luy dire les raiſons qui le rendent pardonnable ; Et de plus, apres les paroles formelles que le Roy m'auoit données, j'eſperois obtenir vn traitement plus doux, que celuy que ma Partie m'a fait faire : Que ſi on veut ſçauoir le motif du pardon que j'auois demandé au Roy, & que ſa Majeſté m'auoit accordé, je le diray ; Mais il eſt fort dangereux pour la memoire de M. le Cardinal.

Cét Interrogatoire qui contient iuſquès à 147. roolles peut eſtre ſommairement diuiſé en trois parties : La premiere, contient les faiĉts ſur leſquels l'Accuſé a eſté enquis : La ſeconde, ſes reſponſes ; & la troiſiéme, la reconnoiſſance des pieces ; Les faiĉts bien examinez & diſcutez par l'ordre des temps, des choſes, & des perſonnes, on reconnoiſtra que tous les chefs d'accuſation y ſont compris, ou en termes particuliers, ou en termes generaux, tant pour les abus, et malverſations dans les Finances, que pour les ſuppoſitions & fauſſetez qui ont eſté pratiquez, afin de les commettre auec plus de facilité, & d'en deſtourner la preuue & la lumiere ; & auſſi pour les crimes de leze-Majeſté ; Les reſponſes de l'Accuſé eſtans penetrées, il ne ſe trouuera quaſi par tout qu'artifices, & que déguiſemens, il faut vſer de tous ces termes par la neceſſité de la Iuſtice. *fol. 10. R.*

Si on veut examiner toutes choſes auec vn eſprit de Iuſtice, j'eſpere qu'on reconnoiſtra le contraire du contenu en l'explication de cet Interrogatoire, & que l'on trouuera mes Reſponſes pleines de franchiſe & de ſincerité, faciles à prouuer, & conformes aux pieces, & à la depofition des témoins non reprochables.

Mais je fupplie qu'il foit obferué, que je n'auois eu commerce auec qui que ce foit ; que je ne fçauois pas ce qu'auoient pû dire les Gens d'affaires, dans l'abfoluë dependance où ils font de ma Partie, & animez contre Moy, à caufe des taxes & dépoffeffions, me voyant d'ailleurs en l'eftat où je fuis.

Ie fçauois tous mes Papiers, & croyois tous mes Commis au pouuoir de mes Parties ; & de cette façon je n'auois garde par vn déguifement, de me rendre indigne des paroles du Roy, Moy qui n'auois rien à craindre fur des affeurances fi precifes de la bouche de fa Majefté ; Auffi n'a-t'on rien trouué dans la fuite, qui ne foit conforme aux Refponfes que j'ay faites fur les faicts dont je me fuis fouuenu, & qui eftoient de ma connoiffance.

Il fe trouuera des furprifes en toute la procedure, & tant s'en faut que j'aye efté interrogé fur les faicts particuliers, que les tefmoins defdits faicts n'ont efté oüys que depuis mon Interrogatoire.

Ie n'ay pas oüy parler de fauffetez ; s'il y en a, il faut que mes Parties les ayent faites ; car je ne fis jamais aucune chofe qui puiffe eftre qualifiée de ce nom.

Le fieur Ieannin Treforier de l'Efpargne fut arrefté le 22. May, le fujet principal de fa detention a efté, qu'en examinant les menus de comptant & les Regiftres de l'Efpargne, on a découuert vne Ordonnance de comptant de fix millions expediée le premier Aouft 1658. fous le nom de du V al pour vne difference de fonds de quatre cens mil liures de rente fur les **Fol. 10. verfo.** *Tailles dont * l'alienation auoit efté ordonnée, & qui n'ayant point efté executée, on a par vne infigne friponnerie reformé les billets procedans de cette Ordonnance fur les fonds les plus affeurez, et fur les deniers les plus clairs de l'Efpargne. C'eft vn vol manifefte fait au Roy, il fera cy-apres examiné, qui en doit eftre reputé coupable ; le fieur Jeannin ayant efté interrogé, il s'eft déchargé fur le Sieur Foucquet, pretendant auoir eu des ordres fignez de luy de faire cette reformation, c'eft ce qui fift que par Arreft du*
3. Iuin

3. *Juin on ordonna que l'Accusé seroit derechef interrogé; Ce second Interrogatoire a esté fait depuis le 7. Juin iusqu'au 12. inclus; il contient 51. roolles; il y faut pareillement obseruer les faicts, les responses, & les reconnoissances.*

CETTE Ordonnance que l'on dit estre remplie du nom de du Val, & que j'ay signée le nom en blanc, ainsi que la plusparc des autres de cette nature, est vne Ordonnance dans l'ordre, signée de tous ceux qui ont droict de signer.

S'il y a friponnerie dans la reformation des billets, comme il plaist à mon Accusateur de dire, il auroit pû faire distinction entre ce qui est friponnerie, & surprise; I'ay pû estre surpris, comme M. le Chancelier le peut estre, quand on luy fait signer vn meschant Arrest; Il y a tel cas, où ce peut bien estre vne friponnerie à celuy qui par surprise, & sur vne fausse exposition le fait signer; mais celuy qui le signe, le peut faire de bonne foy: Il en est de mesme des Lettres au Sceau; la seule difference est, que par vne grande application & attention à la lecture des Arrests & des Lettres, on peut souuent s'en garentir; & par la lecture des billets, on ne le peut, comme j'expliqueray ailleurs; deforte qu'on suit la bonne foy de celuy qui les presente à reformer.

Si ces billets ont esté donnez pour décharges sur de bons fonds; Ie mets en faict que ces bons fonds n'ont pas esté consommez par lesdits billets, & qu'ils ont esté actuellement employez aux despenses de l'Estat: Ce que je prouueray par la coppie des comptes & des consommations, qui doiuent estre dans mes Papiers, & par d'autres preuues sans replique, pourueu qu'on vueille bien que ie tire des Registres, les lumieres qui seruent à ma defense, puisque ie n'ay pas la liberté de m'en esclaircir auec mes Commis.

Apres toutes ces procedures, il y a eu Decret de prise de corps decerné contre l'Accusé par Arrest de la Chambre du 18. Iuin, qui porte qu'à cette fin il seroit arresté & recommandé sous le bon plaisir du Roy, au Donjon du

*Chasteau de Vincennes, la recommandation en a esté faite * par le Blanc Huissier le 20. dudit mois, suiuant vn ordre du Roy mentionné en l'exploict.*

CE Decret ne seroit pas interuenu, si i'auois pû agir librement deuant mes Iuges, & que i'eusse fait voir mon innocence par bonnes & valables pieces, comme il m'estoit facile, si on n'eust pas commencé par m'en oster la possession & l'vsage.

Mais ce qui est remarquable, c'est que ce Decret ne m'a esté leu qu'vn mois apres la datte d'iceluy; qu'il a esté caché & supprimé dans le Veu de tous les Arrests posterieurs auec vne affectation estudiée, & que ie n'ay point esté interrogé depuis qu'il m'a esté leu, quoy que cela soit dans l'ordre, qui est vne nullité essentielle dans la procedure.

Messieurs les Commissaires s'estans transportez au Donjon du Chasteau de Vincennes le 20. Iuin pour interroger l'Accusé sur les informations faites contre luy; Il refusa pour lors précisément de respondre; de ce refus ayans dressé leurs procez verbal, Arrest interuint le 22. Iuin qui ordonne que sans s'arrester au refus, il respondroit; les procez verbaux contenant les refus de respondre, les declinatoires & protestations, & les Arrests portans que sans y auoir esgard, il respondroit; autrement, que son procez luy seroit fait comme à vn Muët, ont continué presque de iour en iour.

I'AVOIS respondu auant qu'il y eust eu Decret, par esprit de soufmission au Roy, pour obtenir quelque adoucissement à la rigueur de ma prison, afin que sa Majesté peust prendre quelque esclaircissement par mes Réponses, sur les faicts de ma conhoissance, esperant d'ailleurs que la Chambre, apres âuoir veu mes Remonstrances, pouuoit me faire obtenir beaucoup de choses iustes; que ie ne pouuois faire demander par aucune autre voye.

Outre que des Responses de cette qualité, dans les circonstances cy-dessus remarquées, auec mes Protestations reïterées par tout, ne pouuoient blesser mon Priuilege.

Mais ayant apris le 20. Iuin par MM. les Commissaires, que

mes Interrogatoires & Remonſtrances auoient eſté leuës dans la Chambre ; qu'elle ne m'auoit point renuoyé deuant mes Iuges, ny fait accorder les choſes que j'auois eſperées ; & que l'on ne me faiſoit pas voir l'Arreſt interuenu ſur ledit Interrogatoire ; j'apprehenday quelque ſurpriſe de ma Partie, & creus ne pouuoir plus reſpondre ny reconnoiſtre la Chambre, ſans faire vn prejudice irreparable à mon Priuilege ; c'eſt pourquoy je ne voulus pas continuër à reſpondre ny reconnoiſtre la Chambre.

*Il eſt à propos d'obſeruer en cét endroit quelle a eſté la conduite de l'Accuſé en l'inſtruction de ſon procez ; il a eſtendu ſes reſponſes par le premier Interrogatoire, eſtimant que par l'apparence d'vne ſincerité, il tromperoit ſes Iuges ; Il n'a dit autre choſe par le ſecond Interrogatoire, ſinon qu'il a deſnié les faicts, ou qu'il ne s'en ſouuenoit pas ; parce qu'il eſtoit confus de ce qu'ils auoient eſté deſcouuerts, * & qu'il ne pouuoit pas les expliquer aduantageuſement* Fol.11. verſo. *pour ſa iuſtification, ny meſme leur donner aucune couleur apparente, ou vray ſemblable : Il a refuſé de reſpondre apres le decret de priſe de corps, et les informations faites contre luy, ſoit qu'il ait reconuu qu'il y auoit des preuues trop puiſſantes pour les pouuoir eluder, ou qu'il ait creu qu'il luy ſeroit moins honteux de ſe laiſſer condamner ſans reſpondre, puis qu'il ne pouuoit éuiter la condemnation apres auoir reſpondu ; ſoit qu'il ait eſperé rendre la procedure immortelle, & ſe ſauuer par la longueur.*

MON Accuſateur pretend toûjours iuger de mes intentions ; mais comme il ne peut pas les ſçauoir ſi bien que Moy, ie ſuis obligé de dire qu'il ſe trompe, & que les raiſons de cette diuerſité ſont tout' autres.

Ie me ſuis eſtendu dans les premieres Reſponſes, autant que ma memoire l'a pû permettre, pource que pluſieurs des faicts auoient eſté de ma connoiſſance.

Dans le ſecond Interrogatoire, tous les faicts eſtans vn détail d'expeditions de Commis, dont je ne me ſuis jamais meſlé, & dont on ne me repreſentoit pas les pieces, je n'ay pû les expliquer ; ce qui n'eſtoit de mon faict, ny de ma connoiſſance ; Et je viens de dire les raiſons pour leſquelles j'ay ceſſé de faire le

ferment au troifiéme Interrogatoire, apres vn Decret, ne pouuant me foufmettre à la Iurifdiction d'vne autre Compagnie
que du Parlement.

Mais fi on veut lire les faicts de ce dernier Interrogatoire, fur
lequel je n'ay pas voulu refpondre, on fera bien conuaincu,
que ce n'eft pas qu'ils ayent efté trop preffans; puis qu'il n'y a
que des Articles generaux, fur lefquels j'auois def-ja refpondu, à ce qu'on pretend fi amplement.

Ie fupplie en cét endroit, que l'on obferue ce dernier Interrogatoire; s'il n'eft pas vifible qu'il n'a efté fait que pour tâcher
en quelque façon de rectifier la procedure, & pouuoir dire que
j'auois efté interrogé depuis le Decret.

Mais ma Partie n'a pas couuert les nullitez, car il falloit me
faire lecture dudit Decret, & que je fceuffe que je répondois en
execution d'iceluy; Il ne faut que voir l'Exploict fait au fieur
d'Artagnan, les termes en font notables, il eft dit pour répondre fur les faicts fur lefquels je feray interrogé; cependant ledit
fieur d'Artagnan n'a pas efté chargé de me le faire voir; auffi ne
l'a-t'il pas fait, & je n'ay appris cela que depuis que la Chambre
m'a donné copie des Arrefts.

Mais ce qui eft tres-confiderable & prouué par les Procés
verbaux de MM. les Commiffaires eft, que ledit Arreft du 18.
Iuin n'y eft feulement pas enoncé ny datté; De forte qu'on ne
peut pretendre que ce foit vne execution d'iceluy. Il y a bien
d'autres chofes à dire, qui feront remarquées en temps & lieu.

Ie ne puis laiffer paffer ce que l'on allegue, que j'ay voulu
rendre la procedure immortelle; puis qu'encore à prefent ma
Partie commence de nouuelles inftructions, & que fa production n'eft pas faite, & que les pieces dont je me dois feruir ne
font pas encore reftituées.

*Enfin il a efté ordonné que l'inftruction du procez feroit continuée à l'Ac-
cufé comme à vn Muët, ce qui a efté fait dans les formes, & auec toutes les
precautions les plus exactes, il n'y a pas vn procez verbal auquel il n'ait
dit tout ce qu'il vouloit dire; qu'apres l'auoir dit, il n'en ait fait faire la lecture*

*cture pour y adiouster ou diminuer, ce qu'il a voulu ; & il ne s'en trouuera aucun dans lequel auant que de le signer, il ne s'en soit fait faire encore vne nouuelle lecture. Apres quoy * il a signé, il n'y a pas vn Procez verbal qui ne soit signé de luy, mesme tous les renuois & les apostils paraphez ; Il n'y a pas aussi vn Arrest dont la lecture ne luy ait esté faite par le Greffier de la Chambre ; qu'il ne l'ait pris des mains du Greffier pour en faire encore luy mesme la lecture ; Qu'apres ces deux lectures il n'y ait fait reflexion, & mesme bien souuent parlé ; & sur le dispositif, & sur tous les termes qui y sont employez : Le Demandeur ne fait pas ces remarques pour blâmer le procedé, & sont des precautions legitimes & raisonnables, mais pour monstrer auec quelle circonspection la procedure a esté instruite, iusques-là mesme que les Arrests sont transcrits en chacun Procés verbal de la journée où ils ont esté representez.*

Fol. 12. R.°

CES Procés verbaux peuuent bien porter qu'on m'a fait lecture, & non pas que je me la suis fait faire ; Ces manieres de parler sont autant de marques de l'animosité, que l'on ne peut tellement cacher qu'il ne paroisse qu'on veut prendre des aduantages indirects iusques aux façons de s'exprimer.

Ie ne conçois pas à quoy seruent toutes ces ceremonies si curieusement estudiées en cét endroit, touchant la representation & transcription des Arrests, puis que M. Talon n'y estoit pas present, & que les choses ne se sont point passées de la façon, les Procés verbaux ne le portant pas.

Ces Obseruations neantmoins peuuent bien prouuer l'étonnement où j'ay esté, de remarquer tant de deffauts en vne procedure ; mais c'est vne mauuaise consequence de dire, qu'à cause que j'y ay remarqué beaucoup de choses extraordinaires, qu'elles ayent esté bien faites, & auec soin ; j'en pourrois tirer vne toute contraire auec plus de fondement.

Il est bon de sçauoir qu'il est escrit dans les Procés verbaux, que toutes mes signatures ne sont que pour faire valloir mes protestations.

Apres tant de delais donnez à l'Accusé, mesme sur-abondamment, & au delà de ce qui se pratique en semblables rencontres, ayant perseueré dans

L

*vne contumace affectée, les confrontations ayant esté ordonnées ; elles ont esté faites, & quoy qu'il ait continué de ne point respondre, il n'a pas laissé de parler, non pas comme vn Accusé auroit respondu, * non pas simplement en donnant des reproches, ou faisant des obseruations, pour destruire la deposition des tesmoins qui luy estoient confrontez ; mais par vne maniere asseurément nouuelle en la personne d'vn Accusé : Quand il a eu quelque tesmoins suspects il n'a pas laissé en refusant de prester serment, & en disant qu'il ne vouloit pas respondre, de s'expliquer de tous ses reproches ; adioûtant qu'il les deduiroit plus au long s'il estoit pardeuant des Iuges competans; Il a fait mesme des interpellations aux tesmoins, ce qui n'appartient qu'à des Iuges ; il a souuent fait des requisitions & des remonstrances.*

ON ne peut appeller vne contumace affectée, celle d'vn homme qui a vn bon Priuilege, & de bonnes raisons pour se défendre ; qui ne demande que l'execution des Ordonnances ; qui remonstre qu'il ne doit pas y auoir des loix particulieres pour luy, & qu'on ne traite pas les autres Accusez de la mesme sorte.

Au reste, il s'en faut beaucoup que i'aye dit tous les reproches que i'auois contre les tesmoins qui m'ont esté confrontez ; Il y en a peu, à l'occasion desquels i'aye parlé, parce que ie n'ay pû retenir mon indignation, de voir qu'on auoit cherché pour tesmoins iusques à Maissac & Tabouret, notoirement incapables de l'estre contre Moy ; l'vn & l'autre ayant esté mis à la Bastille par mes ordres, sous l'adueu de M. le Cardinal, ils l'ont aduoüé eux-mesmes en ma presence ; il ne restoit plus à produire que les sieurs Colbert, Heruart, Berrier, & autres semblables tesmoins, qui ont comploté ma perte, pour monstrer la sincerité de l'information & des procedures.

Ie pouuois donner de tres-pertinens reproches, contre la pluspart des autres, & ce n'est pas vne illusion que d'auoir dit que ie les dirois deuant mes Iuges ; car i'ay dequoy les dire, & les prouuer par escrit.

Il est bon d'obseruer encore le mot d'interpellations, M. Talon n'y estoit pas present, les Procez verbaux ne le portent pas, à moins qu'ils ayent esté alterez depuis; Il faut donc que le sieur Foucault ait rapporté dans les consultations des choses au delà de sa fonction; toutesfois l'on aduance cela sans fondement, au lieu que i'aurois beaucoup de plaintes à faire; car ie n'ay pas eu le pouuoir de faire rediger bien des choses dites à mon aduantage, pource qu'on me disoit que ie deuois estre muët, & si i'eusse pû faire expliquer les tesmoins sans blesser mon Priuilege, ceux qui les auoient produits n'en auroient eu que de la confusion.

Le Demandeur ne pretend pas qu'il y ait aucune question à traitter pour ce qui concerne la Jurisdiction ny la procedure; La competence de la Chambre est infaillible, par les termes de l'Edict de son establissement verifié en toutes les Compagnies Souueraines de Paris, & dans tous les Parlemens du Royaume; par les reconnoissances que l'Accusé en a faites, nonobstant ses remonstrances prenant à son Declinatoire; par l'Arrest du Conseil du Roy, sa Majesté y seant du 6. Juillet dernier, regiſtré en la Chambre; & par l'execution volontaire que l'Accusé a faite & fait tous les jours de tous les Arrests de la Chambre, puisque c'est en vertu de ces Arrests, qu'il a pris les copies de tous les Arrests qui le concernent, & de tous les Inuentaires faits en ses Maisons, & en celles de ses Commis, qu'il a pris des plumes, encre, & papier, & qu'il confere auec son conseil.*

Fol.13. recto.

Ie prendray volontiers droict sur le faict de la Iurisdiction, par les termes de l'Edict d'establissement de la Chambre, pour prouuer qu'elle n'est pas competente, sur la pluspart des Chefs d'accusation, contre qui que ce soit, & sur les autres contre vn Priuilegié, dont le Priuilege est certain, & n'est ny ne peut estre reuoqué; Et de plus estant vne maxime constante, que les termes de l'Edict ne peuuent remonter depuis les Comptables desnommez en iceluy, iusques aux Ordonnateurs non desnommez.

L'Arrest du Conseil du 6. Juillet 1662. est insoustenable par vn grand nombre de raisons; mais il suffit de dire, qu'il est donné sans requisition, & sans Partie; Qu'il Iuge vne competen-

ce, fans que celuy qui decline ait dit les raifons de fon Declinatoire, & fans qu'il ait efté appellé ; Qu'il ne Iuge pas plufieurs
des moyens alleguez par Moy dans les Procez verbaux ; Qu'il
n'eft pas regiftré au Parlement les Chambres affemblées ; Qu'il
ne donne pas à la Chambre plus de pouuoir qu'elle en auoit, &
qu'elle n'en auoit aucun fur les faicts qui ne font pas des Finances, ny fur les Priuilegiez des Compagnies fouueraines.

Ie n'ay point fait d'execution volontaire des Arrefts : Si par
Arreft de la Chambre il eftoit ordonné qu'on fourniroit du
pain à vn Prifonnier qui meurt de faim, pourroit-on dire qu'il
auroit fuby la Iurifdiction pour auoir mangé de ce pain, en faifant des proteftations ?

I'ay efté détenu dans la plus rigoureufe prifon qui ait jamais
efté pendant vne longue inftruction, fans plumes, encre ny papier : On m'a pris mes Papiers par force & fans forme ; On m'a
interdit toute voye de me deffendre ; Ie m'en plains : On me
prefente apres plus d'vn an de temps quelque partie de ces chofes ; Ie les accepte, difant nommément, que c'eft fans reconnoiftre la Iurifdiction, & pour me pouruoir contre. Peut-on
tirer de là vne bonne preuue de ma reconnoiffance ?

Que l'on examine tous les autres procez criminels ; foit des perfonnes d'v-
ne condition ordinaire, foit de celles conftituées en dignité, foit de celles d'il-
luftre naiffance, en montant mefme jufques à ceux de la Maifon Royale ;
On ne trouuera point qu'on ait iamais fait tant de graces, & accordé tant
de chofes a des Accufez, foit qu'ils ayent reconnu ou non la Iurifdiction
en laquelle on fait leur procez. Ce font des graces raifonnables qui font affez
voir qu'on agit auec les purs motifs de la Iuftice.

S'il falloit icy remarquer tout ce qui a efté accordé aux autres
Accufez, & qui m'a efté refufé, on en feroit vn gros volume.

On ne peut pas donner à l'Accufé vn exemple plus precis, ny plus re-
cent, que le procez fait à fa requefte en qualité de Procureur General au
Parlement de Paris contre M. Vallée de Chenailles Confeiller en la mefme

Cour;

fol. 13. V°

Cour; ledit sieur de Chenailles n'estoit accusé que d'vn crime particu-
lier, d'auoir eu intelligence pour vne chose qui n'estoit point executée &
dont mesme l'execution n'estoit point commencée. Son pro-
cez luy estoit fait au Parlement où il estoit Conseiller, le procez fait les
Chambres assemblées, il demanda conseil, l'Accusé comme Procureur Gene-
ral s'y opposa, parce que les confrontations n'estoient point faites: M. de
Chenailles n'eust vn conseil qu'apres les confrontations, il n'eut point la
liberté de le choisir, le conseil luy fut donné d'office par le Parlement, sans
luy en auoir communiqué, & il n'eust point vn conseil libre. Mᵉ Antoine
Guyet Greffier au Parlement fut present autant de fois que M. de Chenail-
les confera auec son conseil; le sieur de la Baschelerie Gouuerneur de la Ba-
stille estoit aussi dans la chambre, il ne peust obtenir que trois conferences, &
peu de temps en chacune; Il fut iugé sans auoir eu ny plume, ny encre, ny
papier, ny communication des pieces qui auoient esté saisies, et inuentoriées, ny
communication des inuentaires.

Ie suis bien aise que M. Talon se serue de cét exemple, s'il
auoit agreable de le suiure en toutes choses, comme il est obligé par le tiltre de sa Charge, qu'il deuroit preferer à vne simple
Commission, il s'acquereroit plus d'honneur.

Il faudroit commencer par l'assemblée des Chambres du
Parlement, & me laisser deuant mes Iuges, comme M. de Chenailles estoit deuant les siens, en ce cas ie n'aurois plus de besoin du conseil que i'ay demandé sur le faict de la Iurisdiction;
les deffauts de procedures qui sont en la poursuite qui se fait
contre Moy, ne s'y trouueroient pas; on ne choisiroit pas des
personnes exprés entre mes Ennemis, chacun y seroit par sa
Charge sans affectation; & ces Iuges verroient la difference
qu'il y a des accusations, la difference des deffences, la multiplicité des chefs, & ce qui seroit necessaire; Puis qu'on se louë
du procedé du Parlement, que ne m'y laisse-t'on? Qu'a-t'on à
craindre?

Mais comme il m'est important de me seruir des auantages
que me presente mon Accusateur; ie supplie qu'on fasse reflexion sur ce qu'il dit, que le crime dont estoit accusé M. de Che-

M

nailles *n'eſtoit point executé, & que meſme l'execution n'en eſtoit point commencée.* Cela eſt notable ; car ledit ſieur de Chenailles auoit eſcrit en Flandres pour liurer S. Quentin aux Ennemis, il auoit receu les reſponſes, il auoit deſbauché des Officiers, il eſtoit conuenu du prix, & fait quantité d'autres démarches eſtranges.

Fol. 14. recto.

*Pour ſe defendre d'vn exemple, & d'vn * preiugé ſi formel, l'on a voulu inſinuër dans les eſprits, qu'il y auoit difference tant par la qualité des perſonnes, que par le tiltre de l'accuſation entre le procez de M. de Chenailles et celuy de M. Foucquet ; que l'vn eſtoit vn Conſeiller, l'autre vn Procureur General & Sur-Intendant des Finances ; Que M. de Chenailles eſtoit accuſé d'vn crime de leze-Maieſté, & que l'on demande à M. Foucquet vn compte de ſon adminiſtration ; Que dans la premiere de ces deux procedures, il n'y auoit rien que de criminel ; & que la derniere approche du ciuil : Mais tant s'en faut que dans ce paralelle, & dans cette comparaiſon l'Accuſé puiſſe rien trouuer qui ſoit à ſon aduantage, & à ſa deſcharge ; qu'au contraire M. de Chenailles eſtoit Conſeiller lors de ſa priſon, & de ſon procez, l'Accuſé n'eſtoit plus Officier auant qu'il fuſt arreſté ; M. de Che-*

Hic.

*nailles n'eſtoit preuenu que d'vn ſeul crime, ou pour mieux dire de l'intention d'vn crime ; & l'Accuſé eſt chargé, non ſeulement de malverſations et de vol des Finances, mais auſſi d'auoir vſé de ſuppoſitions, & de fauſſetez, voir meſme de crime de leze-Maieſté. Ce n'eſt pas vn compte qu'on luy demande, on inſtruit contre luy vn grand nombre de chefs d'accuſations capitales ; & ſi ces cauillations eſtoient receuës, il n'y a point de procez criminel qui ne puſt eſtre ciuiliſé ; point de crime de * Peculat qui ne*

Fol. 14. verſo.

demeuraſt impuny.

I'AY dit qu'il y auoit difference entre le procez de M. de Chenailles, & celuy que l'on inſtruit contre Moy ; mais ie n'ay pas eſtably les differences, comme elles ſont icy exprimées ; ie n'en mets aucune entre vn Conſeiller & vn Procureur General, entre vn Titulaire & vn Veteran.

I'en mets entre vn Priuilegié qui eſt deuant ſes Iuges, & vn qui eſt deuant des Commiſſaires ; entre vn crime qui conſiſte en vne action ſimple, laquelle ne dépend point de comptes, de

calculs, & de pieces; & vne accuſation pour mauuaiſe adminiſtration des Finances pendant neuf années, inſtruite pendant
dix-huit mois, dans laquelle on employe quatre ou cinq cens
pieces, qui ſe peuuent détruire par deux ou trois mil autres épar-
ſes en diuers lieux: Perſonne ne diſconuiendra que l'inſtruction en doit eſtre differente.

Ie trouue encore remarquables en cét endroit les termes
dont vſe ma Partie, ie pretens en auoir acte, & m'en ſeruir.

M. Talon dit que l'accuſation de M. de Chenailles *n'eſt que
l'intention d'vn crime*, i'en demeureray d'accord ſi on veut; cependant, non ſeulement il auoit formé le deſſein de liurer S. Quentin aux Ennemis de l'Eſtat; mais il l'auoit promis par eſcrit, &
enuoyé pluſieurs lettres hors le Royaume, à des perſonnes auec
qui le commerce eſtoit criminel, & en auoit reçeu pluſieurs réponſes.

Il auoit negocié auec des Officiers de la Garniſon, pour les
débaucher du ſeruice du Roy, & les obliger pour de l'argent à
trahir leur deuoir, & manquer de fidelité au Roy, introduire
les Ennemis dans la Place.

Il auoit fait faire diuers voyages; il s'eſtoit abbouché, &
auoit donné des rendez-vous, le tout ſans que ledit ſieur de
Chenailles euſt eſté obligé d'en vſer ainſi pour aucun mauuais
traittement, ny pour garantir ſa vie & ſa liberté; ie demande
ſeulement qu'on ſe ſouuienne que cela s'appelle icy vne intention.

*Pour faire voir que l'on a toûjours obſerué la meſme rigueur dans les
accuſations de Peculat, que dans les autres crimes; tout le monde ſçait que
M. le Chancelier Poyet n'eſtoit point accuſé du crime de leze-Maieſté, &
que l'on ne luy imputoit que quelques concuſſions aſſez legeres; cependant luy
qui eſtoit Chef de la Iuſtice, fut traitté auec la meſme ſeuerité, que l'on a
pratiqué dans nos iours à l'eſgard de M. de Chenailles. Si la Chambre s'eſt
relaſchée par vne exuberance de benignité en faueur de M. Foucquet, en
luy accordant des graces que la Iuſtice ne fait pas d'ordinaire aux accuſez,
c'eſt vn effet de la prudence & vne indication aſſeurée que M. Foucquet*

n'a rien à craindre s'il est innocent. En effet la Chambre a ordonné que l'Ac-
cusé auroit copie de tous les Arrests qui le concernent; qu'il auroit copie de
tous les Inuentaires faits en ses Maisons, & en celles de ses Commis; qu'il
auroit vn conseil tel qu'il le voudroit choisir; que le conseil seroit libre, &
qu'il auroit encre, plumes & papier: Toutes ces choses ont esté ordonnées
par diuers Arrests, executées de bonne foy, & auec plus d'esten ̈uë que la
Chambre ne l'auoit ordonné, & que l'Accusé ne l'auoit osé souhaitter.

Fol.15.recto.

    *On luy a * administré plumes, papier & encre, en telle quantité qu'il a*
voulu; il confere auec son conseil sans qu'il y ait personne dans sa chambre
pour estre tesmoin de ce qui se passe; non pas mesme le sieur d'Artagnan, en
la garde duquel le Roy l'a commis; Il dit à son conseil, & son conseil à luy,
tout ce que bon luy semble; Le nombre des heures & des iours n'est point limité,
et l'on sçait que son conseil l'a visité quasi tous les iours; Il a la liberté d'es-
crire autant que bon luy semble, & tout ce qu'il croit necessaire pour sa iusti-
fication; il donne tous ses memoires à son conseil apres luy auoir parlé, & le
mesme conseil qui a conferé auec luy, s'assemble auec ses Parens, pour leur faire
rapport de tout ce qui a esté fait au Donjon du Chasteau de Vincennes; On
y delibere; on y appelle d'autre conseil; on communique auec des Gens d'af-
faires, à qui on donne des memoires, & des pieces.

    Apres cela l'Accusé se peut-il plaindre d'oppression, s'il manque quelque
chose à sa defense, c'est que sa vie & ses actions n'ont pas esté innocentes.

L'INSTRVCTION du procez de M. le Chancelier Poyet est
bien differente : M. le Procureur General & MM. les Aduocats
du Roy eurent assez d'honneur, de conscience & de probité,
pour s'abstenir & se déporter d'eux-mesmes de la poursuite,
sçachans qu'ils luy estoient suspects : On luy communiqua
tous ses Papiers à luy-mesme, & encore à son conseil, pour se
seruir en toute liberté de ceux qu'il jugeroit à propos; On ne
fit point mettre le procez sur le Bureau auant qu'il fust instruit;
On ne fit point retirer celuy qui presidoit, pour en substituer vn
autre notoirement suspect, & qui n'estoit point entré depuis
vn an. Ie pourrois bien dire icy d'autres choses que je ne dis
pas, mais les traittemens que j'ay receus sont inoüys.

    Ie n'ay obtenu plumes, encre & papier qu'vn an apres ma
capture,

capture, sans qu'il m'ait esté possible de retenir des memoires des faicts sur lesquels j'ay esté interrogé, ny des pieces qui m'ont esté representées pendant trois ou quatre mois entiers: Comment puis-je apres cela m'en souuenir? on ne m'a point permis de faire juger ma competence par ceux qui sont les Iuges de mon Priuilege.

On s'est emparé sans forme de Iustice de tous mes effects, & des Papiers seruans à ma defence; on n'a pas voulu souffrir que je donnasse aucun ordre à mes affaires, dont on peut juger l'estat, puis qu'elles sont à l'abandon depuis dix-huit mois, auec plus de quatorze millions de debtes, desquelles il ne se paye principal ny interest; tout se consomme en frais de Iustice.

Si j'ay eu vn conseil libre, la matiere qui se traitte est d'vne qualité à ne pouuoir estre traittée autrement, & s'il y a des-ja quelque temps que je l'ay, il n'a pas tenu à M. Talon qu'il ne m'ait esté osté: Mais dequoy se plaint-il? le procez n'est pas en estat de sa part; sa Production qu'il auoit fait signifier estre au Greffe le 18. Octobre 1662. par vn acte du 20. du mesme mois, en consequence duquel il a obtenu diuers Arrests, n'estoit pas encore faite en Mars 1663. Il en fait de nouuelles tous les jours; il commence à faire reconnoistre des pieces qu'il auoit en main il y a dix-huit mois; il fait de nouueaux Procez verbaux, de nouuelles informations, & ne peut tellement dissimuler les defauts de ses premieres procedures, que tout le monde ne voye bien qu'il s'en apperçoit, & que les preuues manquent plustost que la mauuaise volonté.

Il est vray que je n'ay pas sujet de me plaindre du conseil, hy de la liberté qu'il a de conferer auec Moy & auec ceux de mes proches qui ne sont point exilez; mais la plospart le sont dans le temps auquel ils pourroient assister ma Femme en vne occasion si difficile, où j'ay toute l'authorité de mes Ennemis contre Moy, & nul secours de personne.

M. Talon exagere & repete cela si souuent, qu'il paroist bien qu'il a vn extreme regret qu'il y ait quelque chose en quoy je n'aye pas sujet de me plaindre.

N

Pour le satisfaire neantmoins, je luy diray que ma Femme, mes Proches, ny mon conseil n'entendent pas les affaires des Finances; & qu'il ne s'est trouué vn seul homme d'affaires de quelque qualité qu'il soit, qui ait voulu nous assister ny de son conseil, ny de la recherche des pieces necessaires dans les déposts publics, que ces mesmes depost nous sont fermez, la pluspart sous la clef de Berryer ma Partie; qu'on m'a refusé les extraicts que j'ay fait demander; & que tous ceux ausquels on s'est addressé, ont tesmoigné la crainte de la violence que doiuent attendre ceux qui s'employeroient pour Moy.

Mais pour vn entier éclaircissement, & pour faire que l'Accusé, s'il a des pieces qui puißent seruir à sa iustification, les puisse produire, la Chambre a rendu vn appointement à oüir droict le 5. Octobre auec les delais de l'Ordonnance. C'est en execution de cét appointement que ce faict la presente Production.*

* Fol. 15.verso.

Le Demandeur diuise le present Inuentaire aux chefs d'accusation, & aux preuues.

Les chefs d'accusation ont trois parties : La premiere, le Peculat; La seconde, les suppositions & les fausseteZ pour les commettre; Et la troisiéme les crimes de leze-Maiesté.

IL est vray que la Chambre a rendu vn Appointement, & il est veritable aussi que M. Talon n'a pas voulu y satisfaire, & qu'il a empesché qu'on ne me rendist mes Papiers dans le temps que l'on me permettoit de les produire. Chacun jugera si cela ne se doit pas appeller Oppression.

Des trois Chefs proposez il y en a deux, dont la Chambre seroit Iuge contre vn autre qu'vn Priuilegié, dont le Priuilege subsiste, & n'a pû estre reuoqué; Du troisiesme qu'il qualifie crime de leze-Majesté, la Chambre n'en est pas Iuge contre qui que ce soit.

Les accusations du crime de Peculat, consistent encore en faicts particuliers, en faicts generaux, & en faits qui confirment & aggrauent les precedens.

Les faits particuliers font, que l'Accusé a pris des penfions fur les Fermes du Roy, & entr'autres fix vingts mil liures fur la Ferme generale des Gabelles de France; dix mil liures fur les Gabelles de Dauphiné; cent cinquante mil liures d'vne part, & dix mil liures d'autres fur les Aydes: quarante mil liures fur le Conuoy de Bordeaux du Bail de Robert de la Perrelle; dix mil liures fur le Sel de Charente: Il y en auoit auffi fur le nouueau Bail des Gabelles; fur les cinq groffes Fermes, & fur d'autres, à l'égard defquelles il y a des commencemens de preuues par efcrit; mais la verité n'en eftant pas entierement reconnuë, le dernier ne parle que de celles qui font nettement juftifiées.

IL n'y a pas d'autre refponfe à faire à ces faicts particuliers, finon que je les nie abfolument, & que mon Accufateur ne les peut prouuer: car ils ne font pas veritables; auffi les pieces & les témoins ne m'en chargent point; l'expliqueray en détail fur chacune des pretenduës preuues, quelle en eft la qualité, encore qu'il fuffife à vn Accufé de les nyer, & que ce foit à l'Accufateur à apporter, non pas des prefomptions & de faux raifonnements; mais des preuues plus claires que le jour. Ce font les termes des Loix fur ce fujet.

Mais ie feray plus, & fi on me rend mes Papiers, & la liberté d'agir, j'efpere faire voir au Roy des preuues plus claires que le jour du contraire de ces allegations.

L'Accusé a fouffert & donné l'exemple à fes Commis de prendre auffi penfion fur les Fermes. Bruant a pris dix mil liures fur le nouueau droict du Pied-Fourché, fans compter les autres dont les pieces n'ont point efté trouuées: car le Demandeur ne veut rien aduancer que ce qui fera * nettement iuftifié. * Fol. 16. recto. On a trouué plufieurs pieces entre les papiers de Pelliffon qui juftifient qu'il prenoit penfion ou intereft en beaucoup d'affaires, entr'autres fur la recepte de la Finance des Offices de Lorraine & de Bar; fur le Traitté des Vendeurs de Volaille, fur le Traitté des taxes fur les Cabaretiers, &c.

Il a pris vne penfion de vingt mil liures fur les Gabelles de Lionnois & Languedoc; et il y a vne promeffe du fieur du Grippon, Directeur general de la Côpagnie formée pour l'execution du Priuilege de la Pefche des Balaines,

de la somme de vingt mil liures par chacun an, tant & si long-temps que le-
dit Priuilege seroit exercé; dont la premiere année fut payée comptant, & por-
te cette promesse, qu'apres que le payement auroit este fait au Roy du forfait
porté par le traitté dudit Priuilege, la pension doubleroit, et seroit payée à rai-
son de quarante mil liures au lieu desdits vingt mil liures.

IE n'ay souffert ny donné exemple à mes Commis, ny autres, de mal faire.

Pour prouuer que je l'ay souffert, il faut des preuues que ie l'aye sceu & approuué.

Pour justifier que j'en ay donné l'exemple, il faut des preuues que ie l'aye fait; ny l'vn ny l'autre ne se trouuera, au contraire, la preuue est concluante dans les pieces qu'on m'a representées, que sur les apparences du desordre, ie me suis plaint, & ay fait mes efforts pour y remedier, sans que M. le Cardinal l'ait jamais voulu.

Ie ne veux pas soustenir tout ce qu'a fait le sieur Bruant, puisqu'il est prouué que je m'en suis plaint; que j'auois commencé de luy oster les affaires, & j'attendois qu'il eust acheué de nettoyer celles dont il estoit chargé, pour examiner plus à fonds sa conduite.

Ie ne sçay donc pas ce qui est de cette pension sur le Pied-fourché; mais peut-estre pour en auoir eu les papiers, n'estoit-elle pas audit sieur Bruant? au moins ay-je oüy parler d'vne semblable qui a esté payée autrefois de la participation de son Eminence sur cette Ferme, à vne personne qui tenoit vn rang considerable dans sa Maison, c'est vne Personne constituée en dignité Ecclesiastique qui (peut-estre) ne le desauoüeroit pas; Mais cela n'est pas de mon faict.

A l'esgard du sieur Pellisson, je ne doute point qu'il ne s'en defende bien, je n'en ay jamais oüy aucune plainte; au contraire, il m'a donné quelquefois aduis des pensions qu'il auoit oüy dire qui se prenoient par d'autre; C'est vne Personne dont M. le Cardinal faisoit vn tel estat, qu'il m'a souuent parlé de faire quelque chose pour luy, & tesmoigné regret d'auoir pris.

l'argent

l'argent de ſa Charge que S. E. receut. Mais je demande que
ſes Interrogatoires ſoient leüs, afin qu'on voye ſes defenſes, &
qu'il ne ſoit pas dit qu'on me faſſe des chefs d'accuſation dont
on a en main l'eſclairciſſement, & qu'on ne veüille pas le voir;
puis qu'on m'impute la conduite de mes Commis, qu'on voye
la defenſe des meſmes Commis, & l'explication des faicts
dont ils ont plus de connoiſſance que Moy: C'eſt vne Iuſtice
qu'on ne me peut refuſer.

*L'Accuſé a auſſi fait donner à d'autres perſonnes des penſions ſur les Fer-
mes, & entr'autres ſur les Entrées aux ſieurs Gaboury, & de Graues
douze mil liures, au ſieur Comte de Bethune quatre mil, & au ſieur Cor-
neille deux mil liures, & au ſieur de Gouruille dix mil ſur les Gabelles de
Dauphiné; à M. de Beaufort quinze mil liures ſur le ſel de Charente;
à la Dame du Pleſſis-Belliere vingt mil liures ſur le Conuoy de Bordeaux du
Bail de la Parelle: Il paroiſt par le regiſtre de ladite Dame, que Coquille luy
a payé juſques à quatre fois la ſomme de deux mil huit cens trente-trois liures
6. ſ. 8. d. chacune fois, depuis le * premier Januier 1661. Ce qui ne peut
eſtre que penſion ou gratification: Il y a auſſi d'autres ſommes par elle receuës
des Traittans, & Gens d'affaires. Il y auoit vne autre penſion ſtipulée par
l'Accuſé de cinquante mil liures ſur le nouueau Bail du Conuoy de Bordeaux,
du Bail de Mᵉ François le Moine, pour eſtre diſtribuée; ſçauoir, à ladite Dame du Pleſſis-Belliere dix mil liures, au ſieur Marquis de Crequy dix mil
liures, à M. de la Roche-Foucault dix mil liures, au ſieur de Brancas dix mil
liures, au ſieur de Gouruille, ou à la Dame Marquiſe de Charoſt dix mil liur.*

Fol.16.
verſo.

POVR les dénommez en cet article, comme les faicts ſont
fort differents, il faut venir aux preuues, & voir s'il eſt vray que
je leur aye fait donner ces penſions en cas qu'ils en ayent eu; j'eſpere les détruire aiſément en détail; car il y a difference d'alleguer ou prouuer: Et quoy que dans la derniere ligne de la precedente page M. Talon pretende ne vouloir rien auancer qui
ne ſoit juſtifié, il n'a pas exécuté cette reſolution; il auroit ſupprimé toute ſa Production & tout ſon Inuentaire; car je mets
en faict qu'il n'y a rien de juſtifié. Ie ne diray point icy que ce

O

qui a esté fait pour les sieurs de Graues & Gaboury, a esté par ordre de feu M. le Cardinal, & à la priere de la Reine Mere, au lieu de partie des interests des sommes à eux deuës; Que jamais M. de Bethune ny la Marquise de Charost n'ont eu autres pensions que celles du Roy, employées dans les Registres de l'Espargne; Que les payemens du sieur Coquille à la Dame du Plessis ont esté sur vne assignation de 17000. liures, employée dans leurs comptes en six payemens de trois en trois mois; Que celle de M. de Beaufort a esté par ordre de S. E. negociée par Berryer: & qu'en vn mot de tout le contenu en cét article, il n'y a rien qui soit de mon faict.

C'estoit à cause de toutes ces pensions que les Fermes de France ne montoient pas à leur juste valleur; Chacun sçait combien elles ont esté augmentées depuis la detention de l'Accusé.

M A Partie auroit bien de la peine à prouuer cette proposition; car outre que s'il y a eu des pensions, elles ne me regardent point, & n'ont esté accordées, à ce que les Fermiers ont deposé, que depuis l'adjudication de leurs Fermes: Il est certain que lesdites Fermes ont esté portées au delà de ce que l'on auoit esperé; I'en ay des remercimens assez considerables dans les Lettres de son Eminence.

De plus, quoy que les baux fussent faits auec toutes les solemnitez accoustumées, ie n'ay pas laissé de receuoir les encheres qui se sont presentées; j'en ay receu sur les Aydes & sur les cinq grosses Fermes; Et s'il plaist au Roy se souuenir de ce que ie luy dis, & au sieur Colbert quinze jours auant ma prison, il sera facile de juger, que les augmentations ne sont que l'execution des offres qui m'auoient esté faites sur la pluspart desdites Fermes.

Si l'on vouloit faire distinction des temps, & comparer le prix auquel M. le Cardinal adjugea les cinq grosses Fermes en 1652. auec celuy auquel ie les ay portées en 1660. M. le Cardinal seroit bien criminel.

Mais il faut eſtre equitable, & voir qu'il y a difference entre ce qui ſe paſſe apres vn calme eſtably, lors que le Roy trauaille en perſonne; & ce qui ſe fait pendant vne guerre, & que rien n'eſt fixe ny aſſeuré.

*Quoy que l'Accuſé veüille prendre aduantage d'auoir ſecouru l'Eſtat, & d'auoir fait pluſieurs aduances; c'eſt vn chef d'accuſation contre luy, de ce que ſous des noms interpoſez, il a fait des aduances de ſommes mediocres pour auoir pretexte de prendre des intereſts exceſſifs, & de ſuppoſer d'autres preſts faits ou ſuppoſez en 1658. ou ſi nous en croyons vn compte qui luy a eſté rendu par le ſieur Ieannin, qui a eſté trouué parmy les Papiers de l'Accuſé, pour vne ſomme de vnze cens mil liures, dont il n'auoit rien déſbourſé de ſes deniers: Il a profité de ſix cens vingt-huit mil quatre cens ſoixante-dix liures de net, apres le rembourſement de la ſomme principale, & de tous les intereſts, & meſme apres la deduction d'vne ſomme de * cent mil liures payée par ſon ordre à Bruant ſur les intereſts accordez ſur ces preſts.*

* **Fol.17. recto.**

IE n'attends pas qu'on auouë que j'aye jamais rendu aucun ſeruice, & neantmoins j'en dois auoir rendu quelques-vns; la notorieté publique y eſt, & mes Papiers ſont pleins des remercimens; Mais ie m'eſtonne qu'on oſe faire vn chef d'accuſation d'auoir preſté de l'argent au Roy, ſans montrer que ce ſoit vne choſe defenduë: On deuroit craindre les conſequences d'vne telle propoſition; M. de Sancy, & pluſieurs Sur-Intendans en ont preſté autresfois; M. le Cardinal & M. Seruien en ont preſté en ces derniers temps: I'en ay preſté dauantage, parce que mon zele & mon credit ont eſté plus grands.

M. le Chancelier

I'en ay eſté prié par S. E. j'en ay eſté remercié; on a veu l'employ du principal, on a veu les intereſts, & c'eſt vne fauſſe allegation de dire que les Preſts ont eſté ſuppoſez, puiſque c'eſtoit vne choſe impoſſible.

Par le Reglement de 1654. M. Seruien ordonnoit de la conſommation des fonds, & diſpoſoit de ce qui deuoit reuenir de net en principal, à proportion des intereſts dont il auoit ſigné les Ordonnances: D'où reſulte 1°. Que ie n'ay point eſté l'Or donnateur des fonds que j'ay preſtez. 2°. Que les Preſts n'ont pas eſté ſuppoſez, M. Seruien les conſommant auſſi-toſt qu'il auoit ſigné les Preſts. 3°. Que les intereſts n'ont pû eſtre exceſſifs, puiſque M. Seruien ne les a paſſez, qu'à proportion des fonds dont il faiſoit la conſommation.

Il a fait des aduances ſans aucun Arreſt de preſts ; & pour ſe rembourſer de ſes aduances, en tirer des intereſts & des remiſes, & faire paſſer auec ſes aduances quantité de mauuaiſes conſommations : Il a ſuppoſé des preſts & fait expedier des Ordonnances de comptant, & tout cela ſans ordre, ſans meſure, ſans qu'il paroiſſe quelle ſomme a eſté auancée, en quel temps, quel en a eſté l'employ, ny quelles aſſignations ont eſté données pour les rembourſemens. Il eſt pareillement coupable d'auoir ſceu, d'auoir ſouffert et d'auoir conſenty que Bernard, de Lorme, Bruant & Pelliſſon, qui ont eſté ſucceſſiuement ſes principaux Commis, ayent auſſi fait des aduances, & ſe ſoient fait donner des rembourſemens auec le meſme deſordre & la meſme confuſion, qui n'a eſté affectée que pour en abuſer.

Ie n'ay point veu l'Ordonnance qui porte qu'il faille des Arreſts pour preſter au Roy, neantmoins il y en a toûjours eu pour l'argent que j'ay preſté, ils ſont parmy mes Papiers : Et je puis deſtruire par vn ſeul mot tout le raiſonnement de ma Partie ; car s'il a fallu des Arreſts pour eſtablir des Ordonnances d'intereſts, M. le Chancelier n'a pas deû ſigner les Ordonnances ſans auoir ſigné les Arreſts, & s'il n'en falloit point, Pourquoy M. Talon tout ſeul en veut-il ? Ie le mets au pis d'y reſpondre ; ſi ce n'eſt qu'il pretende faire le procés à M. le Chancelier, à cela il n'y a point de replique. Et je voudrois demander ce que c'eſt qu'vn Arreſt d'intereſts de Preſts, s'il y a des ceremonies d'vne autre eſpece qu'aux Ordonnances : car je maintiens qu'vne Ordonnance ſignée de M. le Chancelier & des Sur-Intendans eſt vn Arreſt, auec cette difference que l'Arreſt ne ſe voit, & ne ſe ſigne qu'vne fois, & l'Ordonnance eſt ſignée huict ou dix fois des meſmes perſonnes. Mais tous ces diſcours ſe font pour ſurprendre ceux qui ne ſont pas habituez au ſtile des Finances;

nances; & apres tout cela, je dis qu'il y a toûjours eu des Arrests.

Pour venir au particulier, Comment ose-t'on alleguer que dans les quatre Prests mentionnez en l'estat de M. Ieannin, je n'eusse desboursé aucuns deniers? puisque par la lecture de la piece, le remboursement d'vne somme de vnze cens mil liures paroist, faisant partie de trois millions huict cens tant de mil liures de net, que j'auois fourny Moy seul: si ce n'est que M. Talon pretende que des deniers empruntez chez des Notaires, où je suis obligé, ne soient point mes deniers, à cause que je les deuois à d'autres.

Ie nie donc tous ces faicts, & maintiens qu'il y a eu des Arrests & des Ordonnances; Que j'ay presté des sommes considerables tous les ans; Que les interests ont esté si modiques qu'à peine ay-je pû payer ceux de mes emprunts; Que j'ay des extraits & memoires des consommations, & de l'employ des fonds prestez, & des assignations sur lesquelles j'ay esté remboursé; Que le tout a esté fait par l'ordre de M. le Cardinal, ou du Roy.

C'est vn estrange aueuglement de dire, que je suis coupable d'auoir sceu, d'auoir souffert, & d'auoir consenty que Bernard, de Lorme & Bruant ayent fait des auances, & se soient fait donner des remboursemens. I'ay bien fait plus, car je les y ay excitez, & les en ay remerciez. Ie voudrois que mon Accusateur me dist, si la proposition par luy faite n'est pas criminelle: car si lors que les Traittans & Comptables n'ont pû ou voulu prester ce qui estoit necessaire pour secourir l'Estat; si vne Bataille eust esté perduë; si Arras eust esté pris; si les Ennemis fussent entrez dans le Royaume, faute que le Roy eust trouué de l'argent; Et que Bernard & de Lorme qui sont presentemét mal auec Moy, se trouuassent tesmoins & deposassent aujourd'huy contre Moy, que j'ay laissé prédre les Places, deffaire les Armées & enuahir l'Estat, Moy pouuant l'empescher; Qu'ils auoient offert de prester au Roy pour subuenir à ces grands accidens, toutes les sommes necessaires, sans autres conditions que celles accoustumées, & que je n'ay pas voulu le souffrir; Que ie les ay

empeſchez ; Que i'ay mieux aymé que tout periſt : N'eſt-ce pas
là le veritable cas, où ie ſerois criminel de leze-Majeſté , & que
i'aurois peché contre l'Eſtat ? y a-t'il vn homme de bien dans le
Royaume qui puiſſe dire qu'en ces occaſions, qui ont eſté continuelles depuis la Guerre Ciuile, i'aye deu m'oppoſer au ſeruice du Roy, à cauſe que M. Talon dit à preſent que ie ne deuois
pas le ſouffrir? La penſée dudit ſieur Talon doit paſſer dans l'eſprit des hommes raiſonnables & deſ-intereſſez , bien pluſtoſt
pour vn crime d'Eſtat, que celle d'auoir ſongé aux moyens de
ſe garantir d'oppreſſion , ſans vouloir auoir recours aux Ennemis. Auſſi le Roy & M. le Cardinal n'ont pas eſté de ce ſentiment; Ils m'en ont parlé, ils m'en ont eſcrit bien differemment,
& les ſieurs Colbert & Talon en ont veu les Lettres, & les
Billets.

*Il a encore ſous des noms interpoſez pris intereſt dans les alienations des
Fermes des droicts du Roy, & dans les Taittez, entr'autres en celuy des Sucres & Cires ; aux Pariſis ſur les Peages, & ſur les Fermes, aux Commiſſaires des Tailles, aux Octrois des Villes, aux Regrats de Languedoc, au
doublement du Marc-d'Or, aux cinq millions tant de mil liures pour l'emprunt des Comptables en l'année 1660. à la creation des Offices des Chartres,
& aux augmentations de gages ſur le Dauphiné.*

*Il a achepté & fait achepter & negocier à vil prix quantité de vieux
billets de l'Eſpargne, qu'il a fait renouueller & paſſer par Ordonnance de
comptant: Il y en a vn eſtat particulier contenant ce qui en a pû* *Fol. 17.
verſo.* *eſtre re-
marqué ſur les Regiſtres de Bernard, & des autres Commis, & ſur les Regiſtres de l'Eſpargne pendant l'adminiſtration de l'Accuſé. Les Ordonnances
de comptant expediées pour les ſeuls intereſts de preſts, montans (par année
commune) à quinze millions de liures, & en l'année 1658 juſques à dix-
huit millions ſept cens tant de mil liures. Ce qui eſt non ſeulement vne choſe monſtrueuſe en elle-meſme ; mais plus encore ſi on conſidere que toutes les
dépenſes, ſoit deſpenſes comptables ou par Ordonnances, n'excedent pas d'ordinaire ſoixante millions : De ſorte que ſi ces Ordonnances eſtoient veritables, & ces preſts effectifs on auroit conſommé en intereſt le quart de toute
la recepte, ce qui eſt impoſſible ſur quelque pied qu'on prenne les intereſts;*

ce qui justifie clairement qu'on a glissé chaque année des Ordonnances pour des prests imaginaires & supposez, & que par ce moyen on a diuerty des sommes notables.

Ie nie d'auoir eu part aux Traittez, & d'auoir achepté des Billets. Ce sont faicts faux, & sans preuue.

Il est vray que i'ay pris des droicts alienez par ordre de M. le Cardinal, & pour faciliter les affaires; les receuant au lieu d'argent comptant, qui eust cousté des interests au Roy. Mais il n'est pas vray que i'aye eu part aux Traittez.

Quand on veut exagerer les Ordonnances d'interest de chaque année, que l'on dit se monter à quinze & dix-huict millions, il faudroit en mesme temps sçauoir sur quels payemens, & en quelles années estoient les remboursemens du principal: Car il y a difference des interests de soixante millions pour vn an, ou pour deux, ou pour trois; & si l'on calcule par années communes, les aduances des despenses de deux années à quinze pour cent, les interests iront à dix-huict millions: Or il est constant qu'il y a eu des aduances qui n'ont pas esté remboursées quatre ans apres, mesmes ces quatre prests de M. Ieannin dont on a tant parlé, estoient pour deniers aduancez és mois de Nouembre & Decembre 1657. Ianuier & Feurier 1658. dont le remboursement n'estoit pas acheué en Septembre 1661.

De plus il ne faut pas calculer les dépenses, sur le pied des Roolles de chaque année; car dans les neuf années de mon Employ, on a remboursé non seulement les dépenses courantes; mais aussi partie de celles qui estoient restées à payer aux personnes considerables, depuis 1648. qu'elles n'auoient pû estre acquittées, & des sommes immenses d'anciens billets à M. le Cardinal, aux sieurs Colbert & Heruart, & autres, par ordre de S. E. desquels il n'est fait aucune mention dans lesdits Roolles; & comptant ainsi, ces calculs faits par M. Talon pour préoccuper les Esprits, sont choses imaginaires.

Outre ces interests excessifs qui ont absorbé les deniers les plus clairs &

les plus presens ; jamais les Traittans n'ont eu tant de remises , ny si fortes, ny tant de conditions aduantageuses, que pendant la Sur-Intendance de l'Accusé. Il leur donnoit quasi toûjours le tiers , & encore leur accordoit-il d'ordinaire deux ou trois années pour acquitter leur forfait ; comme ils joüissoient cependant des choses qui composoient leur Traitté, ils payoient le Roy de ses propres deniers , & se trouuoient les vns posseder des droicts qui leur auoient esté alienez à perpetuité, les autres profiter de leurs remises entieres sans aucunes risques, & sans aucunes aduances.

*L'abus mesme a passé quelquefois plus auant. Lors qu'vn Traittant auoit stipulé quelque joüissance anticipée, on affectoit de ne les point employer * dans les estats , & on donnoit au Traittant vne Ordonnance de comptant de pareille somme assignée sur son Traitté, & qui diminuoit ce qu'il deuoit payer de net à l'Espargne , sans faire neantmoins aucune reduction de la remise. Il est vray qu'on obligeoit bien souuent les Traittans à faire des prests & des aduances sur les Traittez ; mais outre qu'on leur accordoit des interests , au moins à quinze pour cent , ces prests mesmes n'estoient encore payables que dans des termes : ainsi pour auoir de l'argent comptant, on faisoit faire vn prest sur prest, et on donnoit de nouueaux interests ; de sorte qu'il y auoit peu de Traittez dont la moitié du forfait ne fust consommée par ces moyens injustes & illegitimes.*

* Fol.18. recto.

I'AY des-ja respondu à ce raisonnement , & ie repete encore 1°. Que ce que i'ay fait a esté apres en auoir conferé auec M. le Cardinal, & receu ses ordres. 2°. Que ie n'ay esté obligé par mes Commissions qu'à faire pour le mieux, & en ma consciéce, & que ie n'ay pû mieux faire. 3°. Que personne n'a proposé des conditions plus auantageuses, & par consequent on estoit obligé d'accepter celles qui se presentoient. 4°. Que j'auois commencé d'y remedier par taxes & retranchemens. 5°. Qu'il faudroit sçauoir ce que ie voulois encore faire à l'aduenir , auant que de blasmer cette conduite, qui estoit tres-bonne pour lors, & sans laquelle l'Estat n'eust pû subsister.

Mon Accusateur seroit bien empesché de dire comment il falloit faire dans vne alienation de rentes, gages & droicts, sur des Fermes dont les reuenus estoient consommez par aduance

pour

pour deux ans. Qui est celuy qui eust traitté desdites rentes &
gages, dont le fonds n'eust esté fait pour les arrerages que deux
ans apres? Quel Officier de Cour Souueraine eust achepté des
gages sans joüyssance? Il est visible que cela ne se pouuoit pas:
Il falloit donc faire le fonds de ces arrerages dans les Estats des
années courantes, suiuant les clauses des Traittez.

C'estoit manquer au Traittant de ne pas faire ce fonds; c'e-
stoit manquer au Fermier de le faire; car on luy ostoit le remboursement de ses aduances: Il falloit donc par vne necessité
absoluë, & sans qu'il puisse y auoir de replique, restablir le fonds
à l'vn ou à l'autre sur les années suiuantes; & cela ne se pouuoit
sans Ordonnance d'interest. Ainsi pour peu que l'on-appro-
fondisse tous ces beaux raisonnemens, il se trouuera qu'on n'a
fait que ce qu'on a deu faire, & que tout ce qui s'allegue aujour-
d'huy, ce sont ces belles idées qu'il est impossible de reduire jamais en pratique : Et Dieu veüille garder le Royaume d'vne
necessité semblable à celle où il s'est trouué! Mais si cela adue-
noit, il faudroit bien destruire tout ce qu'on fait à present, & y
renoncer & le condamner; & apres tout cela on auroit bien de
la peine à trouuer des Gens qui voulussent secourir l'Estat,
voyant le mauuais traittement que reçoiuent ceux qui l'ont fait
en des temps difficiles : Le Roy y fera reflexion quelque jour, &
connoistra que ce n'est pas le zele pour son seruice qui fait auancer ces belles maximes; mais que c'est l'effect des passions, des
vengeances, des craintes, & autres interests particuliers.

*Apres cela il ne faut s'estonner si depuis l'année 1653. les comptans ont
esté de quatre-vingts millions par chacun an: si en l'année 1658. ils ont passé cent
millions sans qu'il y ait eu que tres-peu de remboursemens de debtes legitimes
aux veritables creanciers, on ne payoit pas mesme les despenses courantes &
necessaires.*

CES comptans de tant de millions; ne sont pas de l'argent
que le Roy ait desboursé; car en mettant ensemble toute la Recepte faite dans le Royaume pendant ces années là, sans dimi-

nuër, quoy que ce soit pour les despenses comptables, qui ont
esté notoirement payées, le fonds ~~n'alloit~~ pas à la moitié de ces
comptans ; Ainsi il est facile de comprendre que ce sont des calculs chimeriques, des despenses en papiers, & autres causes semblables, & le tout neantmoins fait par ordre Superieur. Mon
Accusateur le sçait ; mais il veut surprendre les Esprits par de
grands mots, & des sommes estonnantes sans en expliquer la
verité. Ce qui est inexcusable en la personne d'vn Procureur
General, personne publique, & qui doit estre despoüillée de
toutes les passions qui se remarquent trop visiblement en la
personne & en la conduite de mon Accusateur.

*Il est vray que dans ces Ordonnances de comptant sont comprises des Or-
donnances de difference de fonds pour l'alienation des rentes, gages, &
droicts.*

*L'Accusé n'a-t'il pas d'ailleurs depuis le commencement de l'année 1656.
alienée pour plus de 12. millions de liures de reuenu annuel dont vne partie se
deuoit payer sans retranchemens. Le Parisis a esté aliené pour seize cens
mil liures ; des Aydes deux millions cinq cens mil liures ; le droict de Poisson
dix-huit cens mil liures ; le Papier & Biere pour treize mil liures ou enuiron : les neuf liures dix-huit sols de* Picardie pour vn million ou enuiron ; les
26. 12. & 6. deniers des Aydes pour douze mil liures ou enuiron ; le droict
Domanial du Fer pour six cens mil liures ou enuiron ; le Marc-d'Or pour
vnze cens mil liures ; les Octroys pour deux millions quatre cens mil liures ;
les Bois de Normandie pour trois millions huit cens mil liures ou enuiron. Plusieurs peages & autres droicts & Domaines pour deux millions de liures &
plus. Les Bois de l'Isle de France & autres Prouinces pour vn million ou
enuiron : Les Sucres & Cires pour cinq cens mil liures ou enuiron. Les Offices de Chartres pour ce que dessus est, pour les principaux des alienations : Mais
on a aliené des rentes par chacun an ; sçauoir en 1657. sept cens quatre-vingts
mil liures, sur les cinq grosses Fermes, & vn million quatre-vingts quatre
mil liures sur les Entrées : en 1658. Vn million de liures sur les cinq grosses
Fermes ; Sçauoir six cens mil liures au sieur Gruin du Bouchet, & quatre
cens mil liures au sieur Iaquier ; En 1659. douze cens mil liures sur les Tailles ;
six cens quarante mil liures sur les Gabelles ; trois cens vingt mil liures sur les*

Aydes; trois cens vingt mil liures sur les Entrées; deux cens quarante mil liures sur les cinq grosses Fermes; & six cens trente-cinq mil liures sur les Parties Casuelles. En 1660. vn million de liures sur les Tailles, & trois cens douze mil liures aussi sur les Tailles, mais à prendre sur les Receptes generales & particulieres; & en 1661. trois mil deux cens quinze liures sur les Gabelles; quatorze mil cinq cens cinquäte-six liures treize sols sur les Aydes; huict cens quatre-vingts douze liures sur les Gabelles, à cause de l'Hostel des Mousquetaires; douze mil liures sur les Entrées; dix-sept mil neuf cens soixante-vne liures 18. sols sur les cinq grosses Fermes; et trois mil sept cens vingt-trois liures sur les petites Tailles. Il y a encore les alienations des augmentations de Gages.

POVR respondre par ordre à cét article, je diray qu'il n'est pas veritable qu'il se soit fait des alienatiós dont le reuenu denst estre payé sans retranchemens, ou du moins sans suppléement & taxes equipollentes. Il est vray que les Traittez portent toûjours pour conditions, que les Acquereurs joüiront sans retranchemens; mais il ne s'en fait pas moins pour cela dans la suite par des Arrests particuliers. Celuy qui a esté donné en Decembre 1660. & qui est general pour le retranchement du tiers de toutes les alienations est si notoire, que je m'estonne que l'on ose aduancer des faits dont le contraire est connu de tout le Public.

Il seroit inutile d'entrer dans le détail de toutes ces alienations accumulées & exagerées auec tant de soin, y comprenant les Remises, les differences de Finances, & les quartiers & demie année de rente qui ne se payent point, afin de faire paroître des sommes monstrueuses; mais plus ma Partie les augmente, & plus elle fait d'injure à la memoire de M. le Cardinal par l'ordre exprés duquel toutes ces choses estoient faites. Ma Partie ne dira pas que Monsieur, & M. le Prince, & M. le Prince de Conty soient allez porter les Edicts de ces alienations dans les Compagnies Souueraines à son insceu; & qu'on luy ait fait vn secret de ce que contenoient ces Edicts, & à quel vsage deuoiét estre employez les deniers qui en prouiendroient. Ie pourrois dire beaucoup d'autres chofes fur ce fuiet : Mais c'eft affez pour deftruire de pareilles obieĉtions, & montrer que mes Parties s'engagent toûiours plus qu'ils ne veulent, fans en preuoir les confequences.

On pourroit neantmoins, fauorablement pour la memoire de M. le Cardinal, remarquer en cét endroit que le Roy n'a rien fouffert en la plufpart de ces alienations ; au contraire, que fon reuenu en a efté notablement augmenté, n'y ayant eu aucun de ces droiĉts qui ne fuft nouuellement eftably : ou fi pour la facilité du debit, on a pris du reuenu dans les anciennes Fermes, il a efté remplacé dans les mefmes Fermes par de nouueaux droiĉts auant que proceder aux alienations : La chofe auoit efté ainfi concertée par M. le Cardinal qui en a veu le détail : cela fe trouuera dans mes Papiers. Et d'ailleurs c'eft chofe notoire, à la referue des Bois dont Berryer & fes Affociez fecrets auoient traitté. Mais c'eftoit chofe facrée, & l'eft encore auiourd'huy dauantage, puifqu'on ne veut receuoir ny plaintes, ny denonciations, ny preuues de rien, où ils peuuent auoir intereft.

Et ce qui doibt donner de l'indignation, c'eft qu'on a obferué dans ces alienations fi peu d'ordre, & fi peu d'œconomie, & qu'on les a diftribuées auec tant de profufion ; qu'à peine en eft-il entré le denier vn dans les coffres du Roy.

Ce font difcours generaux que l'on repete fouuent ; mais je fuis obligé de repeter que l'indignation doit eftre contre ceux qui fe font enrichis fans qu'ils puiffent faire voir comment ; qui ont des biens immenfes fans debtes ; & non contre ceux qui ont fimplement executé les ordres fuperieurs, fans profiter mefme de ce qui leur eftoit legitimement permis.

Il ne fe trouuera point de Traittez de la qualité portée par cét article, les confommations jufques à la fin de Fevrier 1659. ne font point faites par mon ordre ; Depuis 1659. les comptes ont efté donnez à M. le Cardinal, & les doubles d'iceux font

entre

entre mes Papiers; & depuis sa mort rien n'a esté fait par Moy
que le Roy ne l'ait commandé de sa propre bouche.

Voila le fondement qu'il faut vne fois poser, & voir ce que
l'on peut alleguer au contraire; car c'est ma deffense principale
prouuée par pieces, & dont on ne peut disconuenir sans vexa-
tion.

*L'Accusé s'estant approprié, sans rien desbourser, des augmentations, cinq
mil sept cens dix liures 18. sols sur les Aydes. * Des gages & des rentes, &
des Aydes, & d'autres Fermes, & Domaines; & en ayant gratifié ses
Commis, ses Parens, & ses creatures, & le surplus de ce qu'il n'a pas conserué en nature, en ayant appliqué le prix à son profit particulier: Ce qu'on peut
aisément prouuer, en faisant voir dans le destail, que toutes les despenses
comptables & legitimes, ont esté acquitées sur d'autres fonds.*

* fol. 19. recto.

Ces faicts sont des repetitions de choses sans preuues, &
bien contraires aux protestations que l'on a faites, de ne vouloir
rien auancer qui ne fust justifié.

Cependant pour ne pas redire tout ce qui a esté dit, je m'ar-
resteray seulement en passant à demander, comme quoy on
peut mettre en faict que je n'ay rien desboursé? & comment
prouuer vne pareille negatiue? puisque ma Partie a produit contre Moy sous la cotte T, vne piece par laquelle il est nettement
prouué, que j'ay receu en payement au lieu d'argent comptant,
des Rentes au denier sept, sans aucune remise, du sieur Monnerot; & d'ailleurs que la preuue en doit estre dans les Papiers
qu'on me retient; & mesme que dans ceux qui m'ont esté representez, il paroist que M. le Cardinal a veu des comptes, où il
m'estoit deub de reste cinq à six millions: Il faut bien conclure,
qu'il estoit conuaincu que j'auois desboursé de grandes sommes; qu'il approuuoit mes aduances, & qu'il sçauoit bien lors
que j'ay pris en payement quelques alienations pour faciliter
les affaires, à quel prix ie les ay receuës.

Il seroit aisé de remarquer beaucoup d'autres faicts particuliers; mais comme

R

les vns regardent les suppositions, & les faussetez, ils seront expliquez dans leur lieu ; & comme les autres sont moins importans, le Demandeur n'a pas estimé les deuoir releuer, ne voulant rien imputer à l'Accusé de tout ce qui peut estre douteux ou leger ; Il est persuadé qu'il vaut mieux obmettre & des faits, & des circonstances lors qu'elles ne sont point prouuées qu'imparfaitement : Il ne dit que ce qu'il ne peut dissimuler sans préuarication ; & il ne fait que ce à quoy il se sent engagé par la necessité d'vn ministere indispensable.

ON parle souuent de ces faussetez, & de ces suppositions; cependant ie n'en ay encore rien veu; & j'apprehende qu'on ne fasse exprés des faussetez pour y paruenir; mais j'espere que nous les descouurirons aussi clairement que celles qui ont esté faites dans la premiere instruction, tant aux Inuentaires que pour les Tesmoins.

On repete encore des protestations pour donner plus de creance aux suppositions qu'on aduance ; Il ne faudroit pas dire ces choses si souuent, ou les executer plus fidellement.

Apres cette protestation , passant des faicts singuliers, aux faicts generaux; l'Accusé peut-il desaduoüer qu'il n'ait changé l'ordre des Finances pour en abuser? lors qu'il est entré dans la Sur-Intendance ; les Tresoriers de l'Espargne faisoient leurs Charges , & agissoient sous les ordres des Sur-Intendans: Or ces exercices n'ont pas esté interrompus par vn dessein de reformation; mais dans la seule pensée de disposer absolument des Finances.

Monsieur Foucquet a fait tout ensemble les fonctions de Sur-Intendant, de Tresorier de l'Espargne, & mesme de Secretaire du Conseil, par luy ou par ses Commis, encore que les fonctions fussent entierement differentes * fol 19. verso. *de leur nature, & tout à fait incompatibles. Le Sur-Intendant ordonne, le Tresorier doit payer, & le Secretaire du Conseil est comme le Depositaire de l'Ordonnance, & le canal par où doiuent passer les ordres du Sur-Intendant, pour de là estre portez à l'Espargne. L'Accusé ordonnoit luy seul durant la vie de M. Seruien ; il signoit le premier les Ordonnances, & parce qu'il falloit laisser la place à M. le Chancelier, & à M. Seruien, il signoit au dessous de la place où M. le Chancelier deuoit signer ; & parce qu'en signant auparauant il falloit laisser du blanc au dessus de sa signature , il mettoit à costé*

de sa signature ce mot, Ordonnance, dans la crainte qu'il auoit que le blanc
ne fust coupé & remply. Il y en a beaucoup de cette qualité, & d'autres qui
ne sont point signées de M. Seruien, & quelques-vnes où la signature de M.
Seruien a esté supposée.

LE discours des faicts generaux a aussi peu de fondement que
le reste; Comment se peut-il faire, que j'aye fait la fonction
des Tresoriers de l'Espargne , & des Secretaires du Conseil ?
Ay-je expedié les Billets , les Mandements, les Rescriptions
de l'Espargne ? Les Comptes de l'Espargne ont-ils esté rendus
sous mon Nom, ou sous celuy de mes Commis ? Ay-je signé
les grosses des Arrests ?

Tant s'en faut que j'aye fait les charges des autres, que M. le
Cardinal a fait la plus grande partie de la mienne. Le Sur-Intendant ordonne, & ie n'ay pas ordonné : I'ay signé ce qu'on
a voulu , sans en voir le détail , sans qu'on m'en ait rendu
compte : On m'a laissé faire ce qui estoit onereux, chercher de
l'argent jour & nuict, m'engager auec mes Amis, & on a disposé de ces deniers comme on a voulu , par des Ordonnances de
comptant, par de vieux billets, par des Ordonnances comptables non libellées, sinon en gros côtre l'ordre, & il a fallu obeïr.

Ie demeure d'accord que j'ay signé le premier en la forme
qui est expliquée par cet article ; mais seulement pour la recepte
suiuant l'ordre du Roy, si je ne l'auois pas fait , j'aurois failly, &
je prends auantage de cette signature, puis qu'en signant de la
sorte j'ay fait mon deuoir, c'est à chacun de ceux qui ont signé
apres Moy, à voir s'ils ont fait le leur ; M. le Chancelier n'a deû
signer qu'apres M. Seruien, sinon qu'il ait eu des ordres d'en
vser autrement, & s'il y a des signatures de M. Seruien falsi-
fiées, c'est vn crime qu'il faut punir, peut-estre y en a-t'il aussi
des miennes, j'en ay veu plusieurs, dont les procés sont encor
en nature.

Les Tresoriers de l'Espargne ne faisoient plus que la despense de la Mai-
son du Roy, et pour leurs remboursemens, on leur donnoit des assignations

et des billets , tout ainſi qu'à d'autres perſonnes , ſur des Fermiers & ſur des Traittans , & pour le ſurplus de leurs fonctions dans l'année de leur exercice , ils ne receuoient pas cent mil liures de deniers effectifs , comme ils l'ont eux-meſmes declaré ; toutes les receptes eſtoient faites par l'Accuſé , ou par ſes Commis ; auant qu'il fuſt Sur-Intendant , les Traittans & leurs cautions faiſoient les ſoûmiſſions au Greffe du Conſeil , y donnoient les actes de cautionnement pour payer , à l'eſcheance de chacun terme , les ſommes conuenuës en leur Traitté , & aux Preſts faits ſur les receptes & ſur les Fermes , c'eſtoit vne regle eſtablie de tout temps , le Roy auoit par ce moyen ſa ſeureté pour les payemens ; On pouuoit connoiſtre auec certitude les perſonnes intereſſées dans vn Traitté ou dans vn Preſt , & s'il auoit eſté executé depuis que l'Accuſé a eſté le maiſtre des Finances , il s'eſt fait donner ou à ſes Commis les promeſſes des Traittans & de leurs cautions , au moyen deſquels il eſtoit impoſſible de ſuiure l'execution d'vn Traitté ; & meſme dés le commencement , ny l'Eſpargne , ny le Greffe du Conſeil , n'en auoient aucune connoiſſance.*

* *fol. 20.*
 recto.

M. Talon dans l'article precedent auoit dit ; Le Sur-Intendant ordonne , le Treſorier doit payer , & le Secretaire du Conſeil eſt le depoſitaire de l'Ordonnance , &c. Et puis en cét article il reprend , Que le Treſorier ne faiſoit plus que la dépenſe de la Maiſon du Roy , &c. I'ay répondu à ce qui eſt du Sur-Intendant , & pour parler du Treſorier , quand on dit que le Treſorier paye , il faut diſtinguer : Il paye en argét ou en papier ; en deniers ou en billets : Il n'y a perſonne qui n'en vſe de meſme , & mes Commis pour les deniers qui eſtoient à Moy prouenans de mes emprunts & de mes rembourſemens , ont moins receu & payé en argent qu'en billets.

Les Treſoriers de l'Eſpargne ont fait la meſme choſe : Ils ont payé en argent ou en billets ; mais comme les termes la pluſpart du temps n'eſtoient pas eſcheus , Comment euſſent-ils pû fournir les deniers qu'ils n'auoient pas ? Ils ont diſtribué eux-meſmes en détail les deniers qu'ils ont voulu aduancer , & l'ont diſtribué aux aſſignez & non pas à Moy ; par conſequent , ils ont fait leur charge ; s'ils auoient voulu tout aduancer , ils auroient tout diſtribué.

C'eſt

C'eſt vne choſe ridicule de dire qu'ils ayent fait la dépenſe de la Maiſon du Roy ; car ils ne l'ont pas faite autrement que le reſte ; ils ont bien voulu preſter en eſtans priez juſques à la concurrence d'vne ſomme quelquefois plus grande & quelquefois moindre, mais inégale toutes les années, ſelon leur credit ou leur bonne volonté : Les a-t'on jamais retenus d'en preſter dauantage ? A-t'on oublié quelques ſortes d'efforts de perſuaſions, & d'artifices, meſmes pour les engager à faire les Preſts plus grands ? Si cela s'appelle faire leurs charges, il n'a tenu qu'à eux de la faire, non ſeulement pour vne petite partie de la Maiſon du Roy, mais pour toutes les dépenſes du Royaume ; car ils en ont eſté priez.

I'ay fait plus, j'ay donné mes Promeſſes & engagemens perſonnels à M. de la Baziniere en 1659. afin de l'obliger à faire ce Preſt, Moy courant toute la riſque, pour plus de trois millions ſans intereſt d'vn ſol ; la preuue eſt ſous la cotte &
je ſupplie qu'elle ſoit veuë.

Apres auoir parlé du Sur-Intendant & du Treſorier ; On fait dire à M. Talon que le Secretaire eſt le Depoſitaire des Ordonnances, & le canal par où elles paſſent pour aller à l'Eſpargne ; Et puis il reprend icy encore la fonction dudit Secretaire ; à quoy je ſuis obligé de répondre, Que celuy qui a fait écrire cette propoſition ne l'entend pas, ou s'il l'entend, qu'il a voulu déguiſer la verité, pour faire plaiſir à Berryer, lequel voudroit bien auoir eſtably dans la Commiſſion qu'il exerce, des fonctions de cette qualité : Mais par le paſſé jamais aucun Secretaire du Conſeil n'a porté à l'Eſpargne autre Ordonnance que celle de ſes appointemens.

Il faut ſçauoir du ſieur Colbert, s'il a fait paſſer les Ordonnances de M. le Cardinal, qu'il faiſoit ſigner à M. Seruien & à Moy, par les mains du Secretaire ; Il faut ſçauoir de M. Talon luy-meſme, s'il y a fait paſſer les Ordonnances de ſes appointemens, & les Ordonnances de comptant, les penſions & les gratifications qu'il a receuës. Où eſt-ce donc qu'il a veu eſcrit, que c'eſt le Secretaire qui eſt le Depoſitaire des Ordonnances ?

chaque particulier qui y a intereſt s'en charge, ou en charge
qui il veut.

Il n'eſt pas vray non plus que les Secretaires du Conſeil ayent
dû receuoir les cautions des Traittez;oüy bien des Fermes:Les
promeſſes des Traittez ſe font à l'Eſpargne, & ſont ſignées des
cautions. Il ſe trouuera moins de Banqueroutes faites au Roy
en ces derniers temps, que dans les precedens qu'on allegue ſi
ſouuent, comme des ſiecles d'innocence.

La memoire n'eſt pas encore perduë de Feydeau, de Payen,
de Sabattier, de Boucher, & de tant d'autres, dont les cautions
ont eſté receuës, à ce que pretend M. Talon, auec des ſolemni-
tez particulieres.

Par quel motif a-t'on déchargé les Receueurs Generaux, les
Treſoriers, les Receueurs Particuliers, & tous les Comptables,
de donner des cautions, lors qu'ils ont eſté pourueus & receus?
Ce ſont là les deſordres qu'il faudroit alleguer ; Quels aduantages n'en tireroit-on pas contre Moy , ſi cela s'eſtoit fait de mon
temps?

*Si nous en croyons ſa propre confeſſion , il n'a jamais tenu de Regiſtre de la
Sur-Intendance; quoy que les Sur-Intendans precedens en ayent tenu, & que
cela ſoit abſolument neceſſaire pour éuiter le deſordre & la confuſion. Car encore qu'vn Sur-Intendant ne ſoit pas comptable; neantmoins il eſt impoſſible de
connoiſtre les fonds, les aſſignations, ny les payemens, ſi on n'obſerue quelques
ordres, & ſi on n'écrit ſur vn Regiſtre, & les fonds & les dépenſes auſquels on
les deſtine ; n'y ayant point de memoire ſi heureuſe, ny ſi fidele qui ne puiſſe eſtre
trompée , ſi elle n'eſt ſoulagée par ce ſecours & cette precaution. Monſieur
Foucquet auoit ſi peu ignoré que les Regiſtres eſtoient neceſſaires, que lors qu'il
entra dans la Sur-Intendance, il en auoit fait relier ; Il s'en eſt trouué entre
les papiers de Bernard qui a eſté dans les premiers temps ſon premier Com-*
mis, * mais ces Regiſtres ſont demeurez imparfaits; Il y en a vn qui ne
contient que les fonds auec beaucoup de blanc enſuite de chacun fonds, ce blanc
eſtoit pour mettre les aſſignations, & les deſpenſes. Ce blanc n'a jamais eſté
rempli; il n'eſt pas mal-aisé de connoiſtre pourquoy on a affecté cette confuſion:
L'Accusé auroit eu honte de faire écrire en quoy il conſommoit les fonds, &*

* fol. 20.
verſo.

quelles en eſtoient les deſpenſes. C'eſt la raiſon pour laquelle dés le commen-
cement il n'a point voulu de Regiſtre. On a auſſi trouué vn Regiſtre de deſ-
penſe, mais qui ne comprend pas toutes celles du Royaume, encore moins toutes
celles qu'il faiſoit en ſon particulier, & qui eſtoient acquitées des deniers du
Roy. Jl ne faut pas s'eſtonner s'il n'a pas eu de Regiſtre de deſpenſe, dans la
difficulté qu'il y euſt eu d'y comprendre ce qu'il a deſpensé, & comment il le
deſpenſoit.

CET article eſt captieux & contre la verité. Les autres Sur-
Intendans n'ont jamais tenu de Regiſtres : ils ont eu vn Commis ſous eux qui en tenoit; mais eux-meſmes ne le tenoient pas.
Les ſieurs de Bordeaux, Heruart, & Colbert ont eſté prepoſez
ſucceſſiuement pour en tenir, & l'ont tenu ſi bon leur a ſemblé.
M. le Cardinal eſtant celuy qui vouloit ordonner de tout, il
vouloit auſſi que le Commis du Regiſtre des fonds fuſt à luy,
quelque priere, quelque remonſtrance qu'ait pû faire M. Seruien, il n'a jamais voulu nous laiſſer la liberté de faire tenir noſtre Regiſtre nous-meſmes, & de choiſir le Commis; il aimoit
mieux tirer des gratifications du ſieur Heruart de temps en
temps, que d'eſtablir vn ordre.

- Depuis la mort de M. Seruien j'ay fait de nouuelles inſtan-
ces, & remonſtré le deſordre & l'abus que cauſoit la negligen-
ce ou l'incapacité de cét homme. J'ay les lettres preciſes de S. E.
ſur ce ſujet; ſes Secretaires m'en ont auſſi eſcrit & fait reſponſe
par ſon commandement; il me pria de ſurſeoir cette pourſuite
juſques apres ſon retour, & deſira que je luy baillaſſe des eſtats,
comme j'ay fait. C'eſtoit vn Employ que ſouhaittoit le ſieur
Colbert; mais il auoit des meſures pour ſes deſſeins, & en fit retarder l'execution, voyant M. le Cardinal malade.

·· Depuis ſa mort, le ſieur Colbert y a eſté employé par ordre du
Roy, ſuiuant la priere qu'il en auoit fait faire à ſa Majeſté par
S. E. Il a donc tenu ce Regiſtre, & je demande qu'il ſoit repreſenté, car il contient ma juſtification ſurtout le Procés; puis
que toutes les choſes qui y ſont contenuës ont eſté commandées, veuës, & approuuées du Roy toutes les ſemaines : & ce

font les mefmes chofes dont on me fait des crimes.

C'eſt choſe eſtrange, que dans tous les faicts que l'on aduance il ne ſe trouue rien de veritable. Il n'eſt pas vray que le ſieur Bernard ait jamais eſté mon premier Commis, & moins encore qu'il ait jamais eu ordre de tenir vn Regiſtre ; s'il a voulu en tenir vn pour les billets qui paſſoient par ſes mains, ç'a eſté pour ſon ſoulagement, ou par curioſité, ou pour s'inſtruire. Il a dreſſé des comptes par mon ordre de la Recepte qu'il a faite de mon bien, & des deniers que je luy ay donnez à receuoir, ou de mes emprunts, ou de mes aſſignations, & les a employez & deſpenſez par mes ordres. Voila les ſeuls Regiſtres qu'il a dû tenir, & non pas ceux de la Sur-Intendance qui eſtoient tenus par M. de Bordeaux, & depuis par le ſieur Heruart ; MM. de Marillac & de Champigny, de Bullion, Boutillier, de Bail-leul, & d'Auaux ; & toutes les fois qu'il y a eu deux Sur-Intendans, il n'y a point eu trois Regiſtres des fonds, & des expeditions ; il ne s'en eſt tenu qu'vn ſeul par le premier Commis de la Sur-Intendance. Par où l'on peut connoiſtre le mauuais fondement des inductions que l'on tire contre Moy ſans raiſon ; & c'eſt auec grande raiſon que l'on a tant de fois inſiſté, pour empeſcher que je n'euſſe communication d'vne Production remplie de tant de faicts, & de tant de maximes fauſſes.

Il a confondu les Finances du Roy & ſon bien particulier, non pas dans la penſée que le ſien peuſt appartenir au Roy, mais dans le deſſein de diſpoſer des Finances du Roy, auec autant d'authorité qu'il auroit fait de ſon patrimoine, mais auec bien plus de prodigalité ; car il n'y a point de diſſipateur qui conſomme ſon bien auec tant de profuſion. Il n'a jamais fait de difference entre ce qui eſtoit au Roy, & ce qui pouuoit eſtre à luy. Il ne diſtinguoit pas les biens dont, il n'eſtoit que l'Ordonnateur, d'auec ſes biens particuliers, parce que ce meſlange luy eſtoit auantageux.

Ce faict eſt encore ſuppoſé. Le bien dont j'ay diſpoſé pour mes affaires eſtoit à Moy : Les deniers dont mes Commis m'ont rendu compte, n'eſtoit pas le bien du Roy ; Quand ils l'ont tou-ché,

ché, c'eſtoit mon propre bien, au moyen de mes aſſignations,
& des rembourſemens de mes auances; Si on examine bien les
articles de leurs comptes, il s'en trouuera beaucoup qui ſont
d'emprunts particuliers faits ſur mes Promeſſes, tant des Gens
d'affaires que d'autres; & ſi l'on veut éclaircir la veïité, on trouuera tout le contraire de ce qu'allegue ma Partie.

I'ay diſpoſé de mon bien, & de mon credit pour les affaires
du Roy, & jamais du bien du Roy pour mes affaires: I'ay laiſſé
les affaires du Roy, nonobſtant la guerre, en meilleur eſtat
quand i'ay quitté les Finances, que quand i'y ſuis entré; & i'ay
laiſſé ma Maiſon en beaucoup pire eſtat qu'elle n'eſtoit: Si i'ay
fait de la deſpenſe, le Roy en a profité, & ie me ſuis ruïné pour
me donner plus de credit à le ſeruir: En vn mot, ie me ſuis pré-
ualu de tous les moyens par leſquels j'ay pû mettre les choſes
en eſtat, que les affaires publiques ne ſouffriſſent aucun prejudice faute d'argent comptant, qui eſtoit difficile à trouuer
apres la banqueroute de 1648.

Comme il ne cherchoit qu'à toucher de l'argent preſent ſans * *aucune
preuoyance de l'aduenir; il a reſolu beaucoup de Traittez qu'il pre-
uoyoit deuoir receuoir des obſtacles inuincibles dans leurs executions.
Il n'a iamais rebuté aucune propoſition, pourueu qu'elle fuſt accõpagnée
d'vne auance; mais quand apres quelque temps il s'expliquoit par luy
ou par ſes Commis aux Traittans, que l'affaire ne pouuoit pas reüſſir, il
obligeoit le Traittant de chercher vne autre affaire, ſur laquelle il luy
pûſt aſſigner ſon rembourſement, & ſon dédommagement, & cependãt
toutes les Ordonnances de remiſes ou les billets en prouenans demeu-
roient entre ſes mains, ou entre les mains de ſes Commis; & ces billets
qui deuoient eſtre reportez à l'Eſpargne pour décharger les Ordonnances
& les menus de comptans, ont eſté reformez, & ont ſeruy à conſommer
les fonds du Roy. Mais ce qui confirme & aggraue encore tous les faiĉts
qui viennent d'eſtre expliquez, c'eſt que l'Accuſé a diſſipé les Finances
du Roy en des profuſions extraordinaires, en ſa deſpenſe domeſtique, en
ſes acquiſitions, en ſes baſtimens, en des decorations qui ſurpaſſent celles
des Maiſons Royales, en gratifications, en penſions, & en vne infinité
d'autres moyens encore plus odieux; & tout cela durant que les deſ-*

* *fol.* 21.
recto.

T

penſes neceſſaires dé l'Eſtat n'eſtoient point acquitées.

*L'interuerſion & le diuertiſſement des deniers publics eſt criminel en tout temps, & à toutes ſortes de perſonnes: mais il l'eſt encore dauantage en la perſonne d'vn Officier, & d'vn Officier principal, qui dans vn pouuoir abſolu, & d'vne fonction independante, n'eſt retenu par d'autres liens que ceux du deuoir, de la prudence & de la conſcience : & s'il eſt vray que la * deſertion d'vn General d'armée ſoit punie bien plus ſeuerement que celle d'vn ſimple ſoldat; ſi des fautes legeres & des actiős excuſables, deuiennent des crimes atroces, quand elles ſont commiſes par les Miniſtres de l'Autel ou de la Iuſtice: Et ſi la perfidie d'vn domeſtique qui abuſe de la cõfiance de ſon maiſtre paſſe pour vn mõſtre d'iniquité & d'abomination, qui ne peut eſtre puny auec aſſez de ſeuerité: Y a-t'il rien de plus d'angereux que la mal-verſation d'vn Sur-Intendant des Finances, qui diſpoſe ſouuerainement des deniers de l'Eſpargne; qui n'a point de Superieur pour controller ſa conduite, & qui peut tout ce qu'il veut, ſoit pour introduire le deſordre, ou en faueur de la reformation?*

C O M M E N T ſe peut accorder la contradiction des premieres lignes de cét article, par lequel on pretend que *ſans aucune preuoyance de l'aduenir,* ie ſignois des Traitez, *que ie preuoyois deuoir receuoir des obſtacles inuincibles?* Si ie n'auois aucune preuoyance, ie ne preuoyois pas ces obſtacles, ce deffaut de preuoyance n'eſt pas vn crime, c'eſt vne incapacité que deuoit cognoiſtre celuy qui m'a choiſi pour cét Employ, & qui m'y conſeruoit pendant les temps les plus eſpineux, apres qu'vne ſi longue guerre auoit eſpuiſé tous les moyens ordinaires, & tout le credit : Cependant j'ay ſõuſtenu le faix juſques au bout, & en tout le temps de mon adminiſtration, il n'eſt arriué aucune de ces choſes qui n'eſtoient que trop frequentes auparauant, & de plus, la Paix s'eſt glorieuſement concluë : C'eſt par ce deffaut de preuoyance, & par cette application à trouuer de l'argent comptant, que les affaires du Roy ont eſté toûjours en bon eſtat, & les miennes en tres-mauuais.

Si j'auois bien preueu le traitement qui m'a eſté fait, ie ne me ſerois pas engagé ſi auant, & ſi i'auois eu moins de zele pour le ſeruice du Roy que pour mes intereſts, j'aurois mis mes affaires

à couuert; j'aurois fait receuoir l'argent qui se seroit presenté; &
quand on n'en auroit pas trouué dans la bourse des Gens d'affaires, il auroit fallu souffrir les mauuais euenements publics;
I'aurois fait des raisonnemens, comme on fait à present; I'aurois obserué de grandes formalitez; Ie n'aurois passé aucune
condition auantageuse à personne : Mais les affaires publiques
auroient esté en desordre. I'ose dire, que c'est vne malignité in-
supportable; de blasmer aujourd'huy ce qu'on ne pouuoit assez
loüer en ce temps-là : C'estoit vne industrie assez surprenante
de tirer de l'argent des affaires qui n'en pouuoient produire, de
gagner le téps sur les difficultez, d'obliger les Gens qui auoient
donné leurs deniers, à trouuer des remboursemens sur d'autres
affaires nouuelles, & de tirer encore de l'argent de ces nouuelles, moyennant le remboursement d'vne partie des auances
precedentes; & ces secondes affaires n'estans pas quelquefois
meilleures, en laisser trouuer de troisiesmes, & passer ainsi plusieurs années; tout cela pour le seul seruice du Roy, & pour subuenir aux besoins pressans de son Estat.

C'estoit encore vne chose assez habile de faire bien de la despense; & n'auoir pas de fonds; De faire paroistre de grandes acquisitions quand j'auois moins de bien que le premier jour, &
trouuer le secret apres vn abádonnemét general de toutes affaires; de me restablir vn credit incroyable, sans autre fondement
que ma propre industrie & ma bonne volonté: mais de sacrifier
le tout au premier mot pour le bien de l'Estat, ne craindre aucun peril, & ne refuser aucun engagement, quand il se presen-
toit quelque affaire importante au seruice du Roy; c'estoit vne
conduite belle, grande, honneste & des-interessée : Au moins
M. le Cardinal la loüoit, l'approuuoit, m'en remercioit, me la
faisoit continuër, & je diray plus, mes Ennemis en ont conceu
la jalousie qui a donné lieu à tous mes mal-heurs.

Comment M. Talon peut-il dire, Que les despenses necessaires n'estoient pas payées, sans offenser la memoire, & attaquer
la succession de M. le Cardinal Mazarin, puis qu'il s'en estoit
chargé à fortfaict, & en receuoit les fonds, & qu'à mon esgard,
non seulement les necessaires, mais plusieurs assez inutiles

eftoient fort ponctuellement acquitées ? Perfonne ne le fçait mieux que M. Talon, lequel a receu ponctuellement tous les ar-rerages de fes gages, penfions & appointemens du Confeil, fa penfion ordinaire, fa penfion extraordinaire, & mefmes les gratifications fecrettes qu'on eftoit obligé de luy accorder de temps en temps. Apres tout cela, peut-il dire que l'on n'eftoit pas payé, & faire de fi grandes exclamations fur la mifere de ce temps-là ? Ie ne fçay pas fi fes affaires vont mieux à prefent, mais fi je n'ay pas fait dauantage pour luy, il faut qu'il excufe la guerre.

Il y a tant de chofes dans le refte de cét article, qui font auan-cées contre la verité, qu'on pourroit compofer vn volume des refponfes à y faire.

1°. La comparaifon de la defertion d'vn General & d'vn Sol-dat eft mal appliquée ; car on ne voit pas que j'aye jamais aban-donné le feruice ; au contraire, quand le peril a efté plus grand, c'eft lors que ie me fuis engagé dauantage.

2°. M. Talon difoit n'agueres, Que j'eftois le Sur-Inten-dant, & que je faifois la fonction de Treforier de l'Efpargne ; il faudroit donc dire pour faire la comparaifon jufte, que j'ay fait celles d'vn General & d'vn Soldat : Que non feulement j'ay commandé de combattre ; mais j'ay efté aux coups, j'ay efté où le combat eftoit plus perilleux ; j'en ay remporté des bleffeures, & fuis demeuré eftropié ; Cela auroit plus de rapport à la verité que de parler d'vn deferteur.

3°. La perfidie d'vn domeftique qui ne peut eftre punie auec trop de feuerité, ne fe peut eftendre aux cas dont on me charge. Vn domeftique qui s'empare de l'argent de fon Maiftre contre fa volonté, qui n'ayant aucun ordre de luy touchant le manie-ment de fon bien, le volle, ou par force, ou par addreffe, eft fans doute puny feuerement, & traité en criminel : Mais l'Inten-dant, le Maiftre d'Hoftel, le Fermier, & ceux aufquels vn Mai-ftre confie la recepte de fes deniers ; par vn choix qu'il en fait volontairement, n'eft pas pourfuiuy criminellement, pour raifon des deniers, dont il a eu l'adminiftration.

Quand

Quand on pretend qu'il a fait de mauuaises despenses, quand
on allegue qu'il a payé des sommes qui n'estoient pas deuës;
qu'il a achepté des prouisions trop cheres, qu'il a donné trop à
gagner à des Marchands; qu'il a employé, si l'on veut, à son
vsage particulier, les deniers de son Maistre; cela s'examine ciuilement, on void ses comptes, lesquels on luy laisse rendre librement; on ne le despoüille pas des papiers sur lesquels il les
doit dresser; & si par l'euenement il est reliquataire, on l'oblige
à payer par des voyes proportionnées à sa faute : Mais s'il prouue au contraire, qu'il a fait le bien de son Maistre, qu'il s'est engagé pour luy, qu'il a restably son credit auparauant perdu,
qu'il a terminé auantageusement les affaires de son Maistre,
qu'il n'a rien fait que par ordre, & que le Maistre luy doit beaucoup de sommes auancées pour son seruice; en ce cas on excuse des fautes legeres, & on blasme les Accusateurs.

    4°. Comment ose-t'on dire que ie n'auois point de Supe-
rieur? M. le Cardinal ne l'estoit-il point? N'obeïssoit-on pas
à ses ordres? On peut plus penser que dire là-dessus, & mon
Accusateur ne deuroit pas auancer des choses de cette qualité,
sans y faire plus de reflexion.

*Il faut encore adjoûter, que c'est vn double crime d'abuser des Finances
du Roy, & de les conuertir à son vsage particulier pendant la desolation, &
la calamité publique, & de sacrifier vn million d'ames innocentes au luxe,
à l'auidité, à la profusion d'vn particulier.*

CETTE proposition est veritable en soy; mais elle ne peut
s'appliquer à Moy, qui n'ay fait des despenses que de mon propre bien, par des considerations auantageuses au Roy, concer-
tées auec M. le Cardinal, approuuées par luy, & dont l'Estat a
profité aussi bien que les particuliers. Ie n'ay pas conserué des
nombres incroyables de millions en diuers lieux, qui ayent destitué d'argent les Changes & les places publiques, qui ayent
fait languir le commerce, & qui n'estans plus dans l'vsage, &
dans les mains des particuliers, ont fait que les affaires du Roy

V.

s'en font reſſenties, que les Preſts en ſont deuenus plus difficiles, les intereſts plus forts; les Peuples n'ont plus trouué dequoy payer leurs Tailles, chargez ſouuent de denrées, ſans argent, & ſans debit : De ma part ſi j'ay deſpenſé mon bien, le Peuple en a eu ſa part, & le Roy le ſurplus.

Cependant Monſieur Foucquet a eſté moins de neuf années Sur-Intendant des Finances. Pendant les ſept premieres, nous eſtions obligez de ſouſtenir la Guerre contre vn Ennemy puiſſant et redoutable, & dans cét interualle, il a acquis des biens de toutes ſortes de manieres. L'eſtat qui en a eſté dreſſé, & qui contient en deſtail ce qu'il poſſedoit, & lors qu'il eſt entré dans la Sur-Intendance, & lors qu'il en eſt ſorty, juſtifié par les acquiſitions, approche de neuf à dix millions de liures.

I E n'ay point fait d'acquiſitions que ie n'aye en meſme temps contraĉté des debtes, & ie prends droiĉt par l'eſtat où eſtoit mon bien auant mon Employ, & le bien que j'ay à preſent; Tout ce que j'ay acquis a eſté par des ordres exprés, & des conſiderations domeſtiques fort innocentes; I'ay achepté, j'ay vendu, j'ay receu & donné en payement par facilité, tout ce que l'on a voulu, le reſte a eſté en rente; I'ay fait offre au Roy des choſes principales, ſa Majeſté en a accepté quelques-vnes; Mais tout calculé, ie ſuis plus pauure que ie n'eſtois ; ou pour mieux dire, I'auois du bien, ie n'en ay plus, & ie dois des millions au delà de la valleur de toutes ces poſſeſſions, & de toutes ces acquiſitions, que l'on exagere contre la connoiſſance que l'on a de la verité.

* fol. 22. recto.

*Si cela ſeul ne peut pas paſſer pour vne conuiĉtion de * Peculat, c'en eſt au moins vne preſomption tres-violente ; & quoy que nous n'ayons pas d'Inquiſition en France pour obliger les hommes à rendre raiſon de leur induſtrie, & des voyes par leſquelles ils ont acquis les biens qu'ils poſſedent ; les Perſonnes qui ſont dans le premier maniement des Finances, & qui ont tant de moyens obſcurs d'en abuſer, ſont ſouſmis à des Loix plus eſtroites, & il n'eſt pas ſans exemple qu'ils ayent donné en entrant en charge le dénombrement de leurs biens.*

I L est vray qu'il n'y a pas de Loy en France qui oblige les hommes à rendre raison de leur bien : On en fait de nouuelles contre Moy ; car on m'a interrogé sur ce sujet, & on fonde vne mauuaise accusation sur cette Loy qui n'est point.

Ce n'est pas seulement à cette occasion que l'on pratique contre Moy des choses inoüyes, ie ne me plains pas de celle-là, elle m'est tres-auantageuse ; Ie rendray compte de mon bien fort volontiers, à condition que s'il se trouue par l'euenement, que i'en ay beaucoup moins que ie n'auois entrant dans mon Employ, en calculant toutes ces acquisitions, & toutes ces despenses pretenduës ; & qu'il se trouue d'ailleurs que mes Parties secretes, qui n'auoient rien vallant, ayent presentement des tresors francs & quites, j'auray mes dommages & interests contre elles, pour la calomnie dont elles m'ont noircy par mauuais artifices ; Et c'est ce qui me sera facile à prouuer, pour peu qu'on me laisse de liberté d'agir, & l'vsage des Papiers que j'auois.

C'est vne verité, que l'Accusé a tellement reconnuë que dans son interrogatoire il allegue pour vn des principaux argumens de sa justification qu'il doit douze à treize millions, & qu'il s'en faut plus de trois millions qu'il ne luy reste aucuns biens, ses debtes acquitées. Quand ce fait seroit veritable, l'Accusé n'en pourroit tirer aucune induction pour sa décharge, & ses profusions ont esté si excessiues & ses dépenses si immenses, qu'il ne seroit pas estrange qu'elles eussent absorbé tant de millions qui paroissent auoir esté diuertis. Mais Monsieur Foucquet s'est asseurément mesconté. Si l'on auoit fait vne juste balance de ses debtes legitimes, & des sommes dont il pretend estre creancier du Roy, il se trouueroit plus riche qu'il ne pense, & en estat de joüir librement du reste de ses biens ; qui par son propre aueu sont de valleur de neuf à dix millions. Pour faire connoistre que cette proposition n'est pas aduancée sans fondement, il ne sera peut-estre pas inutile de faire en cét endroit quelques obseruations sommaires de la quantité & de la qualité de ses biens, de ses despenses & de ses debtes.*

On a trouué pour plus d'vn million de bien en la Maison de Vaux, en Pierreries, en Vaisselle d'argent, en Tapisseries, & en d'autres meubles, sans

* *fol. 22. verso.*

compter le reuenu de la Terre, le Chasteau, les Bastimens, les Peintures,
les Jardins, les Canaux, les Fontaines, les Cascades, & vne infinité d'au-
tres embellissemens d'vne despense prodigieuse, & qui d'vne maison tres
commune, ont fait vn Palais si magnifique, qu'il attire maintenant la curio-
sité, l'admiration, & en mesme temps l'estonnement, & l'indignation de
toute la France.

CET article est vne cauillation peu conuenable à vn homme qui tient vne Place publique. Ie me suis souuenu en répondant d'enuiron douze à treize millions de debtes : & pour montrer le deffaut de ma memoire, il s'en iustifie à present plus de qua-torze. Pour ce que j'ay dit, Qu'il s'en faut plus de trois millions que mes effets n'égalent mes debtes ; on tire vne consequence, Que mes effets sont de dix millions, & que je ne dois rien, parce que le Roy me doit.

Ie n'entens pas ce raisonnement. Ie repete donc que la verité est, qu'en comptant la valeur de tous mes biens, entre lesquels je comprend ce que le Roy me doit, ne croyant pas que sa Majesté vouluft fruftrer mes Creanciers, des sommes que j'ay auancées par des ordres de sa propre bouche, & sur sa parole ; Ie maintiens, dis-je, que tout cela ensemble n'égale pas mes debtes à plusieurs millions prés : & j'ay bien des debtes dont je ne me souuenois pas lors que je fus interrogé.

Il faut adjoufter à cela mes reuenus pendant neuf années, qui font vne somme considerable , & le fonds que j'auois auant 1653. & on verra par là auec quel des-interessement j'ay feruy le Roy.

Ioignons-y l'eftat des biens de M. le Cardinal en 1653. & ceux qu'il a laiffez; la fortune du sieur Colbert, de Berryer, & de plusieurs autres que je ne veux pas nommer, telle qu'elle eftoit, & telle qu'elle eft à present ; & puis apres cela, que chacun rai-fonne sur les Finances en sa conscience, & dans la verité, & que l'on tasche de deuiner où font allez ces deniers ; que l'on cher-che auec tant de soin où ils ne font pas , & qu'on ne veut pas trouuer où ils font.

Ie ne

Ie ne ſçay pas la valleur des meubles qui eſtoient à Vaux, on les eſtime ce que l'on veut : il faut ſçauoir pour combien les prendront mes Creanciers; Mais je diray, que tout ce que nous auions de meubles conſiderables ma Femme & Moy fut porté à Vaux, pource que la maiſon de Paris où ils eſtoient auparauant, eſtoit abandonnée aux Ouuriers; Et pource que le Roy m'ayant fait l'honneur de m'aduertir, peu auant le voyage de Nantes, qu'il deſiroit que la Reine d'Angleterre, Monſieur & Madame y fuſſent receus; & depuis ſa Majeſté meſme, la Reine Mere, & toute la Cour ayant fait deſſein d'y venir, je fus obligé, pour les receuoir, d'y faire tout porter les meubles que j'auois, & d'en achepter encore.

Toutes les années precedentes, on ſçait que leurs Majeſtez ou M. le Cardinal, des Ambaſſadeurs, & d'autres perſonnes par ſon commandement y eſtoient receuës; en ſorte que je fus contraint d'incommoder mes affaires pour auoir de la vaiſſelle & des meubles, dix fois au delà de ce que j'en euſſe eu ſans ces ordres frequens, & ſans que je croyois deuoir rendre au Roy le reſpect le plus grand que je pouuois, & que je faiſois choſe agreable à ſa Majeſté, de m'acquiter honorablement de toutes ces choſes, quoy qu'elles me fuſſent onereuſes.

Pour le ſurplus des ouurages de Vaux, j'en ay dit les raiſons, & ayant intention de faire paſſer cette Terre à Monſieur, ou à M. le Cardinal depuis qu'il m'obligea d'acheter Belle-Iſle; il falloit proportionner les embelliſſemens à ce deſſein pour leur en donner enuie, ce que i'eſperois faire reüſſir, ſans les changemens qui ſont arriuez.

La Maiſon de S. Mandé n'eſtoit qu'vne roture d'enuiron douze mil liures en fonds; il en a fait vne demeure ſi ſuperbe, & auec tant d'ornemens & d'enceintes, que les ſommes qui y ont eſté deſpenſées excedent celles des plus hautes entrepriſes. La Bibliotheque de Saint Mandé, eſt l'vne des plus belles, et peut eſtre la plus chere de celles de l'Europe.

PAR l'échantillon de ce qui eſt dans l'article de S. Mandé, on

X

peut iuger de la sincerité de mon Accusateur. Il a le Contract
entre les mains, & ne peut s'empescher d'en enoncer le prix
plus grand qu'il n'est, sans se soucier qu'on reconnoisse le contraire par la seule lecture de la piece, luy suffisant de donner
quelque impression aux Iuges.

Le bastiment n'est que de plastre & de moillon, tout simple,
& l'enceinte moindre que M. le Cardinal ne l'auoit dit. Ce fut
luy-mesme qui l'ordonna, il vouloit que i'y ioignisse encore
d'autres terres au delà du Potager, autant qu'il y en auoit des-ja
d'enclos: Ce fut luy qui fit expedier le Breuet du Roy pour faire la closture, M. le Secretaire d'Estat en peut rendre témoi-
gnage.

La Bibliotheque m'a esté donnée par mon Pere, i'y ay fait
quelque augmentation, & les Liures de MM. de Morangis, le
Ragois, Clement, Arnoul, Cramoisy & autres, sont encore
deubs, sans compter ce qui m'a esté donné par les Autheurs &
Libraires tous les ans; De sorte que c'est sans suiet que l'on exagere ces choses, & qu'on en fait des chefs d'accusation contre
vne Personne qui a seruy l'Estat, & qui a passé dans les Emplois que i'ay eus.

Le Vicomté de Melun, les Terres & Seigneuries de Villerne, des
Granges, de la Maison Rouge, de Bauny, du Chastelet, de Liury, les
terres & bois qui dépendoient du Prieuré de Saint Iean de l'Isle, ceux acquis
du sieur Riot, & les Bois de Liury, l'Estang de Vaux, & les heritages
en dependans, les Fiefs de Miré, de Mimanche, de Villiers, de Brie, de
Plains, & Iamare, la Maison de Ville, la Ferme de Moisene & celle de
Mainy, ensemble tous les autres heritages acquis par l'Accusé, & joints à
la Terre & Seigneurie de Vaux, le Vicomté maintenant erigé en Mar-
quisat font vne Terre de tres-grand prix.

Il y a quelques-vnes des acquisitions mentionnées en l'article qui sont veritables, & dont ie dois encore le prix pour la
plus grande partie; Il y a d'autres noms que ie ne connois pas;
ie ne sçay ce que c'est que l'Estang de Vaux, moins encore

Brie, Plains, Iamare, Miré, ce font tous noms faits à plaifir pour groffir l'article, & dont il n'y a pas vn mot de vray. Le Vicomté de Melun eftoit à Moy, dix ans auant la Sur-Intendance; & à l'égard de cette erection en Marquifat, à moins qu'elle n'ait efté faite depuis ma prifon, elle n'eft pas de ma connoiffance, mais on ne peut pas s'empefcher d'auancer des fuppofitions par tout.

La Maifon de Paris en laquelle il faifoit fa demeure, les maifons en dépendantes, & les maifons et Ieu de Paulme qu'il y a depuis joints, font des acquifitions de plus de fept cens mil liures; il poffede encore vne maifon au Faux-bourg Saint Michel, acquife trente fix mil liures, fous le nom de M. l'Archeuefque de Narbonne fon Frere.

* fol. 23. recto.

La Maifon de Paris a efté acheptée par M. le Cardinal pour Moy, c'eft luy qui en eft conuenu auec M. de la Vrilliere; c'eft luy qui m'a obligé de m'accommoder du Ieu de Paulme, & des Maifons ioignantes, dont le prix n'eft pas encore payé; I'auois pris vn autre Maifon de M. de Narbonne en la ruë Saint Honoré au lieu de celle de ma Femme; i'en eftois content, & i'y logeois, M. le Cardinal voulut que ie fuffe plus proche de fon Hoftel, & conclut ce marché en mon nom. Si toutes ces chofes qu'il me faifoit faire eftoient autant de pieges qu'il me tendoit, il luy eftoit facile d en venir à bout; car ie faifois vniuerfellement tout ce qu'il ordonnoit, fans confiderer mes interefts.

La feule acquifition de Belle-Ifle eft de treize cens mil liures, et le Comté de l'Argoüet de cent foixante-quinze mil liures; la Terre & Seigneurie de Treuerat de vingt-cinq mil liures; vn moulin, & des heritages en la Parroiffe de Bethune de quarante-vn mil liures; la Terre & Seigneurie de Coëtcanton & Domaine de Rofe-Perdan de deux cens mil liures; la Terre de Cantifac de trente mil liures; la Terre & Seigneurie de Quer de dix-fept mil liures; la Terre & Seigneurie de la Guerche de cent vingt-fix mil liures; la Terre & Seigneurie du grand Auuert de foixante-douze mil liures,

*ſans compter la Clauſerie appellée la Chauſſée Mercier, & d'autres héritagès
ſcituez en Bretagne, & en Anjou, dans leſquelles Prouinces les acquiſitions
faites par l'Accuſé montent à plus de deux millions trois cens mil liures, ſans
y comprendre les Gouuernemens ny les impoſts, & billots.*

C'EST M. le Cardinal luy meſme qui ma forcé de prendre Belle-Iſle. A l'égard de l'Argoüet, c'eſt vne Terre acquiſe
par decret pour faciliter le payement des ſommes qui eſtoient
deuës à ma Famille; & pour les autres Terres dénommées en
l'article, il y en a que ie ne connois point, & d'autres qui ſont
partie de l'Argoüet. Mais comme on eſt en poſſeſſion d'exagerer toutes choſes, les ſommes rapportées en deſtail, quoy
qu'il y en ait qui ne ſoient pas veritables, en les comptant
neantmoins comme vrayes, elles ne montent pas à trois cens
mil liures prés de la ſomme totale, ce qui manifeſte l'eſprit
de l'Accuſateur.

*Le Gouuernement de Concarnau luy couſte quatre-vingt-dix mil liures,
celuy de Guerande, & du Croiſi vingt mil liures. L'on ne peut pas dire quel
a eſté le prix des Gouuernemens de Tombelaine, du Mont Saint Michel,
& ~~de la Tour d'Iſle, ny~~ l'Iſle de Tation dont les demiſſions ont eſté trouuées en blanc dans les Papiers de l'Accuſé.*

LE Gouuernement de Concarnau eſt à mon Frere, ç'a
eſté vn accommodement de Famille, du conſentement & de
la participation de M. le Cardinal : Les autres dénommez au
meſme article ne ſont pas à Moy, le Mont S. Michel n'y a
iamais eſté, ny le Croiſy, ils ont eſté au Marquis d'Aſſerac,
& n'y ſont plus. Tombelaine eſt vne petite Capitainerie, qui
ne vaut pas deux cens piſtolles, & n'eſt pas à Moy; Et pour
Tation, ie ne ſçay ce que c'eſt, ny en quel pays il eſt : Il s'eſt
trouué bien des papiers parmy les miens, qui ne ſont pas à
Moy, pluſieurs perſonnes m'ont parlé de leurs affaires, & donné leurs papiers à voir, deſquels ie ne ſuis pas pour cela proprietaire.

Les

* *Les Impofts & Billots de Bretagne appartenans à l'Accusé fe montent* * fol. 23.
à plus de fix cens mil liures fuiuant le prix des Contracts, & des adjudi- verfo.
cations.

Ie ne crois pas qu'il foit veritable que les Contracts des Impofts & Billots dont i'eftois en poffeffion, portent à beaucoup
prés la finance auancée par ma Partie; mais ie fçay bien qu'il
s'en faut prés de la moitié, qu'ils ne m'ayent tant coufté : Il eft
affez notoire que les droicts engagez ont toûiours plus de finance, qu'ils ne fe vendent actuellement dans le commerce,
ma Partie le fçait & le dit ailleurs; mais où il s'agit de m'accabler, on ne feint point de faire des monftres, & d'exagerer les
chofes au delà de toute raifon.

L'Achapt des Vaiffeaux à plus de trois cens mil liures.

Ie ne me fouuiens pas du prix des Vaiffeaux; mais ie les ay
acquis par ordre de S. E. & ie puis dire qu'ils ne m'ont rien
coufté, puifque dans les voyages, & dans les Compagnies de
commerce que j'ay fait faire, j'ay plus retiré que ce que j'auois
payé pour lefdits vaiffeaux : La preuue en eft dans le Procés, où
il fe void vn feul article de trois cens cinquante mil liures de
profit, fur des toilles portées aux Indes, & plus de deux cens
mil liures, que ie puis juftifier d'ailleurs; en forte que toute la
defpenfe payée, il m'eft reuenu de net pour les defpenfes de
Belle-Ifle vne fomme confiderable.

Ce n'eft pas que ma Partie n'ait veu le contraire de ce qu'elle
allegue pour le prix des vaiffeaux, dans les pieces du Procés.
L'extrauagante procedure d'vn nommé Bonnet fieur de la
Maule, n'a ofé paffer jufques à cet excés, & c'eft vne chofe
inoüye, qu'vn Procureur General ait encore voulu encherir au
deffus de ce qu'à dit ledit Baron de la Maule : Mais il aura le def-
plaifir, que toute la France verra que les faicts mis en auant
contre Moy, & par luy appuyez & authorifez contre fa connoiffance, ne font pas veritables.

Y

La Charge de Chancelier des Ordres du Roy luy auoit cousté quatre cens mil liures en deniers comptans ; outre la promesse donnée d'executer les clauses du Traitté pour la des-vnion de celle de Garde des Sceaux. Celle d'Aumonier du Roy soixante mil liures : Celle de Vice-Roy de l'Amerique quatre-vingts-dix mil liures.

LA Charge de Chancelier de l'Ordre a esté acquise par commandement exprés de M. le Cardinal, & ne m'a cousté que trois cens mil liures : Peut-estre le Contract porte vne plus grande somme, afin de pouuoir m'en deffaire plus auantageusement ; mais c'est vne verité connuë : I'ay presté le prix des deux autres à deux de mes Amis ; il m'est deub par eux, & ie le dois ailleurs.

Il estoit Proprietaire des quatre quints aux trois quarts de l'augmentation, & doublement du Marc-d'Or, du droict de Parisis sur les Fermes des Offices de Commissaires des Tailles de Melun, & il possede encore les Regrats de Languedoc, des augmentations de Gages sur les Fermes des Aydes alienées, & engagées ; des rentes sur l'Hostel de Ville de Paris, & quantité d'autres biens sur le Roy. Les billets, rescriptions & quittances de l'Espargne, les obligations, promesses, & billets des Particuliers, & les deniers comptans, sont des effects presque inconnus, tant parce que l'Accusé les a fait mettre sous diuers noms, et qu'il a deposé les deniers comptans en plusieurs lieux ; & entre les mains de diuerses personnes qui luy estoient confidentes, que parce qu'vne partie de ses Papiers, & de ses effects ont esté diuertis par ses Proches.

I'AY eu successiuement partie des effects mentionnez en cet article ; Sçauoir ; ceux du Marc-d'or, qui m'appartiennent encore ; Quelques Parisis qui ne m'appartiennent plus : Il n'est pas vray que ie possede encore les Regrats de Languedoc, les Augmentations de gages, les Aydes alienées ; ny les Rentes sur la Ville ; mais bien des Billets du Roy pour de grandes sommes, pource qu'ayant auancé pour le Roy tous les ans, ou pour M. le

Cardinal 10. 12. 15. 2 0. & 25. millions, il a bien fallu retirer en
payement des billets de l'Efpargne, ou quelques droicts de
ceux qui eftoient alienez en ces années-là, le tout par ordre ou
de la participation de fon Eminence.

Il falloit bien auoir quelque argent comptant pour fournir
aufdites auances, & payer à l'efcheance des termes, les grandes fommes que j'empruntois, afin de conferuer le credit; mais
c'eftoit peu à comparaifon defdites debtes dont j'eftois chargé.

C'eft vne fuppofition de dire, qu'on aye fait des diuertiffe-
mens; Il eft facile de juger par la qualité des Papiers inuentoriez chez Moy, que ie ne prenois pas des precautions, & que
ie les tenois tous aux lieux où ils ont efté trouuez.

*Toutes ces chofes à l'exception de la feule Terre de Vaux qui ne valloit
pas neuf cens liures de reuenu, & laquelle auffi ne luy a pas * coufté vingt *
mil liures dans fa premiere acquifition, ont efté acquifes par l'Accufé depuis
le mois de Fevrier 1653. qu'il eft entré dans la Commiffion de la Sur-Jn-
tendance.*   *fol. 24. recto.*

C'E S T vne eftrange chofe que l'habitude de defguifer la
verité: On ne peut s'empefcher aux grandes & petites chofes
d'y contreuenir, & au hazard de perdre la reputation par vne
manifefte conuiction: Il n'eft plus poffible de fe retenir d'auancer des faicts contre la verité des pieces : Mais ie fupplie qu'en
cette occafion l'on faffe reflexion fur vne telle conduite, & que
l'on remarque vne preuue euidente de l'intention que l'on a
de m'opprimer, apres laquelle les Iuges ne doiuent plus adjoûter aucune creance à tout le refte.

On auance donc, que ie ne poffedois que Vaux, qui eftoit
du reuenu de neuf cens liures, & ~~luxpoiuule~~ vingt mil francs, *qui ne m'auoit pas couſté*
les Contracts font enoncez dans les articles des Inuentaires
qui font produits icy, par lefquels il fe void que ie poffedois
la Vicomté de Melun acheptée quarante-deux mil liures, &
Vaux achepté cent huit ou dix mil liures du premier Contract, fans y comprendre vn grand nombre d'augmentations

faites auant ma Sur-Intendance. La Maiſon de Saint Mandé n'eſt qu'vn eſchange au lieu de deux autres Maiſons ſcituées,
l'vne dans la ruë S. Antoine, appartenante à preſent à Madame de Beauuais, & l'autre dans la ruë de Ioüy. Au lieu de la
Maiſon de Paris par moy acquiſe, ie poſſedois celle que i'ay
venduë à M. Tillier trois cens mil liures, & la Terre de Belle-
Aſſiſe venduë autres trois cens mil liures, & quatre autres maiſons dans Paris venduës à des Particuliers, ſans parler de pluſieurs heritages qui ſont encore en nature : De ſorte que l'exageration ou plûtoſt la diminution eſt vn peu forte de vouloir
reduire des fonds de plus de neuf cens mil liures à la ſomme de
vingt mil liures ſeulement. Ie ne dis rien des rentes, & autres biens alienez pour des ſommes tres-conſiderables ; mais
cette fauſſe enonciation du Contract de Vaux ne ſera approuuée de perſonne, & on ne peut excuſer mon Accuſateur d'auoir
dit vingt mil liures au lieu de cent & huict ; & d'auoir teu la
verité pour la Vicomté de Melun & le reſte.

*Si les acquiſitions ſont grandes, les autres deſpenſes les ſurpaſſent de
beaucoup, & outre qu'elles ont eſté faites ſans aucune moderation, il ſemble que M. Foucquet ait affecté de les rendre publiques, en comblant les val-
lées és enuirons de Saint Mandé, & en raſant à Vaux les montagnes qui
faiſoient obſtacle à ſes deſſeins : mais pour ne rien auancer ſans preuue, &
pour en donner vne connoiſſance plus aſſeurée, l'on en a fait l'enumeration
dans des memoires ſeparez, les deſpenſes faites à S. Mandé, à Vaux, & à
Belle-Iſle, & ces trois memoires qui ſont tirez des comptes de Bernard, de
Pelliſſon ; des regiſtres de Taſſu, ne regardent que la conſtruction des baſtimens, & les autres deſpenſes voluptueuſes, ſans rien comprendre du prix des
acquiſitions.*

I'AY des-ja dit les raiſons de mes dépenſes, qui eſtoient
bonnes en ce temps-là ; mais quand ce ſeroit vne mauuaiſe
conduite, ce n'eſt pas vn crime, puiſque mon bien & mes affaires y ont fourny, & que c'eſt Moy & mes Creanciers qui en
~~ſouffrent~~, & non le Roy. Ce n'eſt pas que je n'aye encore bien
des

des choses à dire sur ce sujet, lesquelles se prouueront en temps
& lieu.

Outre toutes ces despenses, il y en a de trois autres especes differentes, qu'il
est important de remarquer, comme des circonstances, qui confirment & aggrauent les faicts particuliers, & generaux. La premiere, en son Domestique; La seconde, en ses Parents, La troisiéme en ses amis, & en ses creatures. Il ne faut que voir les extraicts des comptes des Registres, pour voir ce
qui a esté donné d'argent comptant sur la despense domestique depuis le mois
de Feurier 1653. jusqu'au 5. Septembre 1661. on auroit peine de le croire si
cela n'estoit nettement justifié.

Il y a vn memoire de ce qui a esté donné à
qui faisoit premierement la despense à Pouïlly qui l'a suiuy; à Vvatel qui a
succedé Pouïlly, & à Regnier qui a esté le dernier M{{c}} d'Hostel en 1661.

Les dépenses domestiques tirées des comptes de Bernard montans à la
somme de 888028. liures 5. sols 2. deniers sans y comprendre les acquisitions
ny les* bâtimens, ny le payement de ses debtes en principal, ou interest, ny en
pensions, ny liberalitez.

Il resulte d'vn estat signé Brunier Commis du sieur de Beringuehen interessé aux Gabelles, lequel estat auec les pieces justificatiues a esté trouué dans
la Maison, & entre les Papiers du sieur de Lorme, lors que l'Inuentaire en a esté fait; que dés l'année 1656. Brunier donnoit à Vvatel Maistre
d'Hostel de l'Accusé quatre mil liures par chacune sepmaine; qu'au commencement de l'année 1657. cette somme fut augmentée, & que Vvatel receuoit
sept mil cinq cens liures par sepmaine, & quelquesfois en moins de iours; de
sorte que depuis le 12. Ianuier 1657. iusqu'au septiesme Nouembre ensui-
uant, qui ne sont que dix mois moins cinq iours, Vvatel a receu de Brunier en
deniers effectifs, iusques à 336212. liures 6. sols, sans compter ce qu'il a
receu d'ailleurs, & ce qui a esté payé à Pouïlly, & autres domestiques de
l'Accusé.

Par le premier Registre de Taffu Commis de Bruant, lequel registre commence au 7. May 1657. & finit au 15. Feurier 1658. qui sont huict mois
sept iours, dont il y a cinq mois cinq iours du mesme temps que Vvatel receuoit d'ailleurs 7500. liures par sepmaine courante, il paroist que ce qui a esté
payé pour la despense domestique de l'Accusé, se monte à 27863. liures 6. sols
8. deniers.

Z

Nota. En
blanc, & ce-
la n'y est
point.
* fol. 24.
verso.

Par le deuxiéme Regiſtre de *Taſſu*, commençant le 21. Ianuier 1658.
iuſques au 8. Feurier 1659. qui ſont treize mois moins trois iours, il paroiſt
que ce qui a eſté payé par luy durant ce temps en deniers comptans, pour la
deſpenſe ordinaire de la *Maiſon* de l'*Accuſé*, y compris les achapts d'habits, eſtoffes, ☞ meubles ſe montent à 387447. liures 5. ſols 4. deniers.

* *fol. 25.*
recto.

* Par le troiſiéme Regiſtre de *Taſſu*, commençant le 19. Feurier 1659.
iuſques au 14. Feurier 1660. qui eſt vne année moins cinq iours, ce qui
a eſté payé par luy pour le domeſtique de l'*Accuſé*, monte à 371407. liures
ſix ſols.

Par le quatriéme Regiſtre de *Taſſu*, commençant le 16. Feurier 1660.
☞ finy au 14. Aouſt 1661. qui ſont vn an ſix mois moins deux iours, il
paroiſt qu'il a payé pour la deſpenſe de l'*Accuſé* 248178. liures 8. ſ. 6. den.

Toutes ces ſommes calculées, ☞ qui ne ſont qu'vne partie de la deſpenſe
domeſtique de *M. Foucquet* pendant quatre ans ☞ trois mois, tirée des Regiſtres de *Taſſu*, reuiennent à 1114896. liures 10. ſols 3. deniers, ce qui n'eſt
que pour la table ☞ pour quelques achapts d'habits; toutes les autres deſpenſes ont eſté extraictes des meſmes Regiſtres par chapitres ſeparez.

Non ſeulement *Vvatel* receuoit des deniers de *Brunier Commis* de *Beringuehen*, ☞ de *Taſſu Commis* de *Bruant*; mais encores il en receuoit par les
mains de l'*Accuſé*, ☞ par celles de *Pelliſſon*.

Il y a vn compte de *Vvatel* arreſté par l'*Accuſé* le 30. Aouſt 1659. pour
la deſpenſe, commençant en Iuin de ladite année, ☞ finiſſant au 22. Aouſt
enſuiuant; d'où il reſulte que *Vvatel* a receu pendant ce temps 118820. liures
ſçauoir en vn billet de *Fleureau Commis* de l'*Eſpargne* 38820. liures,
60000. liures en vn billet payable par le nommé *Bernard Commis* des

* *fol. 25.*
verſo.

Aydes * en argent comptant 6000. liures, ☞ de *Pelliſſon* en argent 25000.
liures.

Il paroiſt par le deuxieſme compte que *Vvatel* depuis ledit iour 22. Aouſt
iuſques au dernier Septembre 1659. auoit receu 139467. liures 9. ſols, tant
des *Commis* du ſieur *Ieannin*, que du ſieur de la *Baziniere*, ☞ par les mains
de l'*Accuſé*.

Par vn troiſiéme compte de *Vvatel* commençant au premier Octobre
1659. juſqu'au dernier Decembre enſuiuant, pendant le voyage de *Toulo[u]ſe*,
ledit compte arreſté ☞ ſigné de l'*Accuſé* le premier Ianuier 1660. il eſt auſſi
juſtifié que ledit *Vvatel* auoit receu 11599. piſtoles qui ſont 127589. liures.

Par vn autre cahier il est porté que Vvatel a encore receu en vn billet don-
né par Pellisson 12000. liures.

Plus trois mil trois cens Loüis d'or, faisant partie de six mil Loüis d'or re-
ceus à Mont-pellier de Delrieu. Cesdites deux sommes font 48300. liures.

Par l'extrait du Registre de Pellisson, commençant au 21. Aoust 1659.
& finissant au 29. Iuillet en 1661. qui sont vingt-trois mois sept jours, la des-
pense ordinaire & particuliere de la maison de l'Accusé, & les menus ouura-
ges en argent fourny durant ledit temps, se montent à 596149. liures 4. sols;
sans y comprendre les despenses de Belle-Isle, de Vaux, de S. Mandé, ny les
acquisitions, ny l'argent donné aux Sieurs Ieannart, Pequet, de Iarnay, Co-
dure, de Graues, Gargot, ny ce qui auoit esté payé par billets, où paroistre
*verbalement * ou par escrit, ny les gratifications, pensions, menus dons, au-*
mônes, recompenses, ny l'argent comptant mis és mains de l'Accusé, ny les
billets de l'Espargne acquitez ou negociez.

    * *fol. 26.*
    recto.

C'EST vne induction bien estrange que l'on veut tirer de
mes despenses, de pretendre qu'elles aggrauent, & confirment
les faicts alleguez contre Moy; outre que ces faicts sont tous
faux & nullement proüuez, au contraire destruits, & par les
pieces produites au Procés, & par le reste de mes Papiers; Comment se peut-il faire qu'vne despense domestique, qui n'a jamais passé en France pour vn crime, puisse estre dite vne circonstance aggrauante? puisque tout au contraire, s'il estoit veritable
ble que j'eusse fait quelque profit illicite auec le Roy, la circonstance des despenses, lesquelles j'ay esté obligé de faire, seroit
vne raison pour en diminuër la faute : Car enfin, j'ay pû me
tromper; mais j'ay crû y estre obligé, pour soustenir la dignité
du poste où j'estois estably, & pour l'esclat & le credit qui
m'estoit necessaire; afin de trouuer les sommes qu'il falloit fournir aux affaires du Roy, & pour satisfaire aux commandemens
que j'ay eus de M. le Cardinal, de receuoir le Roy, la Reyne,
les Ambassadeurs, & luy-mesme M. le Cardinal, souuent dans
mes Maisons, & de faire la despense du Roy, & la Sienne pour
sa Table, & pour toute la suite à Vincennes tous les ans, plusieurs jours de suite; lors qu'il partoit pour vn voyage, ou qu'il

en reuenoit, sous pretexte que son Equipage estoit des-ja party, ou qu'il n'estoit pas encore arriué : Toutes ces despenses, dis-je, estans excessiues en elles-mesmes, & de plus, m'obligeant d'achepter des meubles, & de la vaisselle, proportionnée à la qualité des personnes qu'il me falloit receuoir, & traiter, ne deuroient pas s'appeller des circonstances aggrauantes, & seroient plustost des excuses legitimes, si j'auois pris sur le bien du Roy, dequoy soulager ces grandes Surcharges.

Mais si toutes ces despenses ont esté prises sur mon bien ; Si j'ay engagé mon credit ; Si je me suis creé des debtes pour y subuenir ; En verité, si cela n'est loüable, au moins sera-t'il digne de compassion ; pour peu qu'on ait d'humanité, & qu'on fasse reflexion sur la maniere, auec laquelle j'ay tasché de seruir le Roy, & de complaire à vn Ministre jaloux, & insatiable, sans en tirer autre recompense à la fin, qu'vne oppression de la qualité de celle qui m'est faite.

Sur ce fondement je pourrois m'empescher de venir au détail, & mon Accusateur ne deuroit pas y entrer non plus, par vne maxime bien certaine, qui dit, Que c'est en vain que l'on s'efforce de prouuer les choses, lesquelles (quand elles seroient bien prouuées) ne produiroient aucun aduantage à celuy qui les prouue : car quand ma Partie auec toutes ces supputations bizarres, auec les comptes de tous les Comis de mes Commis, auroit bien justifié, & bien estably, qu'il y a eu beaucoup de despense faite, & qu'il seroit encore bien clairement montré, que cette despense auroit esté faite par Moy, ou par mes ordres ; quelle consequence en peut-il tirer qui ne soit destruite par l'estat de mes debtes ?

I'ay despensé, donc je l'ay pris au Roy. Ie nie cette consequence ; il faut prouuer que j'ay pris au Roy : c'est ce qui ne se peut. Et Moy je prouue tout le contraire par vn argument sans replique, tiré de mes Papiers & des pieces du Procés en disant : I'ay moins despensé que je n'ay contracté de debtes, que je n'ay consommé de mon bien, de celuy de ma Femme, & de mes réuenus : Donc ce que j'ay despensé a esté pris sur mon bien, sur

celuy

celuy de maFéme, fur mes reuenus, & le furplus fur ce que je dois.
Apres cela il eft inutil de venir au deftail de mes defpenfes, il faut
plûtoft venir au détail de mes debtes, il faut m'en faire décharger
pour prouuer que ie ne dois rien, & que ie fuis fort riche, & le
prouuer à mes creanciers : en forte qu'ils en foient fatisfaits, &
prennent les pieces juftificatiues de ces preuues, pour argent comptant.

Mais pour faire voir la malignité de celuy qui a trauaillé contre Moy, mefme dans les chofes qui ne prouuent rien, ou qui ne
font pas criminelles, afin qu'on induife de là plus facilement
quelle foy l'on peut adjoufter, à tout ce qu'il allegue dans les autres articles plus importans; & pour verifier encore que l'on fupprime les pieces feruans à ma Defenfe, comme l'on fupprime la
verité dans celles que l'on produit contre Moy, & qui paroiffent
aux yeux des Iuges; il n'y a rien de fi auátageux pour Moy que ces
extraits; car on y void tout ce que l'artifice & tout ce que la haine,
fouftenuë d'vne authorité, par laquelle on croit auoir la liberté
de tout dire, ont pû inuenter de defguifemens & fuppofitions.

I'en parle de la forte, pource que ce n'eft pas vne fimple allegation; c'eft vne preuue conftante au Procés; & je fuis affeuré que
ce n'eft pas M. Talon qui a fait tous ces extraits & ces induétions.

Quelque mauuaife volonté qu'il ait, il eft dans vn pofte où fa
reputation luy eft trop importante à mefnager, pour faire des
chofes de cette qualité, qui la ruïneroient fans reffource. Ie fçay
qu'il s'en décharge auec raifon, fur les ordres que Berryer luy a
fait donner de prefter feulement fon Nom, & de figner tout ce
que Berryer voudroit inuenter pour fatisfaire à la paffion du fieur
Colbert ma Partie. Ce Berryer qui eft vn homme à tout, digne
miniftre & executeur des paffions d'vn tel Maiftre, abufant de la
condefcendance de M. Talon, a fait des extraits pour eftre produits, lefquels il auoit grande raifon d'empefcher qu'ils ne fuffent communiquez : car j'efpere (fi on me donne affez de temps
pour y refpoudre en détail) faire voir des chofes qui feront horreur aux gens de bien; mais c'eft vn ouurage où il faudroit trois
mois au moins pour y trauailler, puis que mes Parties en ont em-

ployé dix-huict à les fabriquer tels qu'ils font.

Ces extraits font faux, ils font contre les formes, ils font faits hors ma prefence, & fans m'y appeller, ny perfonne pour Moy. D'ailleurs il y a les trois quarts des cóptes fur lefquels ces extraits font tirez, qui font efcritures à moy inconnuës, faites par des gens que ie n'ay point eftablis, & que je n'ay iamais veus, comme font les nommez Taffu, & Boufquet. Ce font comptes qui ne font point rendus par mon ordre, que je n'ay jamais arreftez ny apoftillez; c'eft aux Maiftres de ces gens-là à les examiner, expliquer, & rendre raifon de ce qui eft contenu en iceux; & je demande communication de ce que leurs Maiftres auront dit fur ce fujet, ou que le tout foit rejetté, & tiré du Procés, comme ne pouuant faire foy à mon égard, & n'eftant pas vne preuue authentique.

Ces Regiftres peuuent auoir efté faits, & les articles de defpenfes defguifez fous vne autre enonciation, & pour vn autre vfage que le veritable, par des motifs particuliers qui ne me font pas connus; Mefme il paroift qu'il y a quelque chofe d'extraordinaire; car le premier des Regiftres de Taffu, que l'on communique, commence en May 1657. & va jufques au 15. iour de Fevrier 1658. & neantmoins le fecond qui ne deuroit commencer qu'audit joûr 15. Fevrier 1658. commence au 21. Ianuier, jufqu'au 15. Fevrier, ce qui doit eftre fufpect.

D'ailleurs on ne reprefente point le precedent compte, dont il eft fait mention dans le premier article de fa recepte; non plus que les derniers comptes du Sr Bernard pour l'anné 1657. & 1658. ce qui ne fe fait pas fans myftere.

On fait voir vne recepte de V. vatel, & on en fuprime la defpenfe; vne partie de cette recepte eft compofée de la defpenfe des autres comptes. Ce que V. vatel a receu de Moy ou de mes Commis, eft dés-ja dans le compte de mes Commis pour me l'auoir donné ou à luy; & il n'eft pas mieux proué, que ce qu'il a receu de Beringhen fuft pour les dépenfes de ma maifon, que les onze mil piftoles du voyage de Tholoze, qui ont efté données au Roy, ou à M. le Cardinal, pour la plus grande partie, & non pas employées pour mes affaires.

Ne jugera-t'on pas aisément, s'il faut entrer dans les raisons de ma dépense domestique, que pour meubler de grandes maisons, & y receuoir le Roy, la Reyne, M. le Cardinal, & des Ambaſſadeurs par l'ordre de ſon Eminence, il faut des meubles de prix & de la vaiſſelle d'argent pour de grandes ſommes.

Tout cela eſt en nature, j'en ay emprunté les deniers, je les dois; & ſi on retranche tous ces meubles & cette vaiſſelle d'argēt, ſi on oſte la deſpenſe faite pour la reception du Roy, de la Maiſon Royale, de M. le Cardinal, des Ambaſſadeurs, & de toute leur ſuite, tous les ans; & encor les preſens de meubles qu'il a fallu faire ſouuent à M. le Cardinal, & qu'on ne compte point vne meſme ſomme deux ou trois fois; ces deſpenſes ne paroiſtront plus monſtrueuſes comme on les figure; mais apres tout, c'eſt Moy qui en ſouffre, & mes Creanciers; non pas le Roy, ny le Public.

<table>
<tr><td>

Ces deſpenſes domeſtiques qui ſe montent durant huiĉt années ſix mois à la ſomme de .... ont quelque choſe de monſtrueux, elles choquent l'honneſteté & la bien-ſeance: & s'il eſt vray qu'elles ſoient blaſmées dans la maiſon d'vn Prince, comment les peut-on excuſer en la perſonne d'vn Cenſeur & d'vn Magiſtrat? les deſpenſes que l'Accuſé a faites pour ſes Parents ſeroient plus tolerables, s'il auoit exerc ſes liberalitez du fonds, & du reuenu de ſon patrimoine.

</td><td>

La ſomme eſt en blanc dans ma co-pie.

</td></tr>
</table>

En attendant que ie vienne au deſtail, ſi j'en ay le temps, & que ie cōtrediſe le tout ſous les cottes où ces extraits ſeront produits, je repete que les dépenſes, qui ſont exagerées au delà de la verité, ne ſont pas vn crime quand elles ſeroient toutes vrayes, quand il n'y auroit pas eu de bonnes raiſons qui m'y ont engagé; & que je ne prouuerois pas d'où viennent les fonds qui ont ſeruy à les faire: ainſi mon Accuſateur en cét endroit eſt obligé de ſe reduire à declarer ſimplement qu'elles choquent la bien-ſeance.

C'eſt vne choſe qui n'a jamais eſté traittée criminellement que le defaut de bien-ſeance; & l'extreme ſoin que l'on prend contre Moy d'obſeruer & rechercher ſi curieuſement juſques aux defauts de bien-ſeance, eſt vne preuue ſans replique de l'oppreſ-

sion qui m'est faite. Qui est l'homme qui peut dire n'auoir jamais manqué à la bien-seance, plus ou moins, selon les occasions, selon son temperament, & selon les emplois où il a esté
esleué? si j'en voulois faire remarquer contre mes Accusateurs, ie
le pourrois; mais ie me contente de parler du Procés.

N'est-ce pas vne chose qui choque la bien-seance en la personne d'vn Censeur & d'vn Magistrat, non seulement d'abandonner la defense des Priuileges de sa Compagnie, de ne s'opposer
pas à l'oppression d'vn particulier, de prester son nom au plus dé-
crié de tous les hommes, pour trauailler à vn Procés criminel où
il a interest? & que les extraits & les requisitions d'vn Partisan de-
noncé en Iustice, & coulpable, soient signées, authorisées, &
auoüées aueuglément par vn Procureur General? Qu'il ne dise
pas vn mot dans ses escritures, qui ne soit contre la teneur des
pieces, & contre la verité; Cela choque la bien-seance, sans doute, plus que des despenses faites par vn homme qui joüit de
grands reuenus, dont le Peuple profite, qui est obligé en quelque façon, pour se donner du credit, de faire ostentation de
beaucoup plus de bien qu'il n'en a, qui concerte ces choses auec
le premier Ministre, & qui par cette habilité sauue l'Estat, qui
estoit auparauant accablé quasi sans ressource.

*Il resulte des Registres de Bernard que depuis le mois de Feurier 1653.
jusques au dernier Decembre 1656. il a payé par ses mains en diuerses
fois au sieur Abbé Foucquet, ou pour luy & en son acquit jusques à la
somme de 202025. liures, sans compter ce qui luy a esté mis entre ses
mains pour distribuër à d'autres personnes, ny ce qui luy a esté payé pour
remboursement de sommes qu'il est dit qu'il auoit auancées : de sorte que
cette somme de 202025. liures est vne pure gratification.*

*Par vn billet escrit de la main de Bruant apostillé de l'Accusé qui est
du 22. Mars 1657. il paroist que diuerses sommes ont esté payées à diuerses personnes, & entr'autres au Sieur Abbé Foucquet son Frere 270000
liures, & à Monsieur de Narbonne 78800. liures.*

*fol. 26.   * Par vn billet escrit à la Dame du Plessis-Belliere le premier Ian-
verso.   uier*

uier 1658. il prie ladite Dame d'enuoyer querir son Frere, (c'est à dire, le Sieur Abbé Foucquet,) pour luy donner 25000. liures, & l'asseurer que cela ne manquera pas tous les trois mois : tellement que c'estoit vne pension de 100000. liures pour chacun an, payable de quartier en quartier : Et la datte de ce billet marque que les 270000. liures donnez en 1657. ne sont point partie de cette pension annuelle.

Par le premier Registre de Taffu, il se verifie qu'il auoit encore esté donné à l'homme du Sieur Abbé Foucquet 6701. liures pour Ham : c'estoit vne ville, de laquelle le Sieur Abbé Foucquet auoit le Gouuernement, & que l'Accusé destinoit pour luy seruir de place d'Armes. Il a esté donné à M. le Coadjuteur de Narbonne, & à feu M. l'Archeuesque de Narbonne en sa consideration 13524. liures 10. sols ; à M. l'Euesque d'Agde 46000. liures, en trois parties ; & à M. de Maupeou 27000. liures en deux parties.

Par le second Registre de Taffu, nous voyons qu'il a esté donné au Sieur Abbé Foucquet 25800. liures ; à Monsieur le Coadjuteur de Narbonne 57119. liures dix sept sols ; à Monsieur l'Euesque d'Agde 16081. liures ; au Sieur Foucquet Escuyer 24000. liures ; à Monsieur le President de Chalain 2500. liures ; à Monsieur l'Euesque de Chalons 30000. liures ; au Sieur Cheualier de Maupeou 30302. liures 13. sols.

Par le troisième Registre de Taffu, il est fait mention * qu'il a esté payé à la Dame Marquise de Charrost 7690. liures : à Monsieur le Coadjuteur de Narbonne 5100. liures : à Monsieur l'Euesque d'Agde 27900. liures : Au Sieur Foucquet Escuyer 2920. liures : à Monsieur le President de Chalain 2500. liures : à Monsieur l'Euesque de Chalons 30000. liures ; au Sieur de Maupeou 30302. liures treize sols.

* fol. 27. recto.

Par le quatrième Registre de Taffu, la Dame Marquise de Charrost paroist auoir receu 16180. liures ; le Sieur Abbé Foucquet 3500. liures ; le Sieur Foucquet Escuyer 6697. liures ; M. le President Chalain plusieurs sommes ; mais il y a diuers articles qui font mention, que c'est pour interests à luy deubs : Monsieur de Maupeou Maistre des

Bb

Comptes 3000. *liures: le Sieur Cheualier de Maupeou* 4950. *liures: Monsieur de Maupeou President à Bresse* 1500. *liures.*

On ne sçauroit connoistre les autres dons & gratifications faites par l'Accusé à ses Parents, d'autant qu'il y a quantité d'articles dans les comptes de Taffu & Pelliffon sous des noms differents, de la Dame du Pleffis-Belliere, du sieur Prieur de Bruc, des sieurs de Graue, Coduré, Gourville, Iannart, Pequet, & autres ; car il est impossible qu'ils ayent profité de toutes les sommes qui se trouuent payées sous leurs noms.

Entre les papiers de Pelliffon il y a vn billet de M. l'Euesque d'Agde du 28. Ianuier 1661. portant qu'il a receu 10000. liures, par les mains de Pelliffon, dont il a esté gratifié pour l'année 1661. Cette ** fol. 27.* somme de 10000. liures ne se trouue* pas mesme escrite en despense *verso.* dans le Registre de Pelliffon, ny dans celuy de Bosquet son Commis ; ce qui est vne preuue certaine, qu'il s'en faut bien que nous n'ayons lumiere de toutes les gratifications faites par l'Accusé.

Monsieur le President de Maupeou ne desniera pas, que l'Accusé son Parent ne luy ait presté 80000. liures en deniers comptans, lors qu'il achepta la Charge de President aux Enqueftes, auec cette condition qu'il ne sera obligé de les rendre que quand il vendra sa Charge, & sans interefts.

Il ne se trouuera point dans lesdits Registres, que les sommes payées au Sieur Abbé Foucquet, soient pour gratification; au contraire, il est prouué par les mesmes Registres, & par la confrontation du sieur Bernard, que la pluspart des sommes mises entre les mains dudit sieur Abbé Foucquet, ont esté pour porter à M. le Cardinal, ou à des particuliers par l'ordre de son Eminence; les autres pour payement de sommes empruntées de luy, & employées en recepte dans les mesmes Registres, & le surplus pour partie du payement du prix de la Charge de Chancelier des Ordres du Roy, que j'achetay de luy. Tout cela est prouué par les pieces qui sont au Procés; & neantmoins

mon Accusateur supprime la verité pour enoncer les choses
contre sa conscience.

C'est vne supposition de dire, qu'il soit parlé de pension
dans le billet escrit à Madame du Plessis. Il estoit deub de reste à
mon Frere l'Abbé 75000. liures, ne me trouuant pas en pouuoir de les luy payer en vn seul payement, je fis negocier auec
luy, qu'il se contentast d'estre payé en trois termes; & lors qu'il
en fut demeuré d'accord, je luy fis payer le premier, & l'asseuray
que je continurois, cela s'entend jusques à la fin de payement,
la somme, & non pas toute ma vie: car on sçait bien que nous
estions tres-mal en ce temps-là, & mesme que je ne le voyois
que rarement ou point du tout.

Six mil liures payez pour la garnison de Ham, estoient vne
despense du Roy; aussi bien que les appointemens de M. de
Narbonne & M. d'Agde, qui ont esté auancez sur des Ordonnances signées par M. de la Vrilliere, conjointement auec celles des autres Prelats qui entrent aux Estats de Languedoc, &
assignées par M. Seruien.

Il est vray que j'ay aussi payé à M. de Narbonne le prix de la
maison que j'achetay de luy, reuenduë depuis au sieur Monnerot.

Monsieur d'Agde m'auoit presté le prix prouenant de sa
Charge de Conseiller au Parlement, lors qu'elle fut venduë, il
l'a retiré à diuerses fois; de sorte que ce n'est pas gratification,
mais payement de mes debtes: ma Partie a veu la recepte de
tous ces articles dans les pieces qu'il a produites; aussi bien
que la despense, où il est dit, *sur ce qui luy reste deub*. Ainsi c'est
vne surprise manifeste contre la bonne foy, ou du moins contre la bien-seance à vne personne publique, d'alleguer des
choses dont le contraire est justifié par les mesmes pieces, desquelles il produit quelques articles tronquez pour donner de
fausses impressions. Il n'est point vray qu'il y ait vingt-quatre mil liures données à mon Frere le premier Escuyer; mais
bien vingt-huict mil liures receuës de luy, qui est vne cho-

ſe grandement differente.

En vn mot, toutes les parties contenuës en ces articles ſont payement de debtes, & non gratifications; la preuue eſt au Procés, tant à l'eſgard de mes Freres que de Monſieur de Chalain, auquel ie dois encor de tres-grandes ſommes. Et pour le ſieur Cheualier de Maupeou, il eſt pareillement prouué que c'eſt le reuenu d'vn droiɑ de Pariſis ſur la Riuiere, que Bruant receuoit pour luy

Les parties qui ſont employées pour ma Fille, ſont de la meſme qualité, Monſieur le Comte de Charroſt auoit fait mettre quarante mil liures des biens de Monſieur ſon fils, entre les mains de mes Commis, pour des meubles & autres deſpenſes de leur meſnage; mes Commis les ont deliurées à meſure qu'il y a eu quelque choſe à payer: Outre que l'on a pris ſoin de payer les appointemens du Marquis de Charroſt, ſur les Ordonnances du Roy, comme des autres Capitaines des Gardes; Et cela ne ſe nomme point gratifications, non plus que les appointemens de M. Talon: Quelle injuſtice eſt-ce à mon Accuſateur, d'auoir receu ſon payement par auance de Moy, ſur des aſſignations qui n'eſtoient pas bonnes, & trouuer eſtrange que i'aye fait auancer à vn Capitaine des Gardes du Corps les ſiens, parce qu'il eſt mon Gendre, & qu'il en auoit beſoin?

Les ſoixante mil liures payez à Monſieur de Chalons, ou à Monſieur ſon Frere, qui ſont le prix de la Charge d'Aumoſnier du Roy, dont M. Talon a parlé cy-deſſus, paſſeront-ils encore pour gratifications? L'on deuroit auoir honte de faire des crimes de toutes ces choſes, dont il n'y en a vne ſeule qui ne ſoit le payement de quelque debte legitime du Roy, ou des miennes particulieres; ſi ce n'eſt que l'on me faſſe voir quelque Ordonnance qui porte, qu'il eſt defendu aux Parents d'vn Sur-Intendant d'éſtre payez de ce qui leur eſt deu.

Il eſt

Il est ^encor vray que Monsieur d'Agde estant chargé de plusieurs pensions qu'il payoit sur ses Benefices, pour le soulager en quelque façon, ie luy ay fait toucher dix mil liures ; mais on ne deuoit pas dissimuler qu'elle est employée dans les comptes du sieur Pellisson & de son Commis ; car elle est dans l'vn & dans l'autre.

Ce que l'Accusé a donné & fait donner à ses amis & à ses creatures en pensions & gratifications, & en toutes sortes de manieres, ne se peut pas exprimer ; ce qui en est rapporté dans le Registre de Bernard, de Taffu, de Pellisson, & de Bosquet, n'en fait que la moindre partie ; & il y a grande apparence, que la meilleure partie de ses liberalitez, & mesme les plus secretes sont dans les Registres de Bruant qui ont esté diuertis, veu qu'il receuoit seul de bien plus grandes sommes, que Bernard, ny Taffu, ny Pellisson, ny Bosquet : Il y a quantité de billets auec ordre de payer sans en tirer aucun receu ; il y en a de payer aux sieurs de Graue & Codure tout ce qu'ils voudront.

ON a raison de dire, que ce que j'ay fait donner en pensions & gratifications, ne se peut exprimer ; le reste ne se pouuoit pas non plus dans l'ordre, au moins en la maniere qu'il a esté exprimé.

L'excuse qu'on prend sur les Registres du sieur Bruant n'est pas bonne ; mais quoy qu'il en soit, s'ils ont esté diuertis, cela n'est pas de mon faict : Le sieur Colbert ma partie sçait bien les raisons pour lesquelles il a fait intimider ledit sieur Bruant : Mais il y a apparence qu'il y a bien moins de Recepte & de Despense dans les Registres dudit sieur Bruant, que dans ceux de Taffu, puisque dans les comptes que ledit sieur Bruant me rendoit, il n'y auoit que la recepte & despense faite par mes ordres ; Et dans ceux que Taffu luy a rendus, il y a non seulement ce qui me regarde ; mais encore ce que ledit Bruant peut auoir desguisé sous mon nom, ce qu'il a fait receuoir pour luy-mesme, & ce qu'il peut encore auoir geré, à la priere de ceux de ma Famille ou d'autres, qui chargeoient ledit sieur Bruant de leurs

C c

affaires, fans ma participation, lefquelles il acceptoit affez volontiers.

Toutes ces parties ne fe trouuent pas dans les comptes que
Bruant me rendoit, & fe trouuent dans ceux de Taffu ; de forte
que le raifonnement de mon Accufateur fur ce fujet n'eft pas
bon.

Il eft vray qu'il y a des billets, pour payer des fommes fans
tirer aucun receu. On m'en a fait reconnoiftre vn de dix mil
piftoles pour M. le Cardinal, qui eft conceu au mefmes termes; & plufieurs autres en détail ont efté payez de mefme par
fon ordre, quand il me l'auoit donné verbalement, ou qu'il
me le mandoit ainfi, il falloit bien le faire. I'ay grand nombre
de billets de S. E. dans mes Papiers, qui portent formellement
les mefmes termes : Ie prie, &c. de payer vne telle fomme à vn
tel, ou au porteur fans rien retirer : Ie donnois le mefme ordre
en fuite à mes Commis, parce que ie fçauois bien fur quoy il
m'en tenoit compte.

De plus, lors qu'vn homme m'auoit remis fon Ordonnance entre les mains, auec fa quittance ou fon billet, fi ie luy voulois faire aduancer l'argent, il falloit bien que ce fuft fans rien
retirer, autrement il euft donné double receu.

A l'efgard du fieur Codure, il n'a receu que de petites parties,
peu confiderables pour luy, le refte a efté fur des ordres de M. le
Cardinal : Mais pour M. de Graues, ie m'en fuis expliqué par
mon Interrogatoire, la Reyne Mere me fera bien l'honneur de
declarer, que ce font Aumofnes faites par fon ordre, lefquelles
elle auoit ordonné que l'on deliurât audit fieur de Graues, pour
les diftribuër à mefure qu'elle le diroit, quelquesfois plus, &
quelquesfois moins, jufques à la concurrence de la fomme qui
eftoit deftinée ; mais elle ne vouloit pas que cela fut publié,
comme on ne fait gueres en matiere d'aumofnes ; c'eft vn affez
bon tefmoin, & ie n'aurois pas la hardieffe de citer fa Majefté,
fi la chofe n'eftoit veritable ; mais de plus j'en ay la preuue
dans mes Papiers.

L'on a trouué entre les Papiers de l'Accusé trente huict comptes de Bernard, calculez, arreſtez & ſignez, qui ſont depuis le mois de Feurier 1653. que l'Accusé fut fait Sur-Intendant, juſques au dernier Decembre 1656. c'eſt à dire, pour trois ans * dix mois. La recepte entiere ſe monte à treize millions cent ſept mil deux cens quatre-vingts vnze liures 8. ſols, de cette ſomme il y en a 3318283. liures 19. ſols de ſommes empruntées ; 340714. liures 14. ſols d'appointemens & gages ; & 210066. liures pour intereſts de ſommes preſtées à l'Eſpargne : preſque le ſurplus eſt composé de billets de l'Eſpargne, d'Ordonnance de comptant, & de ſommes receuës de Traittans & Gens d'affaires. Cette ſomme de 13107291. liures 8. ſols, eſt conſommée ; ſçauoir, en rembourſemens de principaux & intereſts de ſommes empruntées ; enſemble pour tarre d'eſpices & arrerages de rentes. 6147782. liures 6. ſols 3. deniers : en deniers payez à des particuliers & à des Gens d'affaires & de Finance pour debtes & autres ſommes qui y ſont expliquées. 1512000. liures 2. ſols 3. deniers, en deniers payez à des particuliers, la pluſpart perſonnes de la Cour, ſans que la cauſe des payemens y ſoit expliquée, 2967241. liures 10. ſols : en deniers mis entre les mains de l'Accusé & de Madame ſa Femme, ou payez par leurs ordres. 1393175. liures 7. ſols, en deniers payez, tant pour la deſpenſe de la Maiſon de l'Accusé, que pour achepter des meubles, fournitures & parties de Marchands, ouurages faits dans les Maiſons de Paris & Belle-Aſſiſe, gages & recompenſes de domeſtiques, & autres parties concernant le domeſtique 804628. liures 7. den. pour la deſpenſe faite aux baſtimens jardins & fontaines de Vaux. * 693620. liures 14. ſols 4. den. en deniers payez pour les baſtimens, jardins, & autres ouurages de S. Mandé 327606. liures 11. ſols ; en deniers payez pour acquiſitions 189958. liures 10. ſols ; Les receptes & les deſpenſes qui ont ſuiuy, ſont bien plus grandes à proportion du temps. On n'a point trouué de Regiſtre, ny de comptes des ſommes receuës & debourſées par de Lorme, ce qui fait vn vuide conſiderable ; mais par ce qui a precedé & ſuiuy, il eſt aisé de conclurre, que ce milieu n'a pas eſté plus innocent, que les autres temps ; & la meſ-intelligence, qui ſuruint à la fin de 1657. entre de Lorme & l'Accusé,

* fol. 28. recto.

* fol. 28. verſo.

fait qu'il ne reste aucun vestige de ce qui s'est passé pendant la Com-
mission de de Lorme.

LA malignité paroist toute entiere, dans le calcul fait par ~~quelques vns d'vn despecher~~ mon Accusateur, sur les extraits de Berryer, de cette somme de treize millions & tant de mil liures, employée dans les comptes de Bernard ; c'est beaucoup qu'il ait bien voulu auouër, qu'il y en a eu enuiron quatre millions de sommes par Moy empruntées ou receuës pour mes appointemens & autres causes legitimes : Il auroit dû encores expliquer que le surplus, qu'il dit auoir esté receu, ne l'a pas esté ; mais que ce sont Papiers qui ont esté deposez entre les mains dudit sieur Bernard, ou de la part de M. le Cardinal ou d'autres, & qui ne sont qu'entrée & issuë, estans employez en dépense en la mesme nature de Papiers, qu'ils auoient esté mis en Recepte, sans qu'il en ait esté touché vn sol ; le surplus, comme j'ay dit cy-deuant, s'expliquera en détail sous les cottes, si on m'en donne le loisir, le discours en seroit icy trop long ; mais il y aura bien des diminutions à faire sur ces calculs.

Et à l'égard des comptes du sieur de Lorme, dont on a parlé tant de fois, ils sont dans l'imagination de mes Parties seulement ; car il n'y en a jamais eu : Le sieur de Lorme n'a jamais tenu de Registre pour Moy, ny rendu de comptes, ny fait de dépenses domestiques ; on a pû le sçauoir de luy depuis le temps que je suis arresté, encore que M. Talon demeure d'accord qu'il soit en mes-intelligence depuis 1657. ie suis certain qu'il ne peut auoir rien dit de contraire à ce que i'ay répondu lors de mon Interrogatoire, dans vn temps que i'estois bien enfermé.

Aussi est-il euident que pendant que le sieur de Lorme estoit dans l'Employ pour les affaires du Roy és années 1655. 1656. & 1657. que c'estoit le sieur Bernard qui auoit soin de ces dépenses domestiques, ces comptes qui sont au Procés en font foy, & que ie n'ay rien détourné : il m'eust esté bien facile de les mettre au feu si i'eusse voulu.

Les comptes du sieur Bernard qui m'ont esté representez fi-
niffent

niſſent en Decembre 1656. & l'on a ſupprimé, ou du moins, on
ne m'a pas fait voir ceux du meſme Bernard de toute l'année
1657. & commencement de 1658. lequel n'a pas laiſſé de faire
vne partie de la Recepte & Deſpenſe pendant ce temps; mais
il la fit moindre qu'és autres années, à cauſe de ſon indiſpo-
ſition, laquelle m'obligea de retirer de luy la pluſpart de mes
Papiers, & en charger le ſieur Bruant en ſa place.

Il faut encore obſeruer que les comptes de Taſſu, qui com-
mencent au mois de May 1657. ne ſont pas les premiers qu'il
auoit rendus de ladite année 1657. comme il paroiſt par le premier article de la Recepte, qui fait mention d'vn compte precedent, & il n'eſt pas croyable que Taſſu dévoüé à mes Parties, &
qui a porté luy-meſme ſes comptes au ſieur Colbert, n'ait pas
en meſme temps liuré tous les autres; de ſorte qu'il y a apparence que les comptes du ſieur Bernard pour toute l'année 1657.
& les premiers de Taſſu, pour la meſme année, ne ſont pas retenus & ſupprimez par mes Parties ſans quelque raiſon, qui doit
eſtre ſuſpecte, tout leur procedé eſtant plein d'artifice; j'eſpere que ie trouueray la raiſon de cette ſuppreſſion ; mais enfin
il eſt conſtant que mes Parties ont eu les comptes de 1657. entre les mains.

Où eſt donc l'interuale duquel parle mon Accuſateur ? &
par lequel il veut prouuer, que le ſieur de Lorme a rendu d'autres comptes domeſtiques, puis que non ſeulement il n'y a aucun interuale entre ceux dudit ſieur Bernard & de Taſſu; Et de
quel front oſe-t'on dire qu'on n'ait point trouué de recepte ny
deſpenſe faite par le ſieur de Lorme? puis que dans les Papiers
qu'on m'a bien voulu communiquer, il y en a pour de notables
ſommes, ſans ceux qu'on a ſupprimez, à cauſe que le total de
l'employ eſt pour aduances par ordre de M. le Cardinal, &
pour le ſeruice du Roy.

*Les copies des billets & promeſſes données par Bruant aux Trait-
tans, & Gens d'affaires qui ont eſté trouuez au nombre de trente-cinq,
ſe montent à 2907550 5. liures, & il eſt aiſé de juger, ou que les autres ont eſté ſupprimez, ou qu'on a negligé de les garder, n'eſtant
pas croyable qu'il n'y ait eu que trente-cinq billets pendant les années*

1657. 1658. 1659. *&* 1660. *& qu'il n'y en ait point eu en* 1661.

CET ARTICLE eſt plein de mauuaiſe foy.

Mon Accuſateur pretend qu'il y a trente-cinq copies de Billets & Promeſſes données par Bruant aux Traittans & Gens d'affaires pour vingt-neuf millions, depuis 1657. juſques en 1660. Et cependant i'ay verifié ſous la cotte où ces trente-cinq copies ſont produites, qu'il y a vingt ou vingt-cinq millions à retrancher de cette ſomme, pour des doubles & triples emplois, & pour des extraits de comptes, qui ne ſont rien moins que des copies de Promeſſes.

A l'égard de ce qu'il aduoüe pour 1661. qu'il ne s'en trouue pas, c'eſt vne preuue toute entiere, que depuis la mort de M. le Cardinal, l'ordre a eſté reſtably, & que c'eſtoit luy ſeul qui eſtoit cauſe de la confuſion laquelle a ceſſé par ſa mort.

Il y a preuue par les declarations & reſponſes des Treſoriers de l'Eſ-pargne lors des Procés verbaux, que Bruant a receu plus de cinquante millions de liures par chacune des années 1658. 1659. 1660. *&* 1661.

IE n'ay pas veu encore ces declarations, en les voyant j'y reſpondray; mais quoy que ie ne puiſſe pas auoüer tout ce que le ſieur Bruant a pû faire ſans mon ordre, puis qu'il y a preuue au Procés que j'ay eſté le premier à m'en plaindre; je ſçay bien neantmoins que cela eſt impoſſible, & qu'il peut bien auoir ſollicité des expeditions contenans de grandes ſommes; mais non pas qu'il ait touché ces ſommes; c'eſt M. le Cardinal ou ſes Commis qui ont receu preſque tout ce qui a eſté d'argent comptant, le reſte n'eſtoit que du papier. En effect, il n'y a point de proportion, dans les ſommes contenuës dans les comptes de Taſſu, qui ſont toutes celles que Bruant a touchées en argent, n'ayant pas d'autre Commis qui receuſt ſes deniers: Et ces meſmes comptes que le ſieur Colbert a acheptez de Taſſu, font vne preuue concluante, & vne conuiction certaine, que luy & M. le Cardinal ſon Maiſtre, ou ceux qui faiſoient les maniemens ſous ſes ordres, ont receu tout le ſurplus; mais qu'ils en ont fait ſolliciter les auances & les expeditions par mes Commis:

Le sieur Colbert qui auoit des-ja son dessein, ayant esté assez artificieux pour ne vouloir pas que son nom fut escrit aux Espargnes, afin de rejetter le tout sur les autres, qui n'ont pas esté assez deffians pour s'en garentir.

On n'a point trouué de Registre ny de comptes de Bruant, mais on a recouuert quatre Registres de Taffu son Commis qui auoient esté diuertis.   * fol. 29. recto.

La recepte du premier Registre de Taffu monte à 1981716. liures 18. sols 10. deniers, laquelle somme est employée & consommée en deniers payez sur les ordres de l'Accusé & de Bruant à plusieurs particuliers ; toutes ces sommes accumulées montent à 948074. liures 4. sols 8. deniers : en despenses domestiques de l'Accusé à 207863. liures 6. sols 8. den. en la despense de Vaux à 71054. liures 8. sols ; en la despense de S. Mandé 46174. liures 15. sols : en la despense domestique de Bruant, & pour acquiter les billets 493240. liures 19. sols 6. den. en deniers payez à M M. du Conseil, & à diuers Officiers des Cours Souueraines 43569. liures 13. sols ; & en deniers payez pour arrerages de rentes, interests & pensions viageres 66160. liures : en deniers payez sur billets de l'Espargne montent à 32700. liures : en gratifications & pensions 7770. liures, en deniers payez à M. Iannart à 15000. liures : en deniers payez à Bernard à douze mil huict cens liures.

La recepte du second Registre de Taffu monte à 5842063. liures 2. sols, laquelle recepte a esté employée & consommée en la despense de la Maison de l'Accusé, & en achapts de meubles, dont les sommes montent à 287447. liures 6. sols 1. denier : Il en a esté cy-deuant parlé en billets ou ordres de Monsieur Foucquet : Lettres de changes payées ou fournies, dont les sommes montent à 385016. liures 6. s. 6. den. en acquisitions à 43586. liures 12. sols 9. deniers ; * en ouurages faits aux Maisons montans à 70768. liures 12. sols ; en despense pour Vaux à 260640. liures 19. sols : en despense faite à Saint Mandé à 75287. liures : aux affaires de Bretagne, l'Isle-Dieu & Marmes à 3306. liures 17. sols ; en affaires particulieres de l'Accusé, rentes par luy deuës ou amorties à 326810. liures 11. sols : en argent   * fol. 29. verso.

fourny à M. Iannart à 41000. liures ; en billets de Rouſſet & Courtois acquitez, ou lettres de Change par eux tirées à 84817. liures 6.
ſols : la plus grande partie de cette deſpenſe eſt encore pour la Maiſon de Vaux : en billets ou ordres de Bruant acquitez, ou lettres de
change tirées ſur luy à 206951. liures 4. ſols 6. deniers : en gages
du Conſeil, penſions ou gratifications payées par ordre de Bruant à
255475 liures : en gratifications aux Seigneurs de la Cour & Officiers
à 74500. liures : en gratifications & penſions à des Dames de la
Cour à 245528. liures 13. ſols : en argent payé à la Dame du Pleſſis
Belliere & au ſieur Prieur de Bruc à 204498. liures 2. ſols : en billets de l' Spargne acquitez par l'ordre de l'Accuſé à 180991 liures
13. ſols : en argent fourny pour le Roy ou pour les Officiers de ſa Majeſté à 11800 liures : en argent fourny à Bernard à 24441. liures : en penſions, rentes, benefices ou parts accordées à des particuliers dans les affaires à 65082. liures 16. ſols : en gratifications &
penſions à 16120. liures : en aumônes à 15680. liures : en deſpenſe de
la maiſon de Bruant, achapts de meubles & argent donné à la Dame
Bruant * à 25942. liures 9. ſols : en argent comptant ou billets donnez à Bruant à 939701. liures 3. ſols : en argent payé à Guinant à
33000. liures : en argent payé à M. le Coadjuteur de Narbonne à
57119. liures 17. ſols. C'eſt la meſme ſomme dont il a eſté cy-deuant
parlé : en gratifications, menus dons, & recompenſes à 4656. liures ;
& en argent donné à Iarnay à 13229. liures.

La recepte du troiſiéme Regiſtre de Taſſu monte à 5601592. liures
18. ſols 2. deniers, laquelle ſomme a eſté payée & conſommée en diuerſes parties, payées ſur les billets ou ordres de l'Accuſé ou de Bruant,
qui montent à 3458860. liures 16. ſols 9. deniers, le ſurplus eſt diſtribué ; ſçauoir, en deniers payez pour le domeſtique de l'Accuſé à
371407. liures 5. ſols, dont il a eſté cy-deuant parlé : en la deſpenſe
de Vaux 268018. liures 17. ſols : en la deſpenſe de Saint Mandé
19884. liures 13. ſols : en ſommes payées pour le domeſtique de
Bruant, & beaucoup d'autres ſommes mentionnées en vn chapitre
particulier, ou il y a pluſieurs noms en blanc 1055534. liures 17. ſols
7. deniers : En gages du Conſeil, & penſions payées à des Officiers
des Cours Souueraines 153700. liures : En ſommes payées pour arrerages

* fol. 30.
recto.

rerages de rentes deuës par l'Accusé 70307. liures 12. sols 8. den. en gratifications, presens, & pensions 8740. liures : en argent fourny à la Dame du Plessis-Belliere 10000. liures : en argent fourny à M.e Iacques Iannart 6,730. liures : en deniers manuellement fournis à l'Accusé & à Madame sa Femme 2300. liures : en deniers pour employer aux acquets de l'Accusé 23671. liures 13. sols : En sommes * payées sur les billets de Bernard 2600. liures : en argent fourny à Iarnay 2100. liures, & en sommes payées sur quelques billets de l'Espargne 7600. liures.

* fol. 30. verso.

La recepte du quatriéme Registre de Taffu, monte à 2539181. liures 8. sols 8. deniers ; cette somme a esté employée & consommée en plusieurs sommes, payées par les ordres de l'Accusé & de Bruant, montant à 1135099 liures 3. sols 10. deniers, & le surplus distribué; sçauoir, en la dépense de la Maison de l'Accusé à 248178 liures 8. sols, il en a esté cy-deuant parlé : en la despense de Vaux 27410. liures 16 sols ; en la despense de Saint Mandé 8310. liures 2. sols : en deniers payez au domestique de Bruant & pour ses affaires 591350. liures 1. sol 3. deniers ; en gages & pensions du Conseil & des Compagnies Souueraines 255421. liures 5. sols : en sommes payées pour arrerages de rentes deuës par l'Accusé, pensions viageres & interests 53238. liures 2. sols 6. den. en sommes payées pour aumônes 26800. liures : en payemens faits sur billets de l'Espargne 4850. liures : en sommes payées à la Dame du Plessis-Belliere 31260. liures 9. sols 8. deniers : en sommes payées à des Dames 35206. liures, en sommes payées à M.e Iacques Iannart 15000. liures : en sommes payées à Iarnay 9623. liures 10. sols, & en argent donné à Bernard 68803. liures 15. sols 8. deniers.

Par cét eschantillon il est aisé de juger qu'elle a esté la conduite de l'Accusé, les 16697000. liures, dont est composée la recepte des quatre Registres de Taffu, procedant de deniers receus * des Fermiers & des Traitans, & par l'examen & le destail qui vient d'estre rapporté, il paroist que l'employ de cette somme n'a pas esté pour le seruice du Roy, & qu'au contraire elle est consommée en des despenses la pluspart inutiles au public, & qu'elle est appliquée pour la meilleure partie à son vsage particulier.

* fol. 31. recto.

E e

Pvis qu'on repete au commencement de ce difcours encore vne fois, que l'on n'a pas trouué les Regiftres du fieur Bruant;
Ie fuis obligé de repeter, que l'on n'a pas voulu trouuer, ny ledit fieur Bruant, ny fes Regiftres, & qu'on a bien voulu qu'il fe
retiraft; le fieur Colbert en fçait bien les raifons ; Il luy a fait
donner l'allarme, afin qu'il ne demeuraft pas, & a fait precipi-
ter fon Procés, de peur qu'il ne fe reprefentaft.

Pour fes Regiftres, j'ay def-ja dit que ceux de Taffu contiennent toute fa recepte & defpenfe ; mais ils nè font pas preuue que ce foit par mes ordres.

Voicy la feconde ou la troifiefme fois, que l'on parle de ces
mefmes Regiftres de Taffu ; apres les auoir exagerez en gros la
premiere fois, on a pris en détail les defpenfes par vne autre maniere, auec vne exageration plus forte : Et voicy vne autre fub-
diuifion de chacun de fes Regiftres, moins veritable que les
deux premieres ; foit qu'on ait eu regret de n'auoir pas affez dit
les deux premieres fois, foit pour furprendre les efprits, afin
qu'on croye, que c'eft encore quelque chofe de different : En
tous lescas, il paroift que celuy qui a dreffé ces Efcritures, n'a pas
crû que j'en deuffe auoir cómunication ; car dans le détail j'en
feray voir la fuppofition & le déguifement, fi on m'en donne
le loifir : On jugera fi c'eft par efprit de Iuftice que les chofes fe
traitent de la forte ; Si ces manieres extraordinaires doiuét eftre
tolerées en vn Procés criminel, fi jamais on a fait de fembla-
bles diftinctions à celles qui font dans ces extraits ; fi ce trauail
de dix-huict mois fur les Regiftres de l'Efpargne, eft bien fidel-
le, puifque la plufpart des parties contenuës en ces comptes
font employées à l'Efpargne, & juftifiées eftre defpenfes du
Roy faites en confequence de fes Ordonnances, & neantmoins
on n'a pas voulu en faire l'explication d'vne feule, & que l'on
fait tout paffer par des chapitres ou extraits de differentes gratifications faites par Moy, les vnes fous le nóm de Seigneurs, les
autres d'Officiers, les autres de Dames & Damoifelles, entre lefquelles pourtant on nomme des Archeuefques, & puis on fait
vn petit chapitre pour le Roy, contenant des Meffes & Prieres,

que ie fis dire pendant fa maladie, pour le recoûurement de la
fanté de fa Majefté, qui eft la feule defpenfe que j'aye faite dans
les Finances, fans l'ordre de M. le Cardinal.

Ie ne me lafferay donc point de repeter, Que ces Regiftres de
Taffu, ne font point de preuues à mon efgard, que ie les def-
aduoüe, que ie ne connois point Taffu, & que ie ne le vis jamais, puifque ma Partie ne fe laffe point de m'alleguer toûjours ces mefmes Regiftres, qui doiuent eftre rejettez du Procés, & ne peuuent faire charge contre Moy, quand il y auroit
quelque chofe de mal, & que ie ne fçay pas: Auffi MM. les
Commiffaires qui ont inftruict le Procés, l'ont fi bien prejugé
de la forte, qu'apres m'auoir reprefenté deux de ces quatre Regiftres, ils retirerent les deux autres, & ne voûlurent pas continuër à me les faire voir, fur le feul fondement que c'eftoient
pieces eftrangeres à mon efgard, efcriture inconnuë, Regiftres
tenus fans mon ordre, par vn homme qui n'eftoit point mon
domeftique, qui ne m'a point efté confronté, & par confequent
n'eft d'aucune confideration au Procés.

Ie feray d'autres remarques en temps & lieu fur la qualité des
extraits qui en ont efté tirez, lefquels ont efté produits fous differentes cottes, comme fi c'eftoient pieces effentielles & de-
cifiues.

Il me fuffit à prefent de dire, que ce font pieces qui de foy ne
prouuent rien ; & quand elles prouueroient quelque chofe, ce
ne feroit pas contre Moy, qui ne les ay ny veus, ny arreftez,
ny apoftillez.

*Les receptes faites par Pelliffon en vne année onze mois huict
jours, montent à* 377125 0. *liures* 5. *fols, qui ont efté auffi confommées, fçauoir, en billets de l'Accufé payez aux porteurs, & en
ordres de l'Accufé donnez par efcrit, & de bouche à* 497585.
*liures; En deffenfes ordinaires & particulieres de la Maifon de
l'Accufé, & menus ouurages à* 596159. *liures* 4. *fols, de ce dernier
article il en a efté cy-deuant parlé: en argent comptant mis és mains
de l'Accufé à* 55300. *liures: en acquifitions de Terres, Maifons, droits,*

rentes, *& autres affaires particulieres à* 201816. *liures* 2. *fols : à*
M. *Iannart aussi pour acquisitions, frais de Iustice & a utres affai-*
res particulieres à 56756. *liures ; à Pequet pour employer en achapts,*
negociations & affaires particulieres & domestiques à 92614. *liures*
15. *fols : à Iarnay pour negociations & affaires particulieres* 66300.
liures ; au fieur de Graues pour affaires fecretes & particulieres à
152800. *liures ; au fieur Gargot pour affaires particulieres* 13500. *liu.*
Pour Belle-Isle, affaires de Marines, & lettres de change concernant
icelles 31408́6. *liures* 14. *fols ; pour billets de l'Espargne Ordonnan-*
ces assignées & non assignées, acquits patents, acquits fauorables
pour * *diuers particuliers & negociez* 177051. *liures ; argent porté*
au Roy ou payé pour les affaires de fa Majesté 268087. *liures.* On
peut dire qu'il n'y a quasi que cette fomme qui foit entrée au
profit du Roy. *Pour argent payé aux Seigneurs de la Cour & Of-*
ficiers des Maifons Royales 37,903. *liures ; argent payé à des Dames*
de la Cour 142122. *liures* 10. *fols ; argent payé pour Vaux* 8000.
liures ; Pour Saint Mandé 9967. *liures ; Gratifications, penfions &*
gages du Confeil, & autres Compagnies Souueraines 110500. *liures.*
Autres gratifications, recompenfes, menus dons & aumônes, 29974.
liures 10. *fols.*

* *fol.* 31.
verfo.

Il doit y auoir vn autre compte plus exact & ample, qui m'a
efté rendu par le fieur Pelliffon, & a efté apoftillé par Moy. I'en
rendrois bonne raifon, s'il eftoit neceffaire.

Ie diray feulement qu'il ne faut pas calculer comme a fait ma
Partie ; mais qu'il faut premierement diftinguer toute la recepte faite par emprunts, ou de quelque nature qu'elle foit, d'a-
uec la recepte faite fur billets de l'Efpargne & Ordonnances ; &
apres auoir fommé la recepte defdits Billets & Ordonnances,
voir fi dans la dépenfe il y a autant d'argent defbourfé pour
payemens d'autres Billets & Ordonnances, & dépenfes du
Roy, qu'il en a efté receu ; & par ce moyen l'on verra clairement deux chofes : La premiere, qu'il a efté moins receu des deniers que l'on puiffe dire auec quelque couleur, auoir efté au
Roy, qu'il n'a efté fait de dépenfes pour le Roy.

La

La seconde, que par la lecture des articles il est nettement iustifié, que i'en auois fait la dépense, & desboursé les deniers auant que d'auoir retiré les Ordonnances & Billets, lesquels il a fallu faire assigner, & souuent reassigner faute de fonds, puis attendre l'écheance des termes des assignations données en payement; Et par vne consequence necessaire, on conclurra que les sommes receuës de la sorte par mes Commis, prouenantes des Billets dont le payement auoit esté fait de mes deniers long-temps auparauant, n'estoient plus des deniers du Roy, mais des miens, & n'ont pas dû estre distinguez de mes autres affaires domestiques, ny des emprunts par Moy faits dans les comptes de mes Commis.

A l'égard du surplus des dépenses, dont les fonds par les mesmes comptes sont iustifiez proceder d'emprunt, ou d'autres receptes de mes effets, il est inutil de les discuter, chacun faisant de son bien ce qu'il luy plaist, auec liberté d'en emprunter, s'il n'en a pas suffisamment pour fournir à ses dépenses; En quoy le Roy ne se trouue pas interessé; au contraire, il a tiré de grands auantages par ce moyen, de choses qui ne luy coustoient rien: I'en feray le calcul en détail, si on m'en donne le temps, & ce calcul sera plus fidele que celuy de mes Parties.

Mais en attendant pour faire voir vn échantillon de cette surprise, afin qu'on ne croye pas que ce que je dis icy, soit vn discours fait à plaisir, il ne faut autre chose qu'examiner quel peut-estre le fondement de la distribution des Chapitres de dépenses, ou distinctions d'extraits faits & produits par ma Partie.

Le premier, dit-il, en billets de l'Accusé ou de Bruant payables aux Porteurs.

Le second, en ordres de l'Accusé, donnez par escrit, ou de bouche. Qui est-ce qui peut jamais comprendre cette distinction, *entre billets de Moy*, qui font le premier; & *ordres de Moy par escrit*, qui font le second?

Le troisiéme, extrait en dépenses de la maison & ouurages.

Le quatriéme, en argent comptant mis en mes mains.

F f

Le cinquiéme, en acquifitions.

Le fixiéme, à M. Iannart.

Le feptiéme, au fieur Pequet.

Le huictiéme, à Iarnay.

Le neufiéme, au fieur de Graues.

Le dixiéme, au fieur Gargot.

Le vnziéme, pour Belle-Ifle.

Le douziéme, en billets de l'Efpargne, Ordonnances & Acquits-patents.

Le treiziéme, en argent porté au Roy, ou pour affaires de fa Majefté.

Le quatorziéme, en argent payé aux Seigneurs de la Cour, & Officiers des Maifons Royales.

Le quinziéme, pour des Dames de la Cour.

Le feiziéme, pour Vaux.

Le dix-feptiéme, pour S. Mandé.

Le dix-huictiéme, pour gages & penfions d'Officiers de Compagnies Souueraines.

Le dix-neufiéme, autres gratifications, recompenfes, menus dons, & aumônes.

Ie demande donc à mon Accufateur, fi de ces dix-neuf fortes d'extraits, les dix-fept derniers font par mon ordre, ou fans mon ordre.

S'ils font fans mon ordre & defauouëz par Moy, il ne faut pas me les imputer. S'ils font de mon ordre, foit écrit ou verbal, pourquoy ne font-ils pas confondus dans les deux premiers extraits; qui font, l'vn des dépenfes fur mes ordres & billets; & l'autre de dépenfe fur mes ordres par écrit & de bouche, qui font la mefme chofe?

Ou bien, pourquoy les fommes contenuës en ces deux premiers extraits, ne font-elles pas feparées dans les autres felon la nature de la dépenfe?

Car il ne s'agit pas icy de fçauoir en quelle forme j'ay donné l'ordre, cela feroit bon entre mon Commis & Moy, en cas que je niaffe luy auoir donné aucun ordre; pour m'en faire fouue-

nir, il r'appelleroit ma memoire par les autres circonſtances:
Mais à l'égard de mon Accuſateur, ſi j'ay ſigné & arreſté les
comptes, ſi j'ay reconnu mon écriture, il fait mal à propos vne
diſtinction de mes ordres où il n'y a point de diſtinction : Et
de plus, comme j'ay dit, tous les autres extraits deuroient eſtre
confondus dans ces deux premiers.

. . De plus, il faut encore ſçauoir, pourquoy on fait des chapitres ſeparez de ce qui eſt pour le Roy & pour les Officiers de ſa
Maiſon, pourquoy l'on ne veut pas appeller dépenſe du Roy
les payemens faits pour des Billets, Ordonnances, & Acquits-
patents; ceux faits aux Seigneurs & Dames de la Cour; ceux des
Officiers des Cours Souueraines, ſur les Ordonnances ou Billets employez ſous leurs noms à l'Eſpargne; de tous leſquels
payemens on fait cinq Chapitres ſeparez, & cela artificieuſe-
ment, afin de reduire celuy que l'on met ſous le nom du Roy
à vne moindre ſomme; Pourquoy les dépenſes de ces deux premiers Chapitres ou extraits, pour auoir eſté payées ſur mes ordres, par écrit ou de bouche, ſont-elles moins dépenſes du Roy
que les autres?

Quand le Roy me commande de payer M. de Turenne, ou
le Threſorier de l'extraordinaire des Guerres, & que ie mande à
mon Commis, pour ſatisfaire plus promptement au commandement du Roy, de payer cette ſomme en diligence, & donner
l'argent qu'il pourra trouuer pour cét effect: Pourquoy, dis-je,
à cauſe que j'ay eſcrit qu'on les payaſt, cette deſpenſe change-
t'elle de nature, & ne s'appelle plus deſpenſe du Roy? Mais
pour en faire vne diſtinction imaginaire, & ſurprendre le Le-
cteur, on en fait vn Chapitre ſeparé, & on y met pour tiltre,
Payemens faits ſur les billets de l'Accuſé aux Porteurs: Car l'v-
ne & l'autre de ces deux deſpenſes que j'ay miſes icy pour exemples, & de M. de Turenne, & du ſieur Charron, Threſorier de
l'extraordinaire, Oncle du ſieur Colbert, y ſont toutes deux
dans le premier extraict pour 166000. liures, & on les oſte de
l'extraict du Roy; Et puis M. Talon parlant de l'extraict où il
a voulu reduire les deſpenſes pour le Roy, adjouſte ces paroles,

On peut dire qu'il n'y a quaſi que cette ſeule deſpenſe qui ſoit au profit du Roy: Donc il rejette le payement des Troupes, des Generaux d'armées; il ne veut plus qu'on paye les Officiers de la Maiſon Royale, les Officiers de la Couronne, les Seigneurs de la Cour, les appointemens d'Officiers de Cours Souueraines; il condamne tous ces payemens.

En verité, n'eſt-ce pas abuſer de l'authorité de ſa Place, de ſouffrir que pour opprimer vn homme on auance ces diſcours? Peut-on douter de l'eſprit qui anime mes Parties, apres vne preuue ſi claire de leurs intentions? Ne doit-on pas tenir pour ſuſpect tout le reſte de ce qui eſt plus obſcur dans le Procés? puis qu'en vne matiere ſi claire on a bien l'aſſeurance d'impoſer aux Iuges, & que je n'ay pas aſſez de liberté maintenant pour éclaircir tout le reſte, comme j'eſpere à l'auenir.

Il y a auſſi les trois eſtats du Regiſtre de Leſpine. La recepte du premier monte à 357919. liures. La recepte du ſecond à 2122549. liu. La recepte du troiſiéme à 351187. liures. Le Demandeur ne parle point de la conſommation de ces trois ſommes, parce qu'elles ſe trou‑ uent plus vtilement employées que les autres, & neantmoins il y a encore pluſieurs parties diſtribuées aux amis & creatures de l'Accuſé.

MON Accuſateur me fait vne grande grace de ne point par‑ ler des dépenſes de Leſpine, je luy en ſuis fort obligé; mais je le ſerois dauantage s'il en auoit parlé, & qu'il euſt dit que la preu‑ ue eſt conſtante & claire comme le jour, que j'ay auancé de mon propre argent ou de celuy de mes emprunts pluſieurs mil‑ lions, pour eſtre diſtribuez par M. le Cardinal depuis la mort de M. Seruien, ſans que Moy ny mes Commis ayons receu les décharges pour l'Eſpargne que long-temps apres; ce qui peut auoir porté le ſieur Bruant de ſon chef à en fournir de mauuai‑ ſes, en attendant les bonnes, crainte d'eſtre ſujet à des con‑ traintes par corps, s'il donnoit ſes promeſſes à l'Eſpargne; car enfin ledit ſieur Bruant doit auoir retiré les bonnes, quelque part qu'elles ſoient. Voila ce qu'il falloit ne pas taire ſur les

comptes

comptes de Lespine. Il falloit expliquer que les auances mentionnées dans lesdits comptes, ont produit des remboursemens
qui m'appartenoient; que si j'ay fait receuoir par d'autres Commis les remboursemens, j'ay pû les employer par leur ministere, à tout ce que bon m'a semblé, puis qu'ils m'appartenoient.
Il faut que mon Accusateur s'arreste-là tout court, il n'a rien à
dire; & cependant ce silence est vn consentement, duquel je tire
la justification de tous les autres comptes de la mesme datte, &
des posterieurs : car voila l'origine de la recepte. Pour ceux qui
sont anterieurs, i'en ay d'autres preuues dans les comptes du
sieur Bernard, où il n'y a point de replique. Ie les expliqueray
en examinant la Production que mon Accusateur en a faite.

*Et pour monstrer que ces gratifications n'estoient pas données par vn
pur motif de liberalité, mais par des motifs d'ambition ; Il y a vn memoire escrit de la main de la Dame du Plessis-Belliere, intitulé, Memoire des Gens à qui M. le Procureur General a fait du
le mot n'est point acheué. Il est aisé d'entendre que c'est à qui M.
le Procureur * General à fait du bien. On peut assez presumer de ce
qui y est contenu, que l on se seruoit des deniers du Roy pour tenir
des personnes de toute sorte de condition, dans vn attachement &
vne dependance aueugle.*

* fol. *32.*
Recto.

CETTE induction est admirable & la piece curieuse ; c'est
vn memoire non signé ny datté, qui n'est point écrit de ma
main, qui ne m'a esté representé qu'en Fevrier 1663. depuis
l'Arrest qui ordonne, que j'auray communication de la Production. Ce memoire donc ne peut jamais auoir esté bon à quoy
que ce soit, on ne peut en dire l'vsage ; il ne porte aucun ordre,
ny aucune resolution, & ie deffie ma Partie de dire à quoy, ny
à qui cét écrit pouuoit seruir. Estoit-ce afin que la personne qui
l'écriuoit se pust souuenir d'vne douzaine de noms qui y sont
écrits? Non : car ce sont les plus communs de Paris ou de la
Cour. Estoit-ce pour le détail des biens-faits? Il n'y est pas exprimé : Qu'est-ce donc que ce peut estre? faut-il induire en vn

Gg

Procés criminel vne piece laquelle, si elle estoit écrite & signée de ma main, ne signifieroit rien? Mais outre que je ne l'entends pas, & ne sçay pas qui l'a écrite, ny pourquoy, c'est que mon nom n'y est pas.

Quand on voudroit deuiner que ceux qui ont escrit ce Memoire, auroient eu intention de remplir ce blanc du mot de *bien*; Est-ce à dire qu'il soit vray, que Moy j'aye fait quelque chose pour ceux qui y sont nommez, pource qu'vne autre personne l'a escrit, sur vn papier inutil, sans le signer, & sans qu'on en sçache le dessein? Il faut luy demander, & non pas à Moy.

Mais de plus, quel bien? Car il s'en peut faire en diuerses manieres; Il y en a pour qui j'ay parlé à M. le Cardinal; Il y a tel à qui j'ay donné surseance pour quelque somme qu'il me deuoit: Il y en a d'autres à qui ie puis auoir donné de bonnes assignations sur leurs Ordonnances, ou mesme auancé le payement de quelques mois: Il y en a vn à qui j'ay presté vne somme qu'il m'a renduë depuis: Quelle consequence? Quelle induction tire-t'on de là? *Que ce n'est pas par liberalité*; I'en demeure d'accord : Il ne falloit pas produire cette piece, pour prouuer que ie ne suis pas liberal; Ie ne me pique pas de l'estre: Donc, dit-on, *c'est par ambition*; Ie le nye, & on auroit peine à mettre cét argument en forme, à cause que quelqu'vn à escrit sur vn papier diuers noms de personnes, à qui ie pourrois auoir fait plaisir; Donc, c'est par ambition. Ces meschantes preuues font tort au nom que porte mon Accusateur, de Procureur General, & d'vne personne publique.

Il y a vne promesse de l'Accusé du 19. Mars 1655. d'où l'on peut induire aisément qu'il a donné 200000. liures pour le Mariage de la Dame Marquise de Crequy, fille de la Dame du Plessis-Belliere, quoy que les termes de la liberalité soient vn peu déguisez; Il y a vn billet escrit de la Dame du Plessis-Belliere, non datté, par lequel il luy donne le prix d'vne maison de Charenton, qui estoit voisine de celle de ladite Dame: Il y a vn billet de l'Accusé à Gourville, par lequel l'Accusé luy mande de payer au Sieur Marquis de Grequy la somme de 200000. liures, qui deuoit estre donnée au Sieur Marquis de Richelieu, à cause de la Charge de General des Galeres, en consequence dequoy Gourville à payé les 200000. liures, dont ledit Sieur Marquis de Crequy luy a donné deux endossemens.

C'est vne chose qui crie vengeance à Dieu, que de faire des suppositions de la qualité de celles qui sont exprimées en cét article : Comment peut-on induire d'vne piece, tout le contraire de ce qu'elle porte ? Ie prie qu'elle soit leuë, & que mes Parties en ayent la honte. I'ay emprunté vne somme de deux cens mil francs, & j'en ay donné ma Promesse, *On peut induire*, dit mon Accusateur, *que c'est vne gratification*; On doit induire tout au contraire, que ce n'en est pas vne ; mais vn emprunt : On doit encore induire, Que ie ne prenois pas l'argent du Roy, puisque j'en empruntois de tous costez : Mais ce qui fait voir l'oppression, & les injustes allegations que font mes Parties, contre leur conscience, c'est qu'ils ont leu, & extrait eux-mesmes l'article de la Recepte de ces deux cens mil liures de la mesme datte, dans les comptes de Bernard : c'est vne somme qui me fust donnée à faire valoir, pour ne la pas garder inutile, en attendant qu'elle pust estre employée en fonds.

A l'esgard du billet qui parle de la Maison de Charenton; Il faut sçauoir que c'estoit vne Maison de huict ou neuf mil liures, & que ce billet ne porte pas le mot de donner, ce n'estoit qu'offrir de prester, & encore pour vne partie,

Pour l'autre billet qui regarde M. le Marquis de Richelieu, j'en demeure d'accord; mais non pas de l'induction qui est contre la verité : Ces deux cens mil liures sont deliurez par ordre du Roy; Ie m'asseure que sa Majesté me fera bien l'honneur de s'en souuenir : Elle me permist de negocier auec le Marquis de Richelieu l'affaire des Galeres, & en tirer son consentement; Le corps du billet le porte assez expressément pour n'en pas douter : Sa Majesté trouua bon que l'on payast à Madame d'Esguillon 500000. liures pour le Havre, dont elle ceda cinquan-

te mil efcus au Marquis de Richelieu, les autres cinquante mil
franc. efcus eftoient compofez de ~~20000~~. liures, pour les appointemens de la Capitainerie de S. Germain, & 30000. liures d'vn
ancien billet pour la leuée de fon Regiment, à l'occafion duquel billet, que ie ne voulus pas payer, fans ordre de feu M. le
Cardinal, nous eufmes ledit Marquis de Richelieu & Moy vne
fi groffe querelle, que nous fommes toûjours demeurez ennemis, jufques à ce que le Roy trouüa bon, en tirant fon confen-
tement pour la charge de General des Galeres, qu'il en fuft
payé; de forte que toute ladite fomme de deux cens mil liures
a efté approuuée, & commandée par le Roy, à qui j'ay rendu
compte de tout, & ledit Marquis pareillement.

Ces fommes me font encore deuës par fa Majefté : Ie n'eus
pas le loifir d'en retirer les defcharges auant le voyage de Nantes; mais ie le manday d'Angers à M. le Tellier. Sa Majefté
fçait bien que fans tous ces ajuftemens, elle n'auroit pû retirer
le Gouuernement du Havre qu'elle defiroit auoir, & me fit
connoiftre en ce temps-là, que ce feruice luy eftoit agreable.
C'eft dequoy maintenant ie fuis furpris, que l'on ofe en tirer de
fauffes inductions contre Moy.

Il fe voit donc par là, que tous ces raifonnemens generaux
ne prouuent autre chofe, finon la mauuaife volonté de celuy
qui les fait, & de celuy qui les fait faire.

Apres, cela faut-il s'eftonner fi les Finances du Roy ont efté épui-
fées? fi le Peuple a efté reduit dans la mifere, & fi on voit à l'Ef-
pargne tant de mauuaifes confommations? Ce que l'Accufé a voulu
dire, que les defpenfes par luy faites eftoient de fon bien particulier,
& de celuy de fa Femme, ne merite pas de refponfe.

Il ne poffedoit aucuns biens auant qu'il fuft Sur-Intendant: Il a
acquité fes debtes depuis la Sur-Intendance, c'eft à dire, des deniers
du Roy; & de plus il a fait des defpenfes fi exceffiues, qu'en vne
feule année, il a plus defpensé pour fa table, qu'il n'auoit de bien en
fonds, fans compter les autres defpenfes, & les profufions qui ont
efté cy-deffus expliquées. On en auroit bien veu dauantage fi les au-
tres

*res * Registres, & les autres memoires n'auoient point esté diuertis.*   ** fol. 32.*

Apres auoir examiné les biens que l'Accusé possede, & ceux qu'il   *verso.* *a consommez pour satisfaire à ses despenses, il faut passer à la discussion des debtes passiues dont il pretend estre chargé. Quand on aura fait vne exacte inquisition ; quand tous les tiltres auront esté representez, il s'en faudra beaucoup que Monsieur Foucquet ne soit debiteur de si grande somme. La pluspart de ceux qu'il a nommez par ses creanciers n'en voudroient pas faire le serment, du moins pour si grandes sommes ; Il paroist d'ailleurs qu'il auoit donné en nantissement à ses creanciers & à d'autres personnes, des billets & des assignations.*

MON Accusateur ne sçachant que faire pour desguiser la verité, allegue toûjours ces Registres diuertis ; & Moy ie replique toûjours que ceux de Bruant ne contiennent pas tant que ceux de Taffu, & qu'il n'y en a point d'autres, sinon ceux que mes Parties mesmes ont supprimez, & que ie demande.

I'ay dit aussi qu'on me fera plaisir d'entrer en discussion de mes debtes, & de faire cette exacte inquisition ; mesme de trouuer vn secret pour les diminuer, si mes Ennemis, qui sont assez puissans, vouloient payer sous main mes Creanciers, pour tirer des declarations d'eux qu'il ne leur est rien deub, ils m'obligeroient, & j'y consens.

C'est par l'estat de mes biens que ie destruis toutes les calomnies, & c'est à quoy il n'y a point de replique. Les nantissemens que j'ay declarez, tant par vn memoire enuoyé d'Angers à M. le Tellier, que par mon Interrogatoire, auoir esté mis entre les mains du sieur Girardin, font partie de mes effects : Ie pretends bien les compter ; mais en calculant tout, mon Accusateur, & mes autres Parties, seront bien loin de leurs pretentions.

Il se trouuera des debtes au delà de tous les effets & nantissemens pour plusieurs millions, & si l'on y joint le fonds & le reuenu de mes biens, les reuenus de mes Charges, & des biens de ma Femme, tous les raisonnemens de mon Accusateur seront bien-tost aneantis.   H h

Pourquoy ne souffre-t'on pas que mes biens se vendent à l'ordinaire, & que mes debtes soient payées ? C'est le vray moyen de voir clair. Que ne laisse-t'on faire vn ordre de mes Creanciers? Il ne faut que les laisser debattre entr'eux, ils éclairciront bien-tost ce qui est supposé.

Autrement, comment peut-ont tirer vne induction pareille à celle que l'on tire en cét endroit, & laisser le Procés sans estre instruit pour ce regard ? Il faut, ou que ma Partie conuienne du faict justificatif que j'allegue, ou qu'il le destruise dans les formes. Ie dis que je dois plus de quatorze millions, & je demande que mon bien soit vendu dans les formes, & que l'on voye à quoy il se pourra monter.

Par vn Iournal de Lespine qui ne contient que deux feüillets, commençant le 12. Aoust 1661. & finissant le 30. du mesme mois, qui ne sont que dix-neuf jours; il est marqué que le mesme jour 12. Aoust, Lespine porta au Sieur Ieannin les descharges du Prest de 1244869. liures 10. sols 8. deniers, composées de plusieurs parties, pour lesquelles il auoit retiré les promesses faites à l'Espargne. Il est fait ensuite mention des autres effets qui suiuent; sçauoir, d'vn billet de l'Espargne sur le Prest du Conuoy de Bordeaux de 1662. de 150000. liures, & que ce billet a esté donné à Bruant par ordre de l'Accusé: de quatre promesses prouenantes du Prest de Bordeaux 1662. montans ensemble à 198901. liures 5. sols 8. deniers, employées dans ledit Prest pour 191900. liures 6. sols 8. deniers, le surplus des promesses ayant esté consommé par l'Ordonnance de comptant d'vn Prest sur Prest montant à 7000. liures: Ce journal contient encore que le mesme pour l'Accusé mit ces quatre promesses entre les mains de Gourville, vn billet de l'Espargne sur le premier payement du Traitté de l'alienation de 555657. liures 4. sols; vn autre billet sur ledit Prest de 47310. liures 1. sol.*

* *fol. 33. Recto.*

Dans la suite, il est enoncé que l'on auoit mis és mains de Girardin des billets le 28. Aoust. Il est dit que le mesme iour 12. Aoust Lespine donna au Sieur Ieannin par ordre de l'Accusé pour 180000. liures, de billets à receuoir du Receueur General de Chalons, & des

Payeurs des rentes. Que le 19. *dudit mois d'Aouſt , Girardin mit entre les mains de Leſpine les originaux des recepiſſez de Ioſſier Treſorier General de l'Extraordinaire des Guerres , montant enſemble à* 746113. *liures* 12. *ſols* 8. *deniers. Que Leſpine rendit le* 23. *Aouſt audit ſieur Ioſſier qui luy fournit treize billets de l'Eſpargne montans à pareille ſomme: Que le* 27. *du meſme mois d'Aouſt , Leſpine porta audit Ieannin Treſorier de l'Eſpargne les deſcharges d'vn Preſt de* 1825221. *liures compoſées de pluſieurs parties pour leſquelles il dit auoir retiré vn billet de l'Eſpargne de* 1200000. *liures ſur le Preſt à faire ſur le Don gratuit de Bretagne* 1661. *payable en* 1662. *Vn autre billet de l'Eſpargne de* 300000. *liures , ſur le Don gratuit de Languedoc de* 1661. *payable en* 1662. *Vn autre billet de l'Eſpargne de* 100000. *liures , ſur le Traitté de la creation des Officiers en la Cour des Comptes, Aydes, & Finances de Montpellier, à cauſe du Rouſſillon; & vn autre billet de* 225221. *liures, ſur le ſecond payement du Traitté des Secretaires du Roy. Les premier, deux & quatrieſme billets furent mis par Leſpine entre les mains de Girardin le* 28. *Aouſt, & le troiſieſme entre les mains de Pelliſſon,* * *c'eſt vne liberalité de* 100000. *liures de Pelliſſon; l'Accuſé en a fait de plus grandes, & il y a preuue par deux circonſtances, que ce billet de cent mil liures a eſté vne gratification , l'vne eſt que Pelliſſon eſt actuellement pourueu d'vn Office de M^e des Comptes, Aydes, & Finances de Montpellier; L'autre qu'il eſt conſtant que le billet a eſté donné à Pelliſſon, & neantmoins Pelliſſon ny Bouſquet ſon Commis ne s'en chargent point en recepte dans leurs Regiſtres.*

* fol. 33. verſo.

IE demeure d'accord de tous les faicts qui regardent le ſieur Girardin & Leſpine, & l'adminiſtration des Finances depuis le deceds de M. le Cardinal; & pour les mieux verifier, ie demande la repreſentation du Regiſtre du ſieur Colbert mon Commis: C'eſt vne piece que l'on ne peut me refuſer auec iuſtice; c'eſt mon titre; ces Preſts y ſont compris, ils ont eſté faits par ordre du Roy; les Billets & promeſſes ont eſté employées au payement de quelques debtes preſſées , & le ſurplus eſt entre les mains du ſieur Girardin. Ce ſont les nantiſſemens dont on a parlé cy-deſſus.

Il ne faut point par artifice compter deux & trois fois la mefme chofe fous differens noms. Ie prends droiⅆ par ces pieces:
ce font les vingt millions que i'ay preftez au Roy fur fa parole,
& par fon ordre, depuis la mort de M. le Cardinal iufques à ma
prifon. C'eft le feruice dont ie me glorifie, outre ceux que i'ay
rendus pendant la Guerre, d'auoir depuis la Paix fouftenu feul
le faix de l'Eftat par mon credit & par mon affeⅇction ; d'auoir
donné temps aux affaires de s'affermir ; & d'auoir fourny au
moment que le Roy l'a commandé, des fommes prodigieufes,
à mes rifques, perils & fortunes, fur fa parole, & fans qu'il y
ait vn fol qui n'ait efté diftribué par fon ordre.

Oüy ie le repete, Le Roy a fceu que c'eftoit Moy qui en faifois l'auance, il m'en a tefmoigné gratitude, il en a veu dans le
Regiftre les Prefts & les interefts , il en a veu les rembourfe-
mens, il a connu les mauuais fonds, & a approuué les reaffi-
gnations fur d'autres, lors que les premiers ont manqué ; Et en
vn mot, il a ordonné tout ce que mon Accufateur defapprou-
ue. I'ay rendu raifon à fa Majefté des Traittez, & des affaires
qui ne pouuoient fubfifter, & dont on a tiré des auances pour
gagner temps , & des autres fubftituées à la place des premieres.

I'implore la Iuftice du Roy : Ie fomme, auec tout le refpeⅆ
que ie dois, fa Majefté de declarer la verité de ce qui en eft : Sera-t'il dit, qu'vn Roy de France me commande vne chofe de fa
propre bouche, qu'il me fçache gré de l'execution de fes ordres,
de la promptitude de mon obeïffance, qu'il voye le détail de
tout, le faffe efcrire, le life, m'en remercie ; & puis qu'il y ait
vn de fes Subjets affez hardy dans fon Royaume, pour fuppri-
mer mon Regiftre, où toutes ces chofes font efcrites, où elles
ont efté leuës par le Roy toutes les fepmaines, & qu'on m'en
faffe vn crime ; que l'on m'objeⅆe ces mefmes chofes, & que le
Roy le fouffre, & qu'on fe ferue de fon nom pour m'opprimer ?
Cela ne fe peut, & Dieu que j'attefte fur la verité de mon procedé, ne permettra pas que les chofes demeurent en cét eftat : La
verité fe connoiftra toft ou tard : Le Roy verra l'artifice de mon
Ennemy,

Ennemy, & par vne preuue ſi manifeſte jugera du reſte de ſa conduite.

On ſçaura que j'ay fait les Preſts & auances auec bon pouuoir : On ſçaura que ie les ay fait de ſommes immenſes : On ſçaura qu'ils ont eſté faits, quand perſonne ne les vouloit faire : On ſçaura que j'en ay fait d'autres en des temps plus hazardeux : Et on auoüera que j'ay ſauué l'Eſtat, ayant fait, pour obeyr à M. le Cardinal de ſon viuant, les meſmes choſes, que le Roy verra eſcrites dans le Regiſtre du ſieur Colbert, & que j'ay faites par l'ordre de ſa Majeſté, depuis la mort de S. E. & enfin on diſcutera ſi les deſpenſes que le Roy m'a commandées, ſont d'autre nature que celles que ma Partie appelle, mal à propos, des gratifications.

Leſpine eſtoit à Fontainebleau, lors qu'on a fait cét illuſtre Inuentaire ; il s'eſt toûjours preſenté : Pourquoy l'a-t'on empeſché d'y aſſiſter ? Pourquoy n'a-t'on pas voulu l'entendre ? C'eſt vne choſe ſans exemple, & dont on doit tirer conſequence ; que mes Ennemis ont eu grande peur, que la verité fut connuë, & que Leſpine euſt éclaircy, ce qu'ils vouloient cacher, & tenir dans l'obſcurité.

Que ma Partie argumente tant qu'il luy plaira, il faut venir au faict : Voyons le bien, voyons les debtes, voyons les reuenus, voyons les dépenſes. Ie prends droict par toutes ces choſes ; mais il ne me faut pas opprimer ſur de fauſſes inductions ; ny dire en voyant vne piece, qu'il faut preſumer qu'elle ſignifie le contraire : Il ne faut pas retenir mes Papiers, & prendre auantage de l'authorité pour faire des amplifications ſans preuue.

Mon Accuſateur ne ſe ſouuient pàs que *Fol. 31. verſo*, il a dit & prouué par bonnes inductions, que ie n'eſtois pas liberal : Ie me ſers de cét endroit, pour détruire ce qu'il alleguë icy contre la verité : Quand il met au nombre des liberalitez par Moy faites, vn Billet de l'Eſpargne, mis entre les mains du ſieur Pelliſſon, pour vne aſſignation que le Roy m'a donnée pour mes auances, afin de le faire conuertir, s'il euſt pû, en Billets purs &

I i

ſimples, & par ce moyen les negocier plus facilement. Cependant on taſche toûjours de faire des impreſſions; mais ie demande que le ſieur Pelliſſon ſoit oüy, il eſt viuant, il a plus de
memoire que Moy : Ie demande qu'on ne laiſſe pas les faicts
ſans eſtre éclaircis, & qu'en voyant les pieces & toutes les autres où il eſt parlé de mes Commis, leurs Interrogatoires, & les
éclairciſſemens qu'ils ont dónez, ſoient veus en meſme temps,
n'eſtant pas iuſte qu'on m'impute des faicts, & qu'on ne veüille pas en ſçauoir la verité quand elle eſt facile à apprendre.

Ie dis donc que ie n'ay rien donné au ſieur Pelliſſon., & que
c'eſt M. le Cardinal, ou le ſieur Colbert pour luy, qui ont receu
en argent comptant le prix de ſon Office: Le ſieur Colbert n'o-
ſeroit le deſauoüer.

De plus, on fait exprés vn equiuoque ſur le ſujet d'vn Traitté d'Offices creez à Montpellier en 1659. en le confondant
auec vne autre creation, qu'on projettoit de faire en 1662. ſur
vn nouueau pretexte du Rouſſillon ; & cette confuſion eſt affectée exprés pour rendre la choſe ſuſpecte.

Il y auoit beaucoup d'autres billets entre les mains de l'Accuſé,
& de ſes Commis, & entre les mains d'autres perſonnes pour luy ; de
ſorte que s'il fuſt demeuré encore ſix mois dans la Sur-Intendance,
toutes ſes debtes auroient eſté plus qu'acquitées ; tout ſon bien au-
roit eſté libre, & auroit meſme eu de reſte quantité de deniers com-
ptans. Il n'y auroit jamais eu de Sur-Intendant ſi riche, ſi opulent, &
ſi puiſſant : Ainſi ſes grandes deſpenſes ſeules pouuoient faire, & le
tiltre de ſon accuſation, & la conuiction du crime qu'on luy objecte,
quand il ne luy reſteroit aucuns biens ; & il demeureroit, toutes ſes
debtes payées, poſſeſſeur de biens ſi conſiderables, & de richeſſes ſi
grandes, qu'elles ne pouuoient eſtre legitimes, quand il auroit veſcu
dans vne exacte parcimonie.

Ie ſupplie ceux qui verront cecy, de relire encore vne fois le
texte de cét article pour la rareté du faict : Peut-eſtre n'a-t'on
iamais veu ſous le nom d'vn Procureur General vne pareille
accuſation.

Si ie fuſſe demeuré ſix mois Sur-Intendant, dit-il, i'euſſe acquité mes debtes; Si i'auois acquité mes debtes, ie ſerois riche;
Si i'eſtois riche, ie ſerois coulpable; Donc ie le ſuis. Voilà la
reduction de cét argument.

Et Moy ie dis au contraire: Quand ie ſerois riche, ie ne ſerois pas coulpable pour cela; car i'ay aſſez bien ſeruy pour auoir
dû eſperer d'eſtre riche ; Et nous auons veu pluſieurs Sur-Intendans laiſſer de grands biens, auſquels neantmoins on n'a
pas fait le Procés.

Mais ie ne ſuis pas riche, mes debtes excedent mon bien, &
ie n'aurois pû les acquiter quand ie ſerois encore demeuré dix
ans Sur-Intendant, ſinon en vendant tous les effects que i'a-
uois conſeruez par les raiſons que i'ay expliquées ailleurs. Ils
eſtoient la pluſpart en vente, & le Roy ſçait bien que ie n'aurois pas diſpoſé d'vn ſol ſans ſes ordres.

*Mais pour paſſer de l'Accuſation de Peculat, aux ſuppoſitions,
& aux fauſſetez, bien que l'on puiſſe dire, que ce n'eſt qu'vn meſme
crime, & que le ſeul deſir d'abuſer des Finances du Roy a fait que
l'Accuſé s'eſt abandonné à vne conduite ſi criminelle.*

*L'on a trouué, dans l'examen des menus de comptant de l'Eſpar-
gne, pluſieurs Ordonnances employées dans le dernier comptant de
l'année 1655. qui ſont dattées de ladite année, qui ne ſont ſignées que
de M. le Chancelier & de * l'Accuſé ; neantmoins toutes les Ordonnances expediées durant le cours de l'année 1655. ſont ſignées de M. Se-
guier, comme Chancelier; de M. Molé, comme Garde des Sceaux,
& de Meſſieurs Seruien & Foucquet, comme Sur-Intendans. Ce
qui procede de ce que pluſieurs de ces Ordonnances n'ont eſté expediées
que depuis la mort de M. Molé, qui pourtant n'eſt decedé qu'en 1656.
& meſme depuis celle de M. Seruien decedé en 1659. & l'on a affecté
d'en auancer la datte pour les employer dans vn comptant de l'année
1655. qui n'a eſté arreſté qu'au mois de Iuillet 1660. l'Accuſé ayant
pretendu que par le moyen du compte rendu en la Chambre des Comptes, par le Treſorier de l'Eſpargne, les fauſſetez des deſpenſes ſeroient
couuertes, & qu'il ſeroit impoſſible de ſuiure la piſte de ſes mauuaiſes*

** fol. 34.
recto.*

conſommations ; moins encore de connoiſtre qui en auroit profité ; &
ces antidates ont eſté faites auec ſi peu de precaution, qu'il y a des
Ordonnances qui ſont dattées de 1655. & qui ſont eſcrites de la main
d'vn Commis qui n'eſt arriué à Paris qu'en 1658.

MON Accuſateur auance ſouuent, qu'il y a des fauſſetez dont ie ſuis coulpable, & iuſques à preſent il ne m'a paru aucune procedure pour raiſon de ces fauſſetez. Ce qui me fait croire, ou qu'elles ne ſont pas encore faites, & que le ſieur Berryer cherche des hommes pour les faire ; puiſque l'inſtruction d'vn chef ſi important n'eſt pas encore commencée ; que les pieces maintenuës fauſſes ne m'ont pas encore eſté repreſentées ; que ie n'ay iamais eſté interrogé ſur de pareils faicts, ny veu des teſmoins qui en euſſent depoſé ; qui ſont toutes choſes neceſſaires, & neantmoins il y a vingt-deux mois que ie ſuis priſonnier.

On pretend qu'il y a des Ordonnances dattées de 1655. qui ne ſont ſignées que de M. le Chancelier & de Moy : Il faut voir la qualité des Ordonnances, ſi elles ſont pour ſommes legitimement deuës, ou non ; ſçauoir au nom de qui elles ſont conceuës ; entendre ceux qui en ont eſté porteurs ; ſçauoir ſi elles ſont aſſignées ſur de bons fonds ; au profit de qui ſont tournez les deniers ; de quel mois elles ſont dattées ; ſi en l'abſence de M. Seruien, ou non ; voir de quelle main eſt la datte ; s'il n'y a point eu ordre de M. le Cardinal ; & beaucoup d'autres circonſtances, qui ne peuuent eſtre éclaircies, ſans voir la piece ; & tout cela n'eſt point fait.

D'ailleurs, comme j'ay des-ja dit, puiſque i'ay ſigné le premier, aucune de ces choſes ne me peut eſtre imputée ; car en ſignant i'ay fait mon deuoir ; ſi les parties ont retenu l'Ordonnance, ſans la faire ſigner aux autres, cela ne me regarde pas ; cela regarde M. le Chancelier, lequel ſignant le dernier de tous, n'a pas deu mettre ſa ſignature à vne piece qui n'eſtoit pas encore ſignée de M. Seruien, ſinon qu'il y euſt quelque raiſon legitime pour le faire, & s'il y en a eu quelqu'vne, il ne faut pas

m'imputer

m'imputer vne faute qui n'eſt point, & laquelle en nul cas ne
peut tomber ſur Moy. I'ay regret de repeter ſi ſouuent la meſme choſe, mais les repetitions de mon Accuſateur m'y con-
traignent.

Ce que l'on allegue auoir eſté fait depuis la mort dudit ſieur
Seruien & datté d'auparauant, eſt à mon aduis ſans fondement
& ſans apparence, au moins à mon égard. Quelle en ſeroit l'v-
tilité? Puis qu'en ce temps-là je n'auois pas beſoin de ſa ſignature, neantmoins comme je ne veux pas répondre du faiƈt d'autruy, il faut qu'on me montre la piece dans les formes, & j'eſpere que j'en découuriray bien les raiſons, pour peu qu'on me
laiſſe agir.

*Vn des principaux moyens par leſquels l'Accuſé a conſommé les
fonds du Roy, a eſté la reformation des billets. C'eſt vne voye de profiter aux deſpens du Roy, qu'il a inuentée & authoriſée, & qui eſtoit
inconnuë auant ſon adminiſtration, & tout le monde ſçait que par la
reuocation des Preſts qui fut faite en l'année 1648. il demeura és
mains des Traittans, Fermiers & des particuliers pour plus de cent
millions de billets, leſquels leurs eſtans inutils, auſſi bien que ceux qui
auoient eſté expediez les années ſuiuantes, iuſqu'à la fin de 1652. faute
de fonds pour les acquiter, l'Accuſé en a fait vn negoce public par
l'entremiſe des Courtiers & par le miniſtere de ſes * Commis, & les
a acheptez les vns ſur le pied du vingt-cinquieſme, les autres ſur le
pied du trentieſme denier.*

* fol. 34.
verſo.

*Ayant eu la penſée de conſommer les fonds du Roy en de mauuaiſes
deſpenſes, il s'eſt ſeruy de vieux billets expediez depuis l'année 1647.
juſques en 1650. pendant lequel temps on a baillé beaucoup de ces
billets à quantité de perſonnes, la neceſſité des affaires le voulant ainſi; & quoy qu'il y ait eu des Arreſts qui ont reuocqué les aſſignations
données en ce temps-là, il n'a pas laiſſé de faire achepter de vieux
billets, dont il ne donnoit que le vingt-cinquiéme denier, & quelquefois le denier trente; & comme il a veu que les comptes des années 1654. & 1655. eſtoient en eſtat d'eſtre arreſtez en la Chambre,
il a fait paſſer tous ces vieux billets par remiſes deſdites années 1654.*

K k

*& 1655. aux années 1656. & 1657. où il se trouue qu'il en a esté reformé pour plus de quatre millions de liures, dont les Tresoriers de l'Espargne ne pretendent paroistre tenus de rendre compte, sous pretexte qu'ils disent, qu'ayans compté à la Chambre, ils brûlent les Registres des billets qu'ils ont expediez pendant le cours de leurs exercices. Pour faire renouueller les vieux billets de l'Espargne, la pluspart d'vne datte tres-ancienne, il les a fait passer par Ordonnance de comptant; & pour en diuertir la connoissance, il a fait couper les Ordonnances de comptant en quantité de billets; Ensuite il a changé les billets, en les faisant passer par remises en d'autres Espargnes, & pour mieux couurir tous ces abus, on les a encore fait repasser en des Espargnes precedentes, comme s'il fust resté du fonds dans les années precedentes, pour acquiter les charges des années suiuantes. Mais tout ce mystere ne se * pratiquoit que pour les reporter en fin des années suiuantes; à quoy il eust esté impossible de rien connoistre, à moins d'vne tres-grande application, d'vne discussion exacte, à suiure les billets par toutes les Espargnes, d'vne longue experience en ces sortes d'affaires, & d'vne liberté pour les examiner à loisir; & quelque soin, quelque vigilance qu'on y ait apporté, il en est eschapé beaucoup plus qu'on n'en a pû découurir; mais par la perquisition qui en a esté faite, il est à present manifeste, que non seulement l'Accusé a mis en vsage tous ces destours, & tous ces artifices, voire mesme que par vn aueuglement visible, pensant les cacher, il a commis vn nombre infiny de suppositions & de faussetez.*

* fol. 35. Recto.

CET article est plein de suppositions, aussi faciles à destruire que les precedentes.

La reassignation de vieux billets, que l'on pretend que j'ay inuentée, estoit tellement en pratique auant que je fusse en Charge, que MM. les Sur-Intendans qui estoient auant Moy n'ont fait aucuns Prests ny Traitté, qu'auec condition de rembourser des billets d'anciennes debtes reuoquées en 1648. I'en puis montrer cent exemples par écrit, si on me veut donner les copies des Traittez que je demanderay, qui sont pieces publiques qu'on ne peut me refuser.

On a esté jusqu'au poinct, que l'on donnoit pour des alienations de gages sur les Fermes, au mesme denier qu'elles ont esté
faites pendant mon Employ, la moitié en billets, & la moitié
en argent : Les Prests ordinaires des Tailles ont esté faits de
mesme tous les ans; on a passé quantité de ces vieux billets dans
les autres natures d'affaires faites auant 1653.

M. le Cardinal a acquis en 1653. depuis mon Employ, cin-
quátemil liures de rentes sur les Aydes ou cinq grosses Fermes,
qu'il a laissées à M. le Prince de Conty par Testament, lesquelles rentes S. E. n'a payées qu'en vieux billets ; il a employé toutes les années des vieux billets pour des sommes si grandes, que
cela surpasse la creance ; & mes Commis qui ont pris soin de retirer les décharges, des deniers qui ont esté fournis audit sieur
Cardinal, peuuent donner la preuue de la qualité de ces décharges.

Il y en a vne partie en vieux billets, assignez par M. Seruien
sur les ordres exprés de S. E. & remis ensuite à ceux qui auoient
fourny de l'argent. Le Registre du sieur Heruart, si on ne l'a
point changé depuis deux ans, en pourroit faire foy ; & le sieur
Heruart sçait bien qu'il luy en estoit deub pour sept millions
quand il est entré en Charge, & qu'il les a partagez auec M. le
Cardinal & le sieur Colbert, lesquels ont tout fait passer.

Il en estoit deub au sieur Colbert de son chef en commun
auec d'autres ses Associez. Il les a passez tout seul pour son
compte, sous la faueur de son Maistre, & a trompé ses Associez
pour leurs parts, ausquels il a rendu d'autres billets qu'il auoit
acheptez, ou qu'on luy auoit donnez gratuitement ; c'est vne
verité notoire.

Cependant les personnes qui ont fourny de bon argent, ont
esté obligez de receuoir ces meschantes décharges, quand elles
leur ont esté données de la part de M. le Cardinal, & assignées
par M. Seruien ; car ie n'auois pas droict de les examiner, & i'e-
stois obligé de fournir des sommes immenses tous les ans, sans
m'informer ce qu'elles deuenoient, ny me mesler du détail de
la consommation des fonds, laquelle estoit faite par M. Seruien

feul, fuiuant le Reglement du mois de Decembre 1654. & lors
que des Commis ont porté ces defcharges à l'Efpargne, on les
a cottées fi on a voulu de leur nom, dont on tire maintenant des
arguments injuftes contre Moy, pour mettre à couuert ceux qui
en ont profité.

Ie dis donc, que ce n'eft pas Moy qui ay inuenté, comme on
pretend mal à propos, & contre la verité, la reformation des
vieux billets.

Il y en a pour eftre vieux, qui font tres-bons, & ont deub
eftre payez : Il faudroit eftre auffi injufte que mes Parties, pour
dire que c'eft vn grand prejudice qu'on a fait au Roy, de fouffrir
qu'il acquitaft ce qu'il deuoit legitimement ; mais cela regarde M. Seruien.

Ie ne puis auoir commencé qu'en 1659. & partant ie ne ferois pas l'Inuenteur ; & mefme ne pourrois m'en eftre feruy
auant ce temps-là.

M. Talon eft obligé de conuenir de cette verité, s'il veut
rappeller fa memoire fur la teneur de l'ordre du Roy, porté
par le Reglement de Decembre 1654. par lequel cette fonction ~~appartient~~ à M. Seruien à mon exclufion, & ie fuis obligé de figner apres luy ~~~~~~~~~~ : Par confequent, qui ne
voit que l'on a tort, de m'imputer vne chofe dont on a la preuue que le Roy m'a defchargé ?

Ces Courratiers, & ces Gens ~~~~~~~~~~~ par qui j'ay
fait achepter de vieux billets, ne m'ont pas efté confrontez, il
n'y a aucun efcrit de ma main qui le porte : Où font donc cés
preuues ? Comment ofe-t'on alleguer des chofes de cette qualité fans fondement ? & dire, *qu'à moins d'vne longue expe-*
rience en ces fortes d'affaires, *& d'vne liberté toute entiere,*
pour les examiner à loifir, il euft efté impoffible d'y rien connoiftre ?

Ces termes de mon Accufateur ne fe peuuent pas appliquer
à luy ; car il eft conftant, qu'il n'a pas vne longue experience en
ces fortes d'affaires ; Il faut donc qu'il auoüe qu'il n'y connoift
rien ; Il faut par vne confequence neceffaire, qu'il demeure
d'accord

Notes manuscrites en marge : appartient / sans difficulté · a ce qu'on prétend

d'accord que ce qu'il en dit, eſt ſur le rapport & la ſoy d'autruy; Cependant ~~le nom de~~ ces gens, ſur la ſoy deſquels on pretend decider de l'honneur & de la vie des hommes, n'ont point de ſerment à Iuſtice, ne ſont point commis par la Chambre, leur nom n'eſt employé en aucune procedure; N'eſt-ce pas vn abus intolerable? On prendra des concluſions, & on jugera des Procés criminels ſur la creance d'vn homme qui cache ſon nom; & l'Accuſé qui n'a, la liberté ſi neceſſaire pour y trauailler à loiſir, n'aura pas les meſmes auantages que l'Accuſateur, & ſans eſtre appellé à vne recherche ſi difficile, ſera tenu de deferer à ce qu'auront fait ſecretement ſes Parties : Cela choque la raiſon, la Iuſtice, & meſme le ſens commun.

En 1657. M. Seruien fit deſſein d'aller en ſon Marquiſat de Sablé; il taſcha de prendre toutes ſes precautions, afin que durant ſon abſence, il ne fuſt rien ſigné de ce qui concernoit la deſpenſe, dont il auoit la fonction; il auoit meſme choiſi la fin de Septembre, & le commencement d'Octobre pour faire ſon voyage, qui eſt le temps de la ceſſation des affaires; il ne fut que vingt-ſept jours abſent; durant ce temps l'Accuſé paſſe, arreſte, & ſigne tout ce qui ſe preſente, & tout ce que M. Seruien auoit auparauant refuſé; il y a beaucoup d'Ordonnances qui ſont dattées durant ces vingt-ſept jours, quoy qu'elles n'ayent eſté expediées que depuis le retour de M. Seruien, & meſme pluſieurs depuis ſa mort, il y en a vn ſi grand nombre durant ces 27. jours, qu'il eſt abſolument impoſſible qu'elles ayent eſté toutes ſignées durant cèt interualle.

Ie ne puis conceuoir comment on a oſé alleguer tant de choſes ſuppoſées dans vn Procés criminel, n'y ayant vn ſeul article qui n'en ſoit remply. Il faut bien que ceux qui ont fait ces écritures, ou ceux qui leur en ont donné les memoires, fuſſent perſuadez d'auoir aſſez bien fait leur partie, pour m'empeſcher de voir cèt Inuentaire; autrement ils n'auroient oſé auancer des choſes ſi viſiblement ſuppoſées & ſi faciles à conuaincre.

1°. M. Seruien n'alla point à Sablé en 1657. il partit de Pa-

L I

ris, par ordre du Roy, pour se rendre à Mets, où il fut quelque temps ; & ie receus ordre en mesme temps de faire ce que j'ay fait ; j'en ay les lettres de M. le Cardinal, & des Secretaires d'E-stat.

2°. M. Seruien trauailla de son costé, & expedia seul à la sui-te du Roy, vne infinité d'Ordonnances comptables sur les lieux, dont on m'a depuis fait voir l'estat, comme on luy a fait voir celuy des Ordonnances que j'auois expediées à Paris, le-quel il approuua, & les a toutes depuis signées & confirmées de sa main, lors qu'elles ont esté representées dans les roolles de l'Espargne, ou dans les comptans jusqu'à sa mort.

3°. Ce nombre de vingt-sept jours est aussi peu veritable que le voyage de Sablé : M. Seruien partit le vnziéme Septembre, & reuint le quatriéme Nouembre : ce sont cinquante-quatre jours ; mais de n'en oster que la moitié, ce n'est rien pour ma Partie, on peut juger du reste.

4°. On auance que c'est le temps où les affaires cessent ; cela est bon pour le Parlement ; mais non pas pour les dépenses de l'Estat, & bien moins pour la recepte, la Chambre de Iustice mesme ne cesse pas en ce temps-là.

5°. C'est encore vne supposition, de dire que j'ay signé ce qu'il auoit refusé, cela ne se peut prouuer ; Ie n'ay rien signé sans ordre, & rien signé qu'il n'ait approuué.

6°. Il faut venir au détail, voir ce qui estoit de sa fonction ou de la mienne, & me r'apporter les Ordonnances dont on se plaint : car si j'ay dû signer le premier par la qualité de mon Employ, je n'ay pas dû l'attendre pour signer, puis que sa pre-sence ne faisoit rien à ma signature.

7°. C'estoit à M. le Chancelier, comme j'ay des-ja dit cy-deuant, à ne pas signer s'il estoit obligé de l'attendre ; c'est con-tre luy que mon Accusateur intente cette action sans y penser ; & peut-estre il y pense ; mais cela ne me regarde pas. I'ay fait ma charge & mon deuoir, en signant en mon rang ; ce seroit M. le Chancelier qui n'auroit pas fait le sien, en signant auant M. Seruien, si ce qu'allegue mon Accusateur estoit veritable.

Il y a bien d'autres réponſes que je pourray faire en voyant les pieces.

Il s'eſt ſeruy d'Ordonnances de comptant, de Traitez non executez, *fol. 35. afin de conſommer de bons fonds, & entr'autres d'vne Ordonnance verſo. du premier Aouſt 1658. ſous le nom de du Val de ſix millions de liures pour la difference du fonds, à cauſe d'vne alienation de quatre cens mil liures de rentes ſur les Tailles, qui n'a point eſté executée; il s'eſt ſeruy de pluſieurs autres qui ſeront plus particulierement exami- nées en la Production des Procés verbaux de l'Eſpargne.*

I'A y ſigné l'Ordonnance dont eſt fait mention en cet arti- cle, non point ſous le nom de du Val; mais le nom en blanc: Elle a eſté ſignée de tous ceux qui ont eu droict de la ſigner; elle eſtoit legitime, je ne m'en ſuis pas ſeruy, non plus que d'aucu- ne autre de pareille qualité; Ie n'ay veu juſques à preſent au- cun teſmoin, ny pieces qui portent que ie m'en ſois ſeruy, & j'eſpere de deſtruire ſi bien ayupuen les faicts que l'on propo- ſe contre Moy ſur ce ſujet, & ſur les autres ſemblables, & ginjan uo prouuer ſi clairement, qu'il n'y a eu depuis la mort de M. Ser- uien, aucun fonds conſommé en vertu de meſchantes deſchar- ges, que perſonne ne pourra douter de cette verité.

Pour conſommer les fonds du Roy en remiſes, & en intereſts, il a ſuppoſé des Traittez, & des Preſts, qui n'ont jamais eſté faits, par- ce que la pluſpart de ſes déguiſemens, ſuppoſitions, & fauſſetez, ſe iuſtifient par des Regiſtres qui n'ont pas encore eſté entierement examinez; Le Demandeur ſe reſerue d'en parler plus particuliere- ment, & d'en faire de nouuelles obſeruations, lors que les Procés ver- baux, leſquels il pretend adjouſter à ſa Production, auront eſté acheuez.

QVAND on parle de Procés verbaux, non produits ny ache- uez, on fait bien connoiſtre que l'on ne veut pas auancer l'affai- re; & au fonds il ne ſe trouuera aucun Preſt ſuppoſé, nonob-

ſtant les Procés verbaux de Berryer. Ie feray voir clairement la
conſommation de chacun en me rendant mes Papiers; Et ie
repete encore qu'il eſtoit impoſſible d'en ſuppoſer, tant que M.
Seruien a veſcu, pource qu'il diſpoſoit entierement du net deſdits Preſts, & que la conſommation des fonds eſtoit ſon partage & fonction, de laquelle j'ay eſté deſchargé, & luy chargé par
l'ordre du Roy, du mois de Decembre 1654. qui eſt vne raiſon
ſans replique. Ces meſmes choſes ont eſté deſ-ja auancées, &
ſe repetent encore icy pour faire impreſſion : Mais quand ie
verray ces nouuelles Obſeruations, j'y reſpondray plus en
détail.

Reſte maintenant d'éclaircir ce qui regarde le crime de leze-Maje-
ſté, que l'on peut diſtinguer en deux branches; l'vne regarde le deſſein,
l'autre l'execution; quoy qu'en verité ces choſes ſont ſi connexes, qu'il
eſt difficile d'en faire vne veritable ſeparation.

I'ESPERE que ceux qui ne ſont pas preuenus de haine, ou
d'autre paſſion, me feront bien la Iuſtice en examinant les choſes que l'on met en auant contre Moy, de demeurer d'accord,
qu'il n'y a jamais eu ny execution, ny deſſein d'aucun crime de
leze-Majeſté de ma part; au contraire, il ſe trouuera dans mes
Papiers la preuue d'vne application continuelle au ſeruice du
Roy, vn zele extreme pour la grandeur de ſon nom, & l'auantage de ſon Eſtat, des trauaux ſans intermiſſion, des riſques,
des perils, des hazards eſſuyez dans les plus mauuais temps, des
engagemens de mon bien, & de celuy de mes Amis; & en vn
mot, des ſeruices de toutes les natures, qu'vn Subjet eſt capable
de rendre à ſon Maiſtre, & qui meriteroient vn autre traitement que celuy que ie reçois.

Ie ſuis encore obligé de repeter icy, que M. Talon n'a point
de pouuoir d'agir en cette affaire; que la Chambre n'en peut
connoiſtre; que ſi cette matiere doit eſtre approfondie, c'eſt au
Parlement ſeul où elle le doit eſtre, non ſeulement à cauſe de
mon Priuilege; mais par la nature & la qualité de la matiere,

qui

qui n'eſt point de la competence de la Chambre, par l'Ediſt de ſon eſtabliſſement, ny par aucun autre Ediſt verifié en quel-que Compagnie que ce ſoit, & par conſequent qu'elle n'y peut eſtre traittée ny diſcutée.

M. Talon ne dira pas que c'eſt vn incident au Procés ; car jamais le crime de leze-Majeſté ne peut eſtre incident ; il y auroit quelque couleur, s'il eſtoit commis depuis l'accuſation, & à l'occaſion de la procedure ; mais le commencement de ce Projet informe, écrit dans la penſée d'examiner les moyens de me garantir d'vne oppreſſion, eſtoit connu auant que l'accuſation fuſt intentée contre Moy : D'ailleurs, la piece ſur laquelle ce crime eſt fondé, & toutes celles dont on le pretend appuyer, eſtoient entre les mains de mes Parties trois mois auant qu'il y euſt vne Chambre formée : D'où on peut conclure, que le pretendu crime d'Eſtat a eſté negligé, & que ce Projet a eſté reconnu pour vne ſimple penſée ſans ſuite, conceuë ſeulement pour détourner vne oppreſſion, ou qu'elle a dû eſtre portée au Parlement, n'y ayant ny tiltre, ny pretexte pour la traitter à la Chambre, puis qu'il n'en eſt fait aucune mention dans l'Ediſt d'eſtabliſſement de la Chambre, dans la plainte de M. Talon du troiſiéme Mars 1662. ny dans l'Arreſt du Conſeil du ſixiéme Iuillet enſuiuant.

*Le deſſein du crime de leze-Majeſté eſt expliqué au Memoire eſcrit de la main de l'Accuſé, contenant l'ordre qu'il vouloit eſtre obſeruè, en cas qu'il fuſt arreſté priſonnier, & qu'on vouluſt luy faire ſon Procés. Ce Projet medité auec loiſir fait voir que pour ſe procurer ſa liberté, & empeſcher qu'on ne puſt inſtruire ſon Procés, ou qu'il ne fuſt iugé ; il auoit conceu le deſſein d'vne rebellion ouuerte, de ſouſleuer & d'attirer à ſon party, contre celuy du Roy, des Gouuerneurs de Places & de Prouinces, * des Officiers de Cour & d'Armées, des Capitaines de Nauires, & d'autres Commandans en Mer, où il eſperoit allumer la Guerre, & projettoit de fomenter la reuolte dans tous les endroits du Royaume. L'execution conſiſte en quantité de démarches qu'il a fait & fait faire, pour preparer ſon*

* fol. 36. Recto.

Mm

entreprise, & disposer les choses suiuant ses intentions ; il a executé ce Memoire autant qu'il a pû auant qu'il ait esté arresté prisonnier.

Ce n'est pas vn simple dessein, ou le projet d'vn dessein : c'est vn dessein formé, & formé auec application ; ce n'est pas l'effect d'vne passion violente, ou d'vn dépit secret, ny vne chaleur qui se soit passée en vn moment, ou dont il se soit repenty, aussi tost qu'il y a fait reflexion : Mais c'est vn ouurage de meditation escrit auec loisir, & en des temps differens, & mesme en des temps eloignez ; il paroist mesme que par vne mauuaise perseuerance, il a toûjours persisté dans ses pensées criminelles ; on en voit mesme des executions depuis la mort de M. Cardinal Mazarin, en vn temps auquel tous ces nuages & ces vapeurs qui s'estoient esleuées dans son esprit, & qui auoient troublé son imagination, deuoient estre entierement dissipées.

Ie croy qu'il est inutile de répondre à tout le raisonnement fait sur cette matiere, pource que je suis persuadé qu'on ne doit seulement pas lire ce qui la regarde; mais afin que ceux qui par curiosité voudront en prendre la lecture, ne retiennent aucune impression des discours d'vn Ennemy, qui se porte au delà des bornes de son pouuoir: je feray quelques remarques sur les choses qu'il auance, esperant traitter cette affaire ailleurs, & m'en justifier si bien, qu'il n'en restera pas vn ombrage.

Au contraire, je remporteray quelque loüange de ma moderation, & de mon zele au seruice du Roy, & au bien de l'Estat, quand il paroistra que j'ay eu des aduis certains, que M. le Cardinal, animé par les interests, & par l'ambition de son domestique, & abusé par luy en toutes manieres, auoit formé le dessein de me perdre, sans consideration de mes seruices & des obligations qu'il m'auoit; & neantmoins que je n'ay pas voulu me preualoir des moyens que j'auois pour m'en garentir, m'estant facile de lier intelligence en ces temps-là auec les Ennemis, ou auec ceux qui estans mescontens du mesme Ministre auoient fait vn party considerable; je n'ay jamais voulu y auoir le moindre commerce, & mes Ennemis n'oseroient mesme en alleguer le soupçon, puis qu'il est notoire que depuis ces aduis j'ay souftenu tout le faix de l'Eftat, & que j'ay contribué plus que perfonne, au fuccés, & à l'auantage des entreprifes de ce-luy qui me vouloit perdre.

On ne peut douter que les aduis qui m'eftoient donnez, de l'oppreffion que me vouloit faire le fieur Colbert ne fuffent ve-ritables, puis qu'il a executé ce qu'ils contiennent aux mefmes termes que portent lefdits aduis, lefquels fe peuuent encore voir entre mes Papiers.

On ne peut douter que je n'aye penfé aux moyens de m'en garentir, puis que c'eft de cette penfée que l'on me veut rendre criminel; ainfi l'on ne peut pas dire que fi je ne l'ay pas fait, c'eft que je ne m'en fuis pas aduifé: Car il paroift que j'ay fceu le mal, que i'ay penfé au remede, & qu'apres y auoir penfé, j'ay mieux aymé me refoudre à fouffrir, que de laiffer feulemét prendre vn foupçon contre ma fidelité, & de ceffer vn moment la conti-nuation des feruices aufquels ie n'eftois pas obligé, ayant prefté & auancé des fommes immenfes fur mon credit, pour acheuer de conclure la Paix; au lieu qu'il m'eftoit aifé en ne continuant pas de m'obliger en mon nom, de laiffer toutes chofes en déf-ordre, fans rien faire contre mon deuoir.

Si j'euffe voulu paffer plus auant, & prendre intelligence auec le party contraire au Roy, n'eftois-je pas affeuré, quand j'euffe efté coupable, que ie ferois compris dans les Traitez, & dans l'Amniftie ? Ie ne voy pas ce qu'on peut refpondre à cela.

Le détail de ce Projet a efté expliqué dans mon Interroga-toire, il s'explique de luy-mefme. On ne m'a point reprefen-té vn premier fueillet où ces mots eftoient efcrits, *Pour feruir en cas d'oppreffion feulement* : Mais cela n'importe, on voit bien par la lecture de la piece, que ce n'eft qu'en ce cas, & pour cela qu'elle a efté faite.

Il eft vray qu'il eft efcrit à deux fois, en deux années diffe-rentes, en 1657. & en 1658. qui font les deux années dans lef-quelles j'ay receu des aduis qui font dans mes Papiers, j'en ay receu d'autres plus preffans en 1659. Mais ma refolution eftoit

prife de tout fouffrir , & de ne me garentir par d'autres moyens
que par mes Seruices.

Ie tire de grands auantages pour l'efclairciffement de la verité, de ce que mon Ennemy appelle meditation & perfeueran-
ce, puifque la feule infpeciton de la piece fait voir le contraire,
& que c'eft vne penfée , commencée & abandonnée pendant
vn an ; reprife depuis fur d'autres aduis; & enfin determinément
abandonnée, non feulement par l'inexecution ; mais pour n'a-
uoir pas efté acheuée d'efcrire ; de forte qu'il y a preuue concluante par la feule veuë de la piece , que iamais ie n'ay perfeueré en cette penfée , & que les deux fois que i'ay mis la main
à la plume, auec vn fi grand interualle de temps , ie l'ay toutes
les deux fois laiffée imparfaite, fans l'auoir continuée le len-
demain, l'ayant toûjours oftée de mon efprit, quand il s'eft
paffé vne nuict entre deux.

De forte que s'il paroift, que fur deux aduis fafcheux, donnez en deux années differentes, ie me fuis laiffé emporter à
deux mouuemens de colere : il paroift auffi en mefme temps,
que le Soleil ne s'eft pas couché fur ces mouuemens, & qu'ils
fe font diffipez auffi-toft. Ce font de ceux que Dieu permet,
quand il dit, *Irafcimini & nolite peccare* ; il fouffre qu'on fe faf-
che, pourueu qu'on n'execute rien, *quæ dicitis in cordibus veftris,
in cubilibus veftris compungimini.* Il fouffre , & il pardonne les
penfées, qu'on a formées pendant le iour, pourueu que la nuit
elles fortent de noftre efprit, & qu'elles ne fe mettent pas en
execution le iour fuiuant.

*Ce Memoire contient fept cahiers , chacun des fix premiers cahiers
quatre pages , & le feptiéme deux pages, toutes les pages remplies
d'efcriture fort preffée , & le tout écrit de la main de l'Accufé.*

*Outre que tout cela fait connoiftre qu'il a efcrit le Memoire auec
grande meditation & beaucoup de reflexion , & qu'il eft impoffible
que cét efcrit ait efté fait dans le temps que l'inquietude ou le chagrin
auroit occupé* * *fon efprit ; il y a trois circonftances particulieres tres-
confiderables. La premiere , la quantité des ratures qui fe rencontrent,*

* *fol. 36.
verfo.*

elles

elles font voir qu'apres auoir composé cét escrit, il y a repassé, & l'a corrigé plusieurs fois. La seconde, que lors qu'il a commencé d'escrire ce Memoire, le Sieur Abbé Foucquet son Frere estoit en bonne intelligence auec luy; il en parle en diuers endroits, comme de celuy qui deuoit estre le chef de son Party, & animer tous les autres: mais ayans esté depuis broüillez ensemble, il a corrigé ce qu'il auoit dit concernant ledit Sieur Abbé Foucquet; voire mesme obserué que si ledit Sieur Abbé Foucquet demeuroit en liberté, on ne deuoit auoir aucune confiance en luy. La troisiesme obseruation est, que dans les quatre premiers cahiers il est fait mention de la ville de Ham, comme de la Place qui deuoit seruir de retraite aux amis de l'Accusé, & où ils deuoient establir le siege de la Guerre, & qui en a esté depuis rayé, & au lieu de Ham, Belle-Isle a esté subrogé: Et dans les cinq, six & septiesme cahiers, le mot de Belle-Isle est escrit dans le corps du Memoire sans rature; ce qui montre euidemment que les quatre premiers cahiers ont esté faits, en vn temps bien esloigné des trois derniers.

Les quatre premiers cahiers ont esté faits, en vn temps auquel la ville de Ham estoit encore au pouuoir de l'Accusé. Ham est sorty de son pouuoir, non seulement par la demission que le Sieur Abbé Foucquet son Frere en a faite, sous le bon plaisir du Roy, au sieur de Riberpré; mais aussi par le demeslé qu'il y eust entre les deux * *Freres, & tout cela auparauant l'acquisition de Belle-Isle: Dés le* * fol. 37. *commencement de l'année 1658. les deux Freres commencerent à se* recto. *broüiller ensemble; & Belle-Isle ne fut acquis que le 5. Septembre 1658. ç'a esté depuis l'acquisition de Belle-Isle, que les trois derniers cahiers ont esté escrits; & par toutes les circonstances cy-dessus, on ne peut pas dire que ce Memoire soit l'effet d'vne chaleur immoderée, dont il ait esté surpris en vn instant, ou l'ouurage d'vn jour n'y d'vne sepmaine, ny d'vn mois; mais bien de plusieurs mois, & vray-semblablement de differentes années.*

COMME mon Accusateur a eu ordre, ou s'est resolu luy-mesme, de tout exagerer, en sorte qu'il seroit bien fasché d'auoir exprimé vn seul mot dans la verité, & dans la sincerité, qui doit estre pratiquée en matieres criminelles, il veut en cette occasion appeller sept cahiers, ce qui ne peut pas en composer vn seul, tant s'en faut que ce soient cahiers, que ce ne sont pas des feüilles, ce sont des demies feüillets; en effet dans l'Inuentaire de Saint Mandé où ce Projet est inuentorié, MM. les Commissaires l'appellent vn cahier, ie suis obligé de remarquer ces choses, qui font voir de quel esprit on est porté, & quels auantages on recherche.

Ie demeure d'accord, que de ces feuillets, il y en a vne partie escrite en vn temps, & vne partie dans vn autre temps fort esloigné; que lors du commencement, mon Frere & Moy nous estions bien, & que Ham estoit en sa possession; qu'à la seconde reprise où i'ay continué ce Papier, les choses estoient toutes changées; que nous estions mal ensemble mon Frere & Moy, & que i'auois achepté Belle-Isle.

Il paroist donc que ce commencement de Projet, abandonné pendant vn si long-temps, ayant esté repris sur des mouuements de colere & de chagrin, qu'exciterent les nouueaux aduis qui me furent donnez de toutes parts, & dont aucuns par escrit se trouueront entre mes Papiers, je releus ce que i'auois escrit l'année precedente, & corrigeay à la haste quelques endroits qui parloient de Ham ou de mon Frere; j'y substituay Belle-Isle; & d'vne mesme teneur, ie continuay d'écrire ensuite de ce qui estoit demeuré imparfait, tout ce qui me vint pour lors en pensée. On peut voir par l'inspection de la piece, que ces corrections en interlignes, & cette continuation, sont d'vne mesme encre & escrites en mesme temps.

Il faut donc examiner la chose sans preoccupation d'esprit, & auec la Iustice qui est deuë à vn Accusé. Qu'est-ce qu'il y a de criminel dans la premiere partie de cét escrit? Si on me dépoüille de mes Emplois, si on me priue de ma liberté, nonobstant mes seruices; si on exerce toutes les duretez, que ie preuois pouuoir estre causées, par la ialousie & l'ambitió de mes Ennemis: Ie veux souffrir, ie ne pense qu'à soulager ma prison, qu'à prier mes Amis d'éuiter que le contre-coup n'aille iusqu'à eux,

& de se mettre en seureté, de se tenir en repos, de se conseruer
en estat de pouuoir interceder pour Moy, quand ils en verront
l'occasion.

Qu'y a-t'il de plus innocent, & de plus excusable au monde?
neantmoins au mesme instant i'abandonne cette pensée toute
naturelle qu'elle est; ie n'acheue pas de l'écrire, ie laisse passer
vn an, sans me donner vn moment d'application pour acheuer
de la rediger : ce sont des circonstances qu'il faut peser, apres
lesquelles peut-on raisonnablement appeller vne chose imparfaite, *vne meditation*, & vne application continuelle ? Il faut
estre injuste, pour ne pas conuenir de cette verité, & ne pas
aduoüer que cette pensée, conceuë pour vne defense legitime,
sans perdre le respect contre le Roy, sans faire mention des
Ennemis de l'Estat, sans aucun terme qui soit criminel, & cette
pensée si-tost abandonnée, est vne preuue que mon naturel
ne pouuoit se porter à mal faire, ny à se vanger, quelque sujet que i'en eusse.

Ce memoire n'est pas le dessein d'vne entreprise legere, ny qui se
termine à des paroles, ny à des choses dont l'execution ne soit pas
importante, il commence par vn libelle diffamatoire, contre M. le
Cardinal Mazarin premier Ministre; il continuë par tout ce qu'il
falloit faire en cas que l'Accusé fust seulement aresté prisonnier,&
qu'on ne luy fist pas son Procés; & il acheue de preparer les machi-
nes d'vne Guerre ouuerte, & de porter le tout aux dernieres violen-
ces, en cas qu'on voulust luy faire son Procés.

CE que l'on appelle vn libelle diffamatoire, contre vn premier Ministre, est vne suite des exagerations ordinaires. Ie suis
asseuré que personne ne prendra la lecture de ce qu'on appelle
de ce nom, qui ne sçache en sa conscience, qu'il n'y a pas vn
mot qui ne soit veritable; Mais ay-je escrit cela pour le diffa-
mer ? Ceux qui le mettent au jour, contre ma volonté, sont
ceux qui le diffament; car à mon esgard, ie n'ay jamais eu intention de rien faire ny publier pour sa diffamation. Ie me suis

plaint à moy-mefme, du mauuais traitement que j'ay receu ; &
j'ay foulagé ma douleur en mettant fur vn papier, les penfées
que le jufte reffentiment d'vne oppreffion refoluë contre Moy,
pouuoit imprimer bien plus dangereufement à tout autre.
Peut-eftre fe fuft-il trouué peu de perfonnes en France, dans
vn temps où il eftoit fi aifé de fe vanger, qui en fuffent demeurez aux termes d'vn efcrit imparfait, & qui ayant vn affez grand
credit pour fouftenir tout l'Eftat, ne l'euffent employé à amaf-
fer des millions, pour s'en feruir à autre vfage, & n'euffent pris
foin d'exciter le defordre & la confufion dans le Royaume ; au
lieu que j'ay facrifié toutes chofes, & trauaillé par toutes voyes
pour l'empefcher.

Ces defpenfes mefmes dont mes Ennemis font vne fi grande oftentation, ces baftimens de Vaux, & de S. Mandé, ces acquifitions que l'on me reproche fi fouuent, font vne preuue
fans replique, du contraire de ce que M. Talon allegue en cét
endroit: Vn homme qui auroit eu d'autres deffeins, euft mis fon
bien en autre nature, & n'euft pas employé fon reuenu en baftimens, & decorations de Maifons prés Paris, en des Prefts au
Roy, des Charges à la Cour, & en de nouueaux droicts, pour
auoir vn reuenu qui ne fubfifte qu'autant qu'on eft en credit
auprès de ceux qui gouuernent.

*Ceux qui fans faire reflexion fur les conjonctures paffées, ne regar-
dent que l'Eftat prefent des conftellations qui nous gouuernent, le calme & la ferenité agreable dont nous joüiffons, ne fe perfuaderont
pas que l'Accufé ait jamais efté en eftat de former vne cabale affez
puiffante pour troubler l'Eftat ; & confiderant que fa detention n'a
pas produit la plus legere emotion, ils croiront deuoir traduire* * cét
efcrit en raillerie comme vne Idée chimerique ; & qu'il y a pluftoft
lieu d'en accufer l'Autheur d'extrauagances & de folie, que de le condamner comme coupable de crime de leze-Majefté ; & c'eft la feule
defenfe par attenuation que l'Accufé & les fiens ont propofé contre
le chef d'Accufation ; mais bien qu'il foit certain que cette entreprife
auoit quelque chofe de temeraire, & de contraire aux regles de la prudence,*

* fol. 37. verfo.

dence, & que l'Accusé n'en pouuoit pas attendre vn succés fauorable; si est-ce que de moindre étincelles ont souuent produit de grands embrasement: & si l'on ramasse toutes les circonstances, du temps, des personnes, des affaires, les perils prochains & esloignez; ce dessein ne paroistra pas si destitué d'apparence, & peut-estre mesme que les liaisons & les intrigues qu'il entretenoit dans cette veuë, ne luy ont pas esté inutiles, & qu'elles ont differé sa cheute.

IE conuiens auec ma Partie du contenu en cét article, & qu'il est vray que i'ay pû faire du trouble à l'Estat, beaucoup plus qu'il n'exprime, en deux façons.

L'vne, en cessant de soustenir tout le fardeau des despenses, que i'ay supporté tout seul, & dont les autres ont profité.

L'autre, en prenant des liaisons auec ceux qui estoient declarez contre le Roy, dans les temps de cét escrit.

Mais, puis que ie l'ay pû aisément, & ie ne l'ay pas fait, il faut conclure que ie ne l'ay pas voulu faire : & si en ce temps-là ie ne l'ay pas voulu, quelles autres inductions peut-on tirer de l'estat où est à present le Royaume ? sinon pour dire, que ie ne puis auoir continué ce dessein, comme dit mon Ennemy, depuis la Paix.

Ce qu'il dit icy des raisons pour lesquelles il n'est arriué aucune esmotion lors de ma capture, & ce qu'il a dit du Libelle contre M. le Cardinal, ce sont des choses qui se contredisent entierement : Car si j'eusse toûjours continué dans ce dessein, ie n'eusse pas manqué à reformer les termes de ce Projet apres la mort de M. le Cardinal, j'en eusse escrit d'autres motifs, j'eusse raturé ceux-là aussi bien que j'auois fait la seconde fois que j'y trauaillay, lors que j'effaçay les choses qui auoient changé de face depuis la premiere. Ce sont donc des allegations sans fondement, & sans apparence, contre la teneur de la piece, contre la verité de ce qui a paru, & contre vne infinité de raisons sans replique, qui sont exprimées ailleurs.

Ce Memoire est composé en vn temps que l'on deuoit tout crain-

dre de la legereté des peuples à l'iſſuë des mouuemens publics, dont
les principes plus innocents & moins dangereux, auoient produit des
maux & donné des exemples, dont la memoire doit eſtre à jamais,
eſtant en vn temps que chacun eſtoit encore animé de l'eſprit de reuolte ; en vn temps que les Gouuerneurs des * Prouinces, & ceux des
Places frontieres, oubliant les deuoirs de gratitude & de fidelité s'e-
ſtoient rendus les maiſtres abſolus de leurs Gouuernemens, & trait-
toient auec le Roy, comme s'ils les euſſent poſſedez à tiltre de Souue-
raineté, & d'independance : Perſonne n'ignore ce qu'il a fallu faire en
pluſieurs endroits pour reſtablir l'authorité du Roy, & qu'en la plus
grande partie des Prouinces & des Places, l'on n'y reconnoiſſoit plus
que le nom du Roy, Que les ordres n'eſtoient executez qu'autant qu'ils
eſtoient agreables aux Gouuerneurs ; Chacun ſçait que ſouuent l'on
a changé de routes pour ne rien hazarder, & pour ne pas s'expoſer
au refus du paſſage : il eſtoit tres-facile en ce temps-là d'exciter des reuoltes, & les commencemens qui parurent dans la Normandie, dans la
Solongne, & dans la Beaulce, pouuoient auoir des ſuites dangereu-
ſes, ſi elles auoient eſté fomentées par vn party auſſi puiſſant qu'auroit eſté celuy de l'Accuſé, luy auquel l'vnion des deux Charges de
Procureur General du Parlement & de Sur-Intendant, donnoit
beaucoup d'authorité dans Paris, & dans les Prouinces ; luy qui tra-
uailloit ſans relaſche à faire de nouuelles liaiſons, & à fortifier ſon
credit, tantoſt en eſleuant dans les Charges & dans les employs ſes
Amis & ſes creatures ; tantoſt en publiant qu'il eſtoit ſeul l'arbitre,
& le diſpenſateur des graces, & faiſant dire & eſcrire par les
ſiens que rien * ne pouuoit eſchaper ny reſiſter à ſon pouuoir, & qu'il
auoit ſeul toute la confiance.

Si ce memoire, dit-on, eſt compoſé dans vn temps où tout
eſtoit à craindre ; pourquoy donc en ce meſme temps ne pouuois-je pas faire d'autres pas ? Ne voit-on pas que toute ma colere eſtoit paſſée dans les deux heures de temps, que j'ay employé à eſcrire & la décharger ſur le papier ? Ne voit-on pas que
c'eſtoit vne ſimple penſée, imparfaite, & jamais vn deſſein formé ? Auſſi ce memoire n'a point eſté acheué ; il y a des choſes

dont le sens n'est pas complet ; il n'a pas esté mis au net ; la pensée estoit de le mettre en chiffre, comme il paroist, & le chiffre
n'est pas quasi commencé ; il est au Procés, on le peut voir, il
y a cent autres circonstances par lesquelles il est si clairement
justifié, que jamais ce dessein n'a esté formé ; que jamais ce n'a
esté vne resolution fixe dans mon esprit ; qu'il n'y a point
d'homme de bien & des-interessé qui n'en soit conuaincu, s'il
y veut faire reflexion.

Que pouuois-je faire en l'estat où j'estois ? Car enfin l'humanité veut qu'on entre quelquefois dans les sentimens des hommes opprimez : Ie voy la resolution de me perdre, formée par
jalousie dans l'esprit de ceux qui ont tout pouuoir : Ie voy
tous mes seruices perdus, & mon zele pour le seruice du Roy
qui produit vn effet contraire à la raison & à la justice. I'escri-
uis à M. le Cardinal à la fin de 1658. que je le priois de m'oster
des Finances, & remplir cette place d'vn autre ; pensant par là
que peut-estre je ferois cesser la haine de mes Ennemis ; Il ne le
voulut pas, il me croyoit necessaire, & ne pensoit pas en l'estat
où estoient les affaires, qu'vn autre que Moy pust ny voulust
faire les choses par lesquelles il auoit subsisté : I'ay dans mes Papiers la copie de la lettre que ie luy écriuis, la réponse qu'il me
fit, & celle de son Secretaire qui luy rendit ma lettre, & luy
parla encor de ma part ; le sieur Colbert estoit auprés de luy
en ce temps-là, il pouuoit profiter d'vne si fauorable occasion ;
mais ce n'estoit pas leur compte, ils vouloient que ie seruisse, ils
vouloient en tirer tout l'honneur & tout l'auantage, & me faire perir aprés par des raisons bien lâches & peu honnestes, dont
j'ay la preuue.

Qui est-ce qui a appaisé ces reuoltes, dont parle mon Accusateur en cét article, sinon Moy ? On connoissoit assez mon
courage & mon zele pour le seruice du Roy, pour m'en auoir
abandonné la conduite : Ce fut Moy qui donnay l'argent dans
vn temps où tout le monde estoit espuisé ou allarmé ; ce fut
Moy qui fis passer les Troupes ; ce fut Moy qui enuoyay le sieur
de Pilois pour commander ; ce fut Moy à qui on remist la crean-

ce ſi entiere de toutes choſes, qu'il n'y euſt autre'ordre que de ſuiure les miens. Le ſieur de Deſclaſſeaux (l'vn de ceux qui m'a gardé, domeſtique de M. le Cardinal & qui commandoit vne Compagnie) peut dire ce qui en eſt : Le Roy eſtoit aſſez occupé deuant Dunkerque, Heſdin donnoit aſſez d'embarras, & la moindre reuolution de ce coſté- cy rendoit les affaires en pitoyable eſtat; il y auoit d'autres choſes ſecrettes à apprehender; cependant i'auois des-ja les aſſeurances de la mauuaiſe volonté qu'on auoit contre Moy; Ie ſouſtins tout, i'en receus les remercimens, les Lettres de M. le Cardinal le portent : Et quand tout fut reduit par mes ſoins, i'eſſayay de viure en particulier, & me retirer du Poſte qui donnoit tant de ialouſie, on ne le voulut pas, & ie continuay de ſeruir.

Cette Charge de Procureur General dont on fait encor vn ſi grand fort en cét article, puis qu'on dit qu'elle a donné occaſion de continuër dans le deſſein de ce Projet & qu'elle y eſtoit ſi vtile, Pourquoy donc ne l'ay-ie pas conſeruée? Qui m'a obligé de la vendre? Mes Ennemis diront, peut-eſtre, que c'eſtoit pour en mettre l'argent à couuert dans quelque Place, & m'en ſeruir plus vtilement pour mes deſſeins; Mais ſi i'ay donné en pur don cét argent au Roy comme il eſt veritable, qu'auront-ils à dire? Si i'ay preſſé le Roy de prendre Belle-Iſle, ſur quoy fonderont-ils cette continuation imaginaire de Projet? Car de toutes ces choſes, ie m'en rapporte à la parole du Roy, ſa Maieſté peut declarer ſi i'auance vn ſeul mot qui ne ſoit pas veritable. Il eſt donc conſtant par toutes ces choſes, que les raiſonnemens de ma Partie ſont tres-mal fondez.

Si ces orages, & ces tempeſtes n'ont pas eſclaté; ſi les premiers rayons du Soleil ont eſcarté ces exhalaiſons malignes; & ſi apres l'empriſonnement de l'Accuſé, au milieu d'vne Paix profonde, ſous l'adminiſtration du plus ſage, du plus courageux, & du plus vigilant de tous les Roys, perſonne ne s'eſt eſchapé de ſon deuoir; c'eſt que la ſaiſon n'eſtoit pas commode pour eſclorre des fruicts de rebellion : & d'ailleurs par la découuerte de cét eſcrit, la mine ſe trouuant eſuentée,

tée, toutes les mesures ont esté rompuës ; & au lieu par ceux, dont l'Accusé esperoit secours, de se declarer ses Protecteurs, ils ont esté obligez d'entrer dans des justifications, & de l'abandonner absolument, crainte de participer à sa disgrace, & de se voir enuelopez dans la complicité de son crime : mais si par la condition du temps, ses projets se sont dissipez, & si ce feu caché n'a pas mesme esleué des fumées ; ce changement aduantageux qui nous a garanty, ne diminuë ny l'attentat ny le crime : & l'Accusé auoit tellement disposé ses conseils, & preparé toutes choses à vn souleuement general, qu'en 1657. ou 1658. on ne pouuoit s'asseurer de sa personne sans peril d'vne guerre ciuile.

I E demeure d'accord de toutes les loüanges qu'on donne au Roy en cét article : I'ay fait encor plus que mon Accusateur ; car outre les loüanges, je luy ay donné mon bien : I'ay contribué de tout mon pouuoir & auec succés, aux aduantages dont on veut argumenter contre Moy, puisque j'ay fait les choses moy seul, sans lesquelles ce calme n'auroit pû estre estably : Et j'ay encore contribué auec mon credit & mes emprunts, par des auances de plusieurs millions du viuant de M. le Cardinal à l'affermir, & de vingt autres millions depuis sa mort : Peut-on dire que j'aye continué dans cette pensée ? dont on a trouué le commencement redigé par escrit en 1658. & qui n'a pointesté acheuée depuis : Mais quelle plus forte preuue peut-on desirer ? que cette pensée estoit tellement oubliée, qu'à peine me pouuois-je souuenir de l'auoir euë : Quelle preuue, dis-je, plus concluante, que la circonstance du lieu où cette piece a esté trouuée ? MM. les Commissaires qui ont fait l'Inuentaire de S. Mandé, en eussent expliqué dauantage, s'ils eussent aussi bien trauaillé pour Moy, comme ils trauailloient contre, & Foucaut l'eust bien escrit s'il eust voulu, la chose le meritoit bien ; Mais ie croy que chacun sera suffisamment conuaincu, par la maniere dont on a fait les Inuentaires, que tout ce qui n'y est pas exprimé est à mon auantage.

Vne piece de cette qualité abandonnée sur vne Table, auec

les Papiers inutils, qui font deftinez à eftre bruflez, & oubliée
depuis, à caufe de l'accablement des affaires; Eft-ce vne piece
qui ferue de fondement à l'execution d'vn deffein?

Il faut que ie me ferue des belles lumieres que me donne mon
Accufateur, & que ie dife, Que fi la raifon par laquelle cette
penfée ne pouuoit auoir d'effect, eft parce qu'eftant vne fois
defcouuerte, chacun des y defnommez eftant obligé de faire
des defmarches contraires, ce Projet par ce moyen demeuroit
inutil; I'ay donc eu intention que le tout fuft inutile, puifque
j'ay laiffé ce Projet en lieu où il ne pouuoit manquer d'eftre def-
couuert: Et mes Ennemis ne fçauroient refpondre à cette ob-
jection; Il faut qu'ils auoüent malgré eux, que cette affaire n'e-
ftoit gueres auant dans mon efprit, puifque je n'y donnois pas
plus d'application, & n'en prenois pas plus de foin.

M. Talon a remarqué fort habilement cy-deuant, que ie
fçauois bien, qu'on commençoit toûjours, en arreftant vne
perfonne de ma condition, par la faifie de fes Papiers; Cette
piece n'eftoit qu'en cas que ie fuffe arrefté; il falloit donc que
ie m'attendiffe qu'en m'arreftant elle feroit veuë, puifqu'on ne
pouuoit faifir mes Papiers fans l'y trouuer d'abord,

Par toutes ces raifons, il eft fi clair & fi conftant que ie n'ay
jamais refolu l'execution de ce Projet, qu'il paroift que depuis
en auoir efcrit le commencement, j'ay pris des refolutions toutes contraires, & qu'en 1657. ny en 1658. quand on euft executé le deffein d'oppreffion, qu'on a differé iufqu'en 1661. il n'en
euft pas efté autre chofe, pource que par la propre confeffion
de mon Accufateur, il n'a efté acheué qu'en 1658. Et Moy ie
dis qu'il ne l'a point efté du tout; d'ailleurs que ces chofes ne
s'executent pas de foy-mefme; Il falloit les auoir mifes en lieu
feur, en auoir ofté tous les veftiges, auoir bien fait d'autres
pas, que ie n'ay jamais voulu faire, eftant prouué que ie n'en
ay parlé à aucun des y defnommez; Et fi mon Accufateur a
dit cy-deuant *fol.* 14. *recto*, que le crime dont eftoit preuenu M.
de Chenailles, lequel auoit efcrit hors le Royaume, pour liurer

151

vne place, auoit receu des responses, auoit desbauché des Officiers & offert de l'argent, n'estoit que l'intention d'vn crime;
De quel nom peut-on appeller ce Projet, pour ma defense, dont
ie n'ay parlé, escrit, ny conferé auec personne?

Disons plus, si en crime de leze-Majesté l'execution * *seule de-*
uoit estre punie, l'Estat seroit tous les iours exposé à des cabales, &
à des conspirations; & il n'y a rien que les mécontens, & ceux qui
veulent changer la face du Gouuernement par interest, ou par inquie-
tude, ne pensent entreprendre auec impunité: Car si leurs desseins se
resoluent en fumée; s'ils sont preuenus & découuerts, ce seront des
phantosmes & des illusions, des conceptions cerebrines, des pensées
confuses & indigestes d'vne imagination blessée, qui merite plus de
compassion que de chastiment; si au contraire la temerité est heureuse,
si ces semences de rebellion ne sont pas estouffées dans leur naissance;
s'il se forme vn party considerable; si les peuples amateurs des nou-
ueautez prennent les armes; si les Gouuerneurs se declarent, il en
faut venir à des traittez, & à des compositions dont le premier ar-
ticle est toûjours vne Amnistie, & vne declaration d'innocence;
aussi le seul dessein de troubler la tranquillité publique a-t'il esté
dans tous les siecles, & dans toutes les Nations, reputé pour vn crime
capital: les decisions des Loix en sont si publiques, & les exemples
anciens & modernes si frequens, & si connus, qu'il est inutile de les
rapporter; & il vaut mieux examiner en particulier le contenu de
cét escrit, pour voir si c'est vne piece indifferente & excusable, ou
tout à fait criminelle.

* fol. 39.
recto.

MON Accusateur est plus sçauant qu'il ne veut paroistre;
Il sçait bien la distinction que font toutes les Loix, entre l'intention & l'execution des crimes, & qu'à l'esgard de ceux de leze-Majesté, comme les consequences en sont plus dangereu-
ses, on punit l'intention qui a esté suiuie (dit la Loy) d'vne
conjuration formée, du serment de plusieurs hommes liez ensemble, dont on a veu les effects au dehors, quand les desseins
ont esté communiquez; que l'on a entretenu des intelligences

auec les Ennemis; quand on a fait marché auec eux, pour leur donner entrée dans le Royaume; pour leur liurer vne place; que les deniers ont esté deliurez; qu'on a fait des negociations & choses semblables, encores que l'execution n'ait pas eu son succés: Ces intentions sont criminelles, plus ou moins selon les circonstances & les motifs de ceux qui les ont euës; Mais où il n'y a qu'vne simple meditation, il n'y a ny Loy, ny Ordonnance, ny exemple, que cela ait passé pour vn crime.

Quel homme ne seroit point criminel, si les simples pensées le pouuoient rendre tel? Combien de personnes sages forment des pensées qui ne sont pas toûjours raisonnables, lors qu'il leur arriue des accidens impreueus; lors que leur esprit est agité d'vne iuste apprehension, du nombre de celles qu'on distingue des autres, comme capables d'esbranler vn homme constant? Qu'est-ce qui n'entre point dans l'imagination, quand il s'agit de veiller à nostre propre conseruation, en demeurant sur la deffensiue? Ces pensées ne sont noires ny criminelles, tout homme raisonnable les peut auoir; mais l'effect de la sagesse est de les reprimer, ne faire aucune desmarche pour l'execution, & les aneantir comme il est prouué que j'ay fait, ayant tant de moyens d'en vser autrement.

* fol. 39. verso.

*La preface de ce Memoire, est vne inuectiue contre M. le Cardinal Mazarin, & * vne plainte contre le Gouuernement; il traitte vn premier Ministre auec des termes injurieux; il n'espargne aucunes couleurs pour noircir sa reputation, & ses seruices; & il mesure son propre eloge par l'enumeration de ces grandes qualitez; & faisant parade de son courage, & de sa fermeté, il accuse M. le Cardinal Mazarin d'ingratitude, de foiblesse, & de timidité.*

IE ne me plaints à personne par cét escrit; c'est vne iuste plainte que ie me fais à moy-mesme; Ie desplore mon malheur: M. Talon a fait autrefois des plaintes plus grandes contre la mesme personne de M. le Cardinal Mazarin, sans que M. Talon eust rendu autant de seruices que Moy, & sans qu'il

eust

euft autant de fujet de s'en plaindre; Quand on ne luy a pas fait
vne refponfe affez ciuile à fon gré; quand il n'a pas eu vne au-
diance affez prompte; quand quelque autre chofe n'alloit pas
felon fon fens, il a bien fait plus, que penfer ou efcrire dans
fon Cabinet; Il a menaffé de parler en public; Il a defcrié le
Miniftere : Et en tout cela il ne s'agiffoit pas de garentir fa
vie.

Ie puis bien auoir tort en faifant mon eloge, comme dit
mon Accufateur: ie ne fuis pas le feul qui ay peché quelque fois
dans l'excés de la bonne opinion de foy-mefme; i'ay exprimé
ce que je croyois alors : du moins puis-je dire que je n'ay pas
trop exageré les feruices que j'ay rendus : je pouuois en dire dauantage, puis que j'en ay la preuue, & que dans les Lettres de
M. le Cardinal il y a plus de mes loüanges que cét efcrit n'en
porte.

M. Talon dit encores, que je fais parade de mon courage, je
puis n'en auoir pas affez dans les chofes qui ne regardent que
Moy; mais celuy que j'ay tefmoigné par tout où il s'eft agy du
Seruice du Roy, & de l'auantage particulier de M. le Cardinal,
ne peut pas eftre reuoqué en doute, & M. le Cardinal luy-mefme n'en a jamais douté.

Chofe eftrange que Monfieur Foucquet reproche à fon bien-facteur
de manquer de gratitude, à celuy, dis-je, qui l'auoit efleué dans la
Charge de Procureur General, & fucceffiuement dans celle de Sur-
Intendant; qui l'auoit honoré de fa confiance, & de fes bonnes graces;
& auquel il eftoit redeuable de fa fortune; Quelques feruices que
l'Accusé ait jamais rendus à M. le Cardinal Mazarin, on peut dire
fans exageration, qu'ils ont efté recompenfez auec vfure; & comme
nous deuons par tout le tefmoignage à la verité, nous fommes obligez
de reconnoiftre que la prudence de M. le Cardinal Mazarin dans le
choix des confeils temperez, & fon extreme moderation, dans l'ou-
bly des iujures, dont il pouuoit conferuer vn reffentiment raifonna-
ble, eft pluftoft marque de fon courage & le tefmoignage d'vne ame
grande & efleuée, qu'vne marque de foibleffe & de timidité: En

Q q

effet ne l'a-t'on pas veu inesbranslable & intrepide, au milieu des
perils les plus presens & les plus redoutables? Et pendant que toute
la France sembloit auoir conjuré sa ruïne, n'a-t'il pas enuisagé auec
la mesme fermeté les approches de la mort? A-t'il cessé dans ces der-
niers momens de tenir le gouuernail? Et n'a-t'il pas continué d'agir
auec toute la reconnoissance, la generosité & la force d'vn genie
heroïque?

POVR respondre à cét article, je pourrois faire vne grande
Apologie, si tout le Procés ne la faisoit pour Moy, & si la rigueur du traittement que j'ay receu en consequence des ordres
de M. le Cardinal, ne faisoit la preuue des choses qui sont escrites contre luy dans la Preface, & l'explication des raisons qui
me portoient à escrire ce Projet pour ma propre conseruation.

M. Talon veut-il que je croye auoir obligation à vn homme
qui se sert de Moy tant que je luy suis vtile, & qui forme en
mesme temps le dessein de me perdre aussi-tost qu'il s'en pourra passer? Pretend-il me persuader que celuy-là soit mon bien-
facteur qui medite ma perte, pour asseurer mieux la possession
des auantages qu'il a tirez de Moy? L'eloquence de mon Accusateur n'est pas assez grande pour establir des maximes de cette
nature.

Ie serois tres-ingrat, si sans aucun fondement legitime, ie
blasmois celuy qui m'auroit fait du bien; quand mesme il auroit de grands defauts, je deurois tascher de les couurir: aussi
l'ay-je toûjours fait. Mais je ne sçay si celuy-là doit estre dit
mon bien-facteur, qui me loüe, qui me caresse, & qui me bai-
se pour me liurer ~~aux bourreaux~~, & me faire perir aussi-tost qu'il
verra le prix asseuré qui luy reuiendra de ma perte. Cependant
cette apparence de bien-faits a esté cause que j'ay continué de le
seruir & me sacrifier pour luy, depuis mesme que sa mauuaise
volonté m'a esté connuë; encore aujourd'huy, quoy que je
souffre, je n'aurois pas dit vn mot, ny expliqué les raisons de ce
Projet, si mes Ennemis ne l'auoient rendu public: Ce sont eux
qui ternissent la memoire de ^{leur} ~~mon~~ bien-facteur, en releuant

vne piece de cette qualité, qui ne porte rien contre M. le Cardinal , que tout le monde ne juge infiniment au deſſous de ce
qu'on en pouuoit dire, ſi mon intention euſt eſté de luy nuire,
au lieu qu'elle n'eſtoit que de me garentir des dernieres extremitez de ſa haine & de ſa jalouſie.

N'eſt-il pas veritable, que M. le Cardinal Mazarin n'a jamais
eu d'amitié pour ceux dont il a receu des ſeruices ? Comment en
a-t'il vſé pour les Heritiers de M. le Cardinal de Richelieu, auquel il deuoit le Chappeau de Cardinal , & l'honneur d'eſtre
l'vn des Miniſtres de l'Eſtat ? Comment pour M. de Chauigny
qui l'auoit mis aux bonnes graces de M. le Cardinal de Richelieu ? Comment pour M. des Noyers auquel il auoit juré amitié ? Comment enfin pour d'autres Perſonnes de plus grande
conſideration, que ie ne veux pas nommer par reſpeçt, auſquelles il deuoit ſon eleuation , ſa ſubſiſtance & ſa conſeruation ?

Si j'auois la liberté de dire au Roy, ce que j'ay oüy de la propre bouche de M. le Cardinal, & la tentatiue qu'il m'a faite,
& à d'autres encor; & qu'il me fuſt permis d'en expliquer les circonſtances, qui ſont telles que le Roy n'en pourroit pas douter; & la reſponſe que ie luy fis, laquelle peut bien eſtre
vne des cauſes de ſa haine contre Moy; Sa Majeſté ſeroit fort
conuaincuë, que la gratitude de M. le Cardinal eſtoit beaucoup moindre que ma fidelité.

Trouuera-t'on eſtrange apres cela, qu'il ait eu deſſein d'ob-
ſcurcir les ſeruices que j'auois rendus ? N'eſt-il pas notoire qu'il
a fait naiſtre, & fomenté vne diuiſion affeçtée entre tous les
principaux Officiers du Roy ? A-t'il rien negligé pour broüiller les Familles des particuliers ? A-t'il jamais eu ſentiment de
reconnoiſſance pour vn bien-faiçt ? Et a-t'il jamais meſuré les
perſonnes, ſinon ſur l'vtilité qu'il en pouuoit tirer à l'auenir,
ſans ſonger, ny au bien, ny au mal paſſé ? A-t'il jamais fait valoir les ſeruices de perſonne ? Et a-t'il laiſſé eſchapper vne occaſion de les diminuër aupres du Roy ? Quelle haine & quelle
auerſion n'a-t'il point teſmoigné contre tous les hommes de

Robbe ? Et quel mespris n'a-t'il point tasché d'inspirer contr'eux, dans l'esprit de ceux qui ont eu commerce auec luy ? Ay-
je iamais parlé de toutes les choses particulieres dont j'ay connoissance ? Ma Partie a tort encore vne fois, de releuer le contenu en mon escrit, à l'esgard de M. le Cardinal ; il est si veritable que la seule lecture conuaincra ceux qui en ont connu le
fonds, que ie ne disois en cét escrit que ce qu'il m'estoit necessaire d'expliquer contre luy, pour ma propre seureté.

Il est vray neantmoins qu'apres de tres-grands seruices, rendus par mon Pére, par mes grands Peres, par mes Freres & par
Moy, dont j'ay la preuue dans mes Papiers ; quand j'ay traitté
de gré à gré, pour mon argent, de la Charge de Procureur General, M. le Cardinal n'a pas empesché que j'en fusse pouruëu ;
mais ce n'est pas me l'auoir donnée : Y auoit-il raison de m'en
exclure ? Moy qui dans toutes les Guerres ciuiles m'estois exposé pour luy à toutes choses ; Moy qui luy auois donné de l'argent, lors qu'il estoit abandonné de tout le monde : Et si depuis il m'a fait Sur-Intendant, j'auois rendu d'autres seruices
assez considerables en la Charge de Procureur General, pour
meriter quelque recompense.

Que si par respect & par modestie, ie n'ay pas voulu publier
les choses que j'ay faites pour luy, telles qu'elles sont : En verité ceux qui les sçauent, jugeront bien que la Commission
de second Sur-Intendant, n'estoit pas vne chose dont ie luy
deusse beaucoup de reste : Et pleust à Dieu que ie ne l'eusse pas
esté ! les nouueaux seruices que j'ay rendus en cét Employ, n'auroient pas excité sa haine, la jalousie, & l'enuie de ceux qui pretendoient à cette place ; Ie serois riche, puissant, & dans vne
grande Charge, au lieu que ie me trouue ruiné, despoüillé de
tout, & l'object de la violence de mes Ennemis.

Il faut donc cesser de le nommer mon bien-facteur, ou il faut
faire cesser l'effet d'vne persecution fondée sur ses ordres, à l'in-
stigation du sieur Colbert.

Ie ne respons point à tout le reste des loüanges que luy donnent ceux que ledit sieur Colbert a employez pour faire les es-

critures

critures du Procés contre Moy, ils font payez pour cela. Qu'on ne m'attaque point, & je confens à tous les panegyriques de M. le Cardinal, & à ceux du fieur Colbert, de M. Talon, & du fieur Berryer mefme.

Apres ces premieres penfées, l'Accufé prefuppofe que M. le Cardinal Mazarin, qui efcoutoit fauorablement fes Ennemis, & quireceuoit toutes les mauuaifes impreffions qu'on luy vouloit donner de fa conduite, (ce font à peu prés fes termes) prenant refolution de l'éloigner des affaires, pourroit en mefme temps conceuoir le deffein d'attenter à fa liberté, & de le faire arrefter prifonnier. Mais comme la prifon n'eftoit pas le feul mal, dont il fe crût menacé, & qu'il apprehendoit vne accufation criminelle, au premier cas, c'eft à dire, tant qu'il ne demeureroit que prifonnier, fans qu'on luy fift fon Procés, il veut que fes Amis gardent beaucoup de moderation, il ne confeille qu'artifice, que foupleffe, que prieres, & que filence.

IE prends droict par les termes que rapporte mon Accufateur, & fupplie qu'ils foient leus & examinez auec foin. *Si on fe contente de m'ofter la liberté, je veux que mes Amis gardent beaucoup de moderation:* Sont-ce les termes d'vn hómme, comme l'on pretend, qui medite vne reuolte, qui ne veut que defordre & foufleuement ? Ie veux fouffrir tout ce qu'on voudra, tant qu'il y aura efperance que le temps & la patience y pourront mettre fin, & ne veux fonger à me defendre que de la derniere extremité.

Il eft neantmoins à propos de remarquer ce qu'il veut eftre fait auffi toft qu'il feroit arrefté. Il faudroit, dit-il, ofter tous mes Papiers, mon argent, ma vaiffelle d'argent, & mes meubles confiderables de ma maifon de Paris, de S. Mandé, de chez Monfieur Bruant, & les mettre dés le premier iour à couuert, dans vne ou plufieurs Maifons Religieufes. Cela a efté executé en partie, ne s'eftant point trouué de Papiers ny d'argent dans fa Maifon de Paris, ny aucuns comptes, ny aucuns Régiftres, ny argent dans celle de Bruant.*

* fol. 40. verfo.

R r

M. Talon fait obſeruer, comme vne choſe bien digne d'eſtrē remarquée, que je deſire qu'on mette mes effets à couuert, apres que je ſeray arreſté. A-t'on jamais fait autrement? I'ay bien fait plus : car d'Angers, depuis ma priſon, j'eſcriuis à M. le Tellier pour l'en prier, afin que tout ne fuſt pas conſommé en frais de Iuſtice.

Ce qui eſt dit icy, que l'on a oſté, n'eſt pas veritable: Pour la maiſon de Paris, on ſçait que les meubles en eſtoient à Vaux, & les Papiers à S. Mandé & Fontainebleau. Il eſt notoire que cette maiſon de Paris eſtoit abandonnée, tant par mon abſence depuis pluſieurs mois, que parce que les ouuriers y trauailloient. Cela eſt aſſez iuſtifié par les Inuentaires.

A l'eſgard de celle du ſieur Bruant, ie n'en puis rien dire ; Il auoit mes effets en 1657. & ie les auois retirez en 1659. comme il paroiſt par mes Lettres qui ſont au Procés ; Et il eſt iuſtifié non ſeulement qu'il n'auoit pas d'argent à Moy ; mais que ie luy deuois plus de cinq cens mil liures par ſon dernier compte. Il eſt bien vray neantmoins, que tous les Papiers qu'il deuoit auoir en ſa maiſon, ne s'y ſont pas trouuez : car s'il eſt veritable qu'il ait donné de meſchantes deſcharges à l'Eſpargne, pour vne partie de l'Ordonnance de ſix millions, il doit auoir les bonnes ; & de plus les deux Regiſtres de ſes comptes y deuoient eſtre.

Il ne s'arreſte que legerement ſur le premier poinɛt, parce que la crainte de ſe voir accuſé formoit ſa principale inquietude ; auſſi l'vnique but de toute ſon application & de toutes ſes precautions, eſt d'empeſcher qu'on ne vienne à cette extremité, & ſi l'on ne le peut eſuiter, il propoſe toutes ſortes d'expediens & de violences, pour en retarder l'inſtruɛtion ou le jugement.

SI vn homme peut auoir quelquefois vne legitime inquietude, c'eſt ſans doute quand vn Miniſtre tout-puiſſant fait reſolution de l'opprimer ; Il ſemble qu'elle eſt excuſable en ce cas, & qu'il doit eſtre pardonnable à cét homme d'y auoir penſé

quelque temps, & d'auoir fait quelque reflexion sur vne occasion si fascheuse.

*Aussi apres auoir fait vne longue numeration des personnes,
ausquelles il prenoit confiance ; des Villes & des Gouuernemens engagez dans ses interests, & dont il attendoit secours : Il dit au troisième cahier, fol. 1. recto, & 2. recto. Il faudroit enuoyer vn
homme en diligence à Concarneau trouuer Deslandes, dont ie connois le cœur, l'experience & la fidelité, pour luy donner aduis de mon
emprisonnement, & ordre de ne point faire d'éclat en sa Prouince,
ne point parler & se tenir en repos, de crainte que d'en vser autrement, ne donnast occasion de nous faire * nostre Procés, & nous
pousser. Mais il pourroit sans dire mot, fortifier sa place d'hommes, de munitions de toutes sortes, retirer les Vaisseaux qu'il auroit à la Mer, & tenir toutes ses affaires en bon estat ; achepter des
cheuaux & autres choses, pour s'en seruir quand il seroit temps ;
Deslandes est celuy duquel l'Accusé à tiré vn engagement par escrit
le 2. Iuin 1658. en des termes si execrables qu'ils font horreur. Il en
sera cy-apres fait mention.*

* fol. 41.
recto.

CE´T ordre n'a jamais esté donné, il n'est que dans vn escrit
imparfait, & qui n'est pas si criminel qu'on le veut dire, si on
en examine toutes les circonstances, puis qu'il n'estoit que dans
la pensée de faire peur, & retenir celuy qui me vouloit faire perir injustement : En effect, il paroist par là, que ie ne croyois
pas qu'il y eust aucun sujet de me pouuoir faire mon Procés, &
ie ne voulois pas en donner, esperant que la soufmission à la
longue fleschiroit la mauuaise volonté de mes Ennemis, qui me
verroient sans ressentiment.

Ce Deslandes qui a composé & escrit de sa main cét engagement, en termes que l'on pretend si execrables, est le mesme
qui s'est rendu volontairement prisonnier deux fois, & qui
deux fois a esté eslargy & mis en liberté ; vne fois par ordre du
Roy, & depuis par ordre de la Chambre.

Et mon Accusateur est conuaincu par nos Interrogatoires,

des raiſons innocentes de cét engagement : Mais il a voulu en
faire mention en ce lieu, croyant me nuire ; encore qu'il ſçache
en ſa conſcience, que ce ſont deux affaires, qui n'ont aucun
rapport l'vne à l'autre.

*Il eſt dit en la ſeconde page du 4. cahier. Ie ne ſerois point d'a-
uis que le Parlement s'aſſemblaſt pour me redemander auec trop de
chaleur ; mais tout au plus vne fois ou deux par bien-ſeance, pour
dire qu'il en faut ſupplier le Roy ; & il ſeroit tres-important que
mes Amis en fuſſent aduertis au pluſtoſt, particulierement, &c. de
crainte que l'on ne priſt le party de dire ; que le Roy vouluſt me faire
faire mon Procés, & que cela ne miſt l'affaire en pires termes. Ces
expreſſions ſont des marques d'vn eſprit agité par les ſentimens in-
terieurs & les reproches de ſa conſcience, & des teſmoignages ſen-
ſibles que l'Accuſé auoit peu de confiance en ſon innocence.*

Ie ne ſçay pas ce qu'il y a de mal en cette expreſſion dont
l'intelligence n'eſt autre, ſinon que i'eſtois aſſez perſuadé qu'vn
Miniſtre de l'humeur de M. le Cardinal, ne me feroit pas arreſter pour me mettre en liberté trois iours apres ; & que s'il ſe
voyoit trop preſſé, il pourroit luy venir en penſée, pour couurir
ſon action d'vn pretexte de Iuſtice, de commencer des procedures que ie voulois éuiter, ſçachant qu'vn homme tout puiſſant ne manque iamais de teſmoins ; & qu'vn Sur-Intendant
qui a executé pendant vn temps de guerre, de troubles & de
deſordre, vne Commiſſion difficile, ſous vn Eſtranger qui n'a
point obſerué les formes, a toûjours aſſez d'ennemis, & donne
toûjours aſſez de couleur pour commencer des procedures, que
l'on doit éuiter en toutes manieres, s'il eſt poſſible. Voila les
raiſons de cette expreſſion, qui ſont aſſez expliquées en toute la
teneur de l'eſcrit.

Cependant il eſt bon de remarquer, que voila la premiere
partie, & le premier trauail de ce Projet, & que cette meditâ-
tion & cette perſeuerance, que l'on a tant amplifiée, ne ſe peuuent eſtendre que ſur la ſeconde partie, qui commence au cin-
quieſme

quiéme feüillet. Le reste est fait d'vne teneur, à vne seule fois, non acheué; & par consequent ce qui est criminel est sans meditation, sans perseuerance, vn premier mouuement de colere, vn ressentiment sans suite, sans execution, & dont au contraire, i'ay pris à tasche de destruire l'execution Moy-mesme, par tant de voyes, qu'il est visible que i'ay voulu m'oster les occasions d'estre tenté, en quelque cas que ce fust, & laisser agir mes Ennemis en toute liberté, esperant que Dieu les toucheroit, & qu'eux-mesmes voyant tant de seruices, tant de sincerité dans mon procedé, & faisant reflexion sur les auantages que ie leur ay procurez, ne perseuereroient pas dans leur mauuaise volonté, ou du moins ne la pousseroient pas à l'excés.

Il adjouste au cinquiesme cahier, fol. 2. verso. *Voila l'estat où il faudroit mettre les choses sans faire d'autre pas, si on se contentoit de me tenir prisonnier. Mais* * *si on passoit outre, & que l'on voulust me faire mon Procés, il faudroit faire d'autres pas. Voila assez de preuues, & n'en voila que trop de l'extreme apprehension en laquelle il estoit qu'on ne luy fist son Procés; ce qui ne pouuoit proceder que de la connoissance qu'il auoit de ses crimes.*

* *fol.* 41. *verso.*

Mais encore, quels sont ces autres pas qu'il faudroit faire si on passoit outre, & qu'on voulust luy faire son Procés? Ce n'est pas de faire des memoires pour montrer qu'il seroit innocent: Ce n'est pas de donner des instructions pour le justifier des accusations qui luy seroient imposées: Ce n'est pas de dire qu'il auroit des moyens, ny des pieces pour empescher sa condamnation: rien de tout cela. Il ne veut qu'empescher que le Procés ne luy soit fait, ou que si le Procés est commencé, on en retarde le jugement, en cela consiste vne partie des pas qu'il conseille de faire sur ce sujet. Voyez les autres.

IL faut vn peu approfondir cette induction, & examiner s'il y a quelque apparence, à ce qu'il dit, que ie me sentois criminel, puisque ie ne propose pas les instructions pour ma defense, la justification sur les chefs d'accusation, ny les pieces pour me faire absoudre.

S f.

e dis tout au contraire, que si j'eusse connu quelque crime
en Moy, j'aurois fait tout ce qu'il explique en cét article; j'aurois cherché les moyens de le pallier; j'aurois fait vne enumeration des raisons pour l'affoiblir, & des pieces pour y donner
quelque attainte : Mais n'en sçachant aucun, je n'auois garde
de deuiner les pretextes dont on se seruiroit, ny les témoins que
l'on corromproit, ny les moyens de m'en defendre. C'est sur
vne pareille preoccupation que M. Talon a voulu que ie four-
nisse des defences par attenuation, sans auoir communiqué ses
conclusions ciuiles; mais comme c'estoit vne forme nouuelle,
je ne pouuois pas la preuoir, & ainsi cét argument est sans force; On peut juger par là que je n'apprehendois qu'vne violence:
Ie cherchois les moyens de la faire cesser en faisant, non pas du
mal; mais quelque peur à vn homme qui en estoit susceptible,
& qui pouuoit estre touché par ce motif, plustost que par celuy
de reconnoissance, le tout neantmoins sans commerce, rapport, ny intelligence auec les Ennemis; ce qui est d'autant plus
notable que c'estoit vne voye asseurée en ce temps-là.

*Apres que tous les Gouuerneurs auroient escrit à S. E. pour de-
mander ma liberté auec des termes pressans, comme mes Amis; s'ils
n'obtenoient promptement l'effet de leur demandes, & que l'on con-
tinuast à faire la moindre procedure; il faudroit en ce cas montrer
leur bonne volonté, & commencer tout d'vn coup, sous diuers pretextes de* ce qui leur seroit deub, d'arrester tous les deniers des Receptes; non seulement de leur Places; mais des lieux où leurs garnisons pourroient courre; faire faire nouueau serment à tous leurs Officiers & soldats, mettre dehors tous les habitans ou soldats suspects
peu à peu. Quels pas, ou pour mieux dire, quelles demarches? former vne rebellion, declarer la Guerre & prescrire tous les actes d'ho-
stilité, & tout cela non pas pour se garentir de violence & d'oppression; mais pour arrester le cours de la Iustice?*

*Il adjouste en suite, qu'il faut auoir soin de publier vn Manife-
ste contre l'oppression & la violence du Gouuernement. Il ne conseille pas que ce Manifeste soit publié contre l'oppression ou la vio-*

* fol. 42.
recto.

lence de ceux qu'il qualifie ses Ennemis, ny pour justifier son inno-
cence, ny pour faire valoir ses seruices: Mais il veut enueloper tout
le public dans son interest, sçachant bien que le Manifeste n'auroit
pas grand effet, s'il n'auoit d'autres pretextes que celuy de son in-
nocence, ou de sa iustification, dont il se deffioit luy mesme.

IE demeure d'accord que le contenu en ces articles & aux
suiuans n'est pas bien, ie le condamne & l'auois condamné
long-temps auant mon Accusateur, puis que je m'en estois dé-
party presque aussi-tost que j'y auois pensé.

Si ie l'auois executé, je serois coulpable; si j'en auois donné
les ordres & qu'ils fussent demeurez sans execution, ie le serois
beaucoup moins: mais n'ayant donné aucun ordre, & n'ayant
fait que le penser, ie ne le suis point du tout; d'autant plus que
cette pensée estoit sortie incontinent de mon esprit, & que
depuis i'ay fait vn grand nombre d'actes contraires.

Si on adjouste que cette pensée n'estoit qu'en cas d'oppression, à peine peut-on blasmer vn homme de l'auoir euë, quand
elle n'a pas esté plus auant.

Ie repete encore, que ie ne sçay point d'homme, qui se
voyant en estat de perir, apprenant vne conjuration d'Ennemis puissants pour le perdre, ne pense à mille choses mesme
impossibles pour se defendre; toutes sortes de pensées luy viennent dans l'esprit en ces occasions; il les examine, il les des-
approuue; elles reuiennent, il les reiette; il en remarque les
inconueniens; il les escrit, il les discute, & puis il est retenu par la raison, il les abandonne, & n'y pense plus.

Qu'y a-t'il donc de si estrange, que me voyant opprimé
il me soit venu en l'imagination de souhaitter, que des hommes qui se seroient interessez pour Moy fissent quelques démarches, pour montrer qu'ils seroient mécontens du refus que
M. le Cardinal leur auroit fait, de me laisser en repos, & qu'ils
luy fissent apprehender d'autres suites?

Pourquoy tant se rescrier? Quand i'ay mis sur ce papier en
exprimant vne premiere pensée, que si par la fantaisie d'vn

Miniftre ie venois à eftre opprimé, il faudroit faire vn Manifefte contre l'oppreffion, & contre la violence de fon gouuernement.

N'eft-ce pas vn intereft commun du Roy & de tout le public,
que les particuliers ne foient pas opprimez ? Que la verité foit
connuë au Maiftre, & qu'il fçache ce qui eft iufte & ce qui ne
l'eft pas ; Qu'il ne foit pas à la liberté d'vn Miniftre, fi toft qu'il
fe voit en fortune, de fe feruir de l'authorité du Roy, pour perdre les plus fidelles Subjets de fa Majefté, afin de fatisfaire à fes
paffions particulieres ou à d'autres interefts, dont il ofte la connoiffance au Roy.

Le Roy n'auoit-il pas bien reconnu luy-mefme cét incon-
uenient apres la mort de M. le Cardinal, quand il ordonna pour
fa propre reputation, que les accez feroient libres à l'auenir,
que fa Majefté témoigna vouloir eftre informée de toutes chofes, & entendre elle-mefme tout ce qu'auroient à luy reprefenter fes Subjets, afin de leur faire Iuftice ?

Mais du temps de M. le Cardinal, voyant toutes les auenuës
bouchées, comment pouuois-je penfer autre chofe qu'vn Manifefte, pour faire venir aux oreilles du Roy, les iuftes plaintes
d'vne oppreffion où tout le public eftoit intereffé ? Car ces
exemples font dangereux, & l'on ne commence point par vne
action de cette qualité, que le fuccés ne donne enuie à celuy
auquel elle reüffit d'en entreprendre d'autres.

Ce font les chimeres que le defefpoir d'vne oppreffion in-
iufte, dont on me donnoit des aduis trop certains, infpiroit
dans les premiers mouuemens à mon imagination outrée d'v-
ne iufte douleur, & que i'abandonnay auffi-toft que j'y eus fait
reflexion.

*Il dit immediatement apres ; C'eft en ce cas où Guinan pourroit
auec quelques Vaiffeaux de Guerre, s'affurant en diligence de plus
grand nombre d'hommes qu'il pourroit, Matelots & Soldats (principalement * Eftrangers) prendre tous les Vaiffeaux qu'il rencontre-
roit dans la riuiere du Havre à Roüen & par toute la cofte ; mettre*

* fol. 42. verfo.

les

les vns pour bruflots ; des autres en fairē des Vaiſſeaux de Guerre:
en ſorte qu'il auroit vne petite Armée aſſez conſiderable, retraitte en
bons ports, & y meneroit toutes les marchandiſes, dont on pour-
roit faire argent ; dont il faudroit que les Gouuerneurs fuſſent ad-
uertis, pour auoir creance en luy & luy donner retraitte & aſſiſtan-
ce. Ce Guinan eſt vn Capitaine de Marine, c'eſt vn homme de con-
ſeil, d'entrepriſe & d'execution ; c'eſtoit l'vne des creatures de l'Ac-
cuſè ; il eſt fait mention de Guinan dans les Regiſtres de Pelliſſon,
il luy a eſté donné en diuerſes parties juſques à la ſomme de
Il receuoit des gratifications & vne penſion de douze mille liures par
chacun an, qui eſtoit payée de mois en mois ; Il y a vn memoire par-
ticulier de ce que Guinan a receu. L'Accuſè par ſon premier Inter-
rogatoire reconnoiſt qu'il employoit Guinan en diuers voyages.

Ie n'ay rien à dire en cét endroit, que ce que j'ay dit aux
articles precedents ; Si j'auois executé ces choſes, j'aurois fait
vn crime ; ſi j'auois fait des efforts pour l'entreprendre, ie ſerois en faute ; ſi j'en auois ſeulement donné les ordres, i'aurois
mal fait : Mais ſi ie n'ay fait que le penſer, dans vn temps que ie
penſois à me garentir d'oppreſſion, que peut-on dire autre choſe, ſinon que i'ay mal penſé ; mais non pas que i'ay mal fait?

Non ſeulement cette penſée n'eſtoit pas bonne ; mais elle
eſtoit ridicule & mal imaginée en toutes façons : Pour peu
qu'on me connoiſſe, on verra bien que ie n'ay iamais fait vn
quart d'heure de reflexion à ce que i'ay eſcrit en cét endroit-là,
& que iamais ie ne l'ay releu : car il y a mille obſeruations à faire, qui montrent que cela eſt contre le ſens commun, & ne peut
pas m'eſtre tombé dans l'eſprit, à moins que mon imagination
fuſt grandement troublée, au moment que i'ay eſcrit les dix ou
douze lignes de cét endroit.

Mais enfin la preuue que ie n'ay pas continué dans ce deſſein, eſt conuaincante, en ce que depuis ce tempſ ie n'ay donné
à commander audit de Guinan aucun vaiſſeau de ceux qui
eſtoient à Moy, ny ne luy en ay procuré d'autres : I'auois eu
penſée d'obtenir pour luy, le commandement de ceux du

T t

Conuoy de Bourdeaux, & ie ne le fis pas.

Le Roy fçait bien que m'ayant fait l'honneur de me demander mon auis, pour les Capitaines qui deuoient commander les
vaisseaux de son Armée Nauale, & m'ayant chargé d'en dresser
le memoire pour luy en faire rapport, sa Majesté fit choix desdits Capitaines, sur la relation que i'eus l'honneur de luy en faire, & ie ne proposay pas ledit sieur de Guinan : Ce sont choses
où il n'y a point de replique.

Ledit sieur de Guinan est vn homme qui a seruy le Roy en
diuerses occasions, auquel il estoit deub quelques sommes,
dont il a eu des Ordonnances du Roy, assignées par M. Seruien, sur les ordres de M. le Cardinal : De plus, il a esté ordonné par vn Arrest contradictoire du Conseil, qu'il luy seroit fait
fonds, pour des sommes dont vn Marchand de la Rochelle
auoit obtenu condamnation, pour des bleds employez au seruice du Roy, par M. de Vendosme ; De sorte, que les deniers qui
luy ont esté payez, l'ont esté pour le seruice du Roy, pour despenses legitimes & ordonnées ; à la reserue de quelques petites
sommes, qui luy ont esté données, tant pour voyages que ie
luy ay fait faire, tant pour voir ce qui manquoit aux vaisseaux
que M. le Cardinal auoit acheptez de Moy, pour le Roy ; les
faire acheuer en diligence, & les liurer au sieur Colbert du Terron ; que pour quelques achapts de marchandises pour l'Amerique, & choses de cette qualité tres-innocentes ; ce qui m'est facile de prouuer par mes Papiers, & par vn grand nombre de
tesmoins : Ledit sieur Colbert du Terron n'en peut pas disconuenir.

Mon Accusateur sçait bien qu'il parle contre sa conscience, quand il dit, Que Guinan auoit vne pension de douze mille
liures par chacun an, payée de mois en mois : Il a veu les pieces
qui portent le contraire ; Et les quittances de sept ou huict mille
francs, payez audit sieur de Guinan de mois en mois, pour reste
du payement d'yne somme à luy deuë, en font vne expresse
mention ; en sorte que sans preuarication à la verité, on ne
peut auancer que ce soit vne pension payée par chacun an.

Ces suppositions contre la teneur propre des pieces, sont de
grandes marques de la haine mortelle de M. Talon, puis qu'il
ne hesite point pour donner des impreßions contre Moy, de
mettre en auant des faicts de cette qualité, indignes d'vn Procureur General, pour lesquels il sera conuaincu par la seule
lecture des pieces sur lesquelles il se fonde.

*L'Accusé auoit vne telle confiance, dans le secours & l'assistan-
ce qu'il attendoit de ses Amis, & il les croyoit si fortement, &
par des paroles si positiues engagez dans ses interests, qu'il ne faisoit point de doute que tout ce qu'il conseilloit ne fust executé; aussi,
dit-il, au cahier fol. recto. Il est impossible, ces choses* estant*
bien conduites, se joignant à tous les mal-contens, par d'autres interests, que l'on ne fist vne affaire assez forte pour tenir les choses,
long-temps en balance, & en venir à vne bonne composition. C'est
à dire que n'esperant point de salut dans les voyes de la Iustice, il
en cherchoit dans vn desordre, & dans vne confusion generale, &
qu'il ne faisoit point de scrupule de mettre pour cét effet, toutes les
forces d'vn Royaume en balance, & l'Estat en peril.*

* fol. 43.
recto.

M o n Accusateur dit, *Que ie ne faisois pas de doute que tout
ne fust executé.* Pour sçauoir si i'en ay douté ou non, il ne faut
pas voir ce que i'ay pensé vne fois ; mais si j'ay donné des ordres, & si i'ay fait agir sur ce fondement, & on trouuera que ce
n'a esté qu'vne pensée d'vn iour.

De plus, s'il estoit vray que i'en eusse esté si certain, i'en serois d'autant plus loüable, de n'auoir pas voulu me seruir d'vn
moyen que i'aurois tenu si indubitable, comme le presuppose
mon Accusateur. Et n'est-ce pas vne malignité d'interpre-
ter les mots de cét escrit, qui porte, Que cela pouuoit tenir les
choses long-temps en balance, autrement que leur veritable
sens, qui ne peut estre entendu que de la resolution prise de me
perdre, dont ie voulois arrester l'effect dans l'esprit de M. le
Cardinal, & l'obliger de faire reflexion, s'il deuoit s'engager à
vne telle affaire. Voila ce que ie voulois mettre en suspens dans

son efprit, luy en faire balancer le bien & le mal, pour luy faire connoiftre qu'il y auoit beaucoup de mal & nul auantage : Cela ne s'entend donc pas de toutes les forces du Royaume, dont il n'eft dit pas vn mot.

Mais en verité, les termes de ce Projet qui font icy rapportez, ne doiuent-ils pas me feruir d'vne iuftification toute entiere? puifque ce iour-là mefme que i'eftois le plus fafché, que la douleur d'vn traitement injufte auoit occupé mon efprit, que i'eftois dans le plus fort de mon emportement, il ne m'entre pas feulement dans la penfée de lier vne intelligence, non feulement auec les Ennemis; mais auec aucune perfonne fufpecte, ny m'appuyer de certaines protections, fi proches & fi faciles en ce temps-là ; & qu'il paroift bien que tout ce qui me paffoit dans l'efprit, n'eftoit que de chercher vn moyen de paruenir à vn accómodement, par lequel on me laiffaft en repos, & on ceffaft l'oppreffion. Voila tout ce que i'ay penfé dans vn mouuement de colere; & cela eft iuftifié par les termes fuiuans, *d'autant plus qu'on ne demanderoit que la liberté d'vn homme qui donneroit des cautions de ne rien faire de mal.*

Que promettoit-il pour tant d'efforts, & pour tant de hazards? Ce n'eftoit pas de purger le Gouuernement de l'oppreffion, & de la violence, dont il voúloit qu'il fuft accufé par le Manifefte ; Ce n'eftoit pas de faire rendre tout ce qui auroit efté pris & enleué dans les Bureaux, & fur les coftes : Ce n'eftoit pas de fatisfaire les mal-contens, aufquels l'on fe feroit joint : Ce n'eftoit pas de procurer de grands biens à la France pour la recompenfe de tant de pertes qu'il luy auroit caufées. Mais que l'on demanderoit que la liberté d'vn homme qui donneroit des cautions de ne faire aucun mal. C'eft là où il veut faire aboutir toute l'efperance & tout le fuccés de tant de foufleuemens, & de cette reuolte vniuerfelle; qu'il donneroit caution, non pas de faire du bien, mais de ne faire aucun * *mal : Quelque fens que l'on donne à ces paroles on peut dire qu'elles tiennent ègalement du crime, & de la vanité.*

I E

IE demeure d'accord de plus, qu'il y a eu de la folie & de la chimere dans le temps de ma juste douleur : Mais ie me sers de ce mesme endroit pour faire vn raisonnement tout contraire à celuy de mon Accusateur. Ay-je pretendu, en pensant à toutes ces voyes illicites, qu'on me restablist dans vn Employ, où j'auois bien seruy ? Ay-je proposé qu'on me fist payer tous les deniers qui me seroient deubs ? Car ie puis iustifier qu'à la fin de cette année il m'estoit deub, ou à mes Commis, plus de dix millions : Ay-je stipulé qu'on me procurast quelque autre establissement auantageux, quand mesme on auroit pû en venir à bout ? Non, dans la plus grande chaleur de mon ressentiment, ie n'ay pas songé d'obtenir qu'on me fist iustice sur tant de choses legitimes ; i'ay seulement pensé à faire peur, en cas d'vne derniere oppression, pour tascher de la moderer & faire *qu'on ne fust pas si hardy à pousser vne violence.* Ie n'ay pas mesme voulu penser à y employer les moyens plus seurs, crainte qu'ils ne fissent quelque prejudice. Et cette pensée toute excusable qu'elle est, n'est la pensée que de deux heures de temps, sortie de mon esprit dés le soir mesme ; puisque comme ie l'ay des-ja remarqué, le commencement du Projet, qui est l'escriture de deux autres heures, est innocent ; & qu'il n'y a de mal qu'aux pensées de cette seconde iournée, que i'ay employée vn an apres sur de nouueaux aduis, laquelle i'ay laissée encore imparfaite sans la reprendre, & sans y perseuerer.

Apres ces ordres generaux, il donne encore d'autres conseils qu'il croit pouuoir estre vtils, bien que le secours n'en soit pas si prompt. Le premier est conceu en ces termes ; Monsieur d'Agde peut sous main conduire de grandes negociations, & dans le Parlement sur d'autres sujets que le mien, & mes Amis asseurez dans les autres Parlemens. On ne manque iamais de matiere à l'occasion des leuées de donner des Arrests, & troubler les Receptes ; ce qui fait qu'on n'est pas si hardy en ce temps-là à pousser vne violence, & on ne veut pas tant d'affaires tout à la fois. Le second, il l'explique en cette sorte. Vne chose qu'il ne faudroit pas manquer de tenter, se-

V u

roit d'enleuer les plus confiderables hommes du Conſeil, au meſme moment de la rupture, comme M. le Tellier, ou quelqu'autre de nos Ennemis plus confiderables, & bien faire ſa partie pour la re-traitte, ce qui n'eſt pas impoſſible. Le troiſiéme, Si on auoit des gens dans Paris aſſez hardis pour vn coup confiderable, & quelqu'vn de teſte pour les conduire ; ſi les choſes venoient à l'extremité & que le Procés fuſt bien auancé, ce ſeroit vn coup important de pren-dre de force le Rapporteur & les Papiers. Et le quatriéme, L'on pourroit gagner de petits * Greffiers ; C'eſt vne choſe qui auoit pû eſtre pratiquée au Procés de M. de Chenailles, le plus aiſément du monde, où ſi les minutes auoient eſté priſes, il n'y auoit plus preuue de rien. De ces quatre pernicieux conſeils on peut induire que l'Ac-cuſé s'eſtimoit bien coupable, ne pouuant trouuer de ſeureté, que dans le trouble, dans vne ſubuerſion generale, ou dans quelque action de violence, & qu'il vouloit ſacrifier toutes choſes à ſa conſeruation, juſques à violer le reſpect que l'on doit à la Iuſtice, par vn ſacrile-ge qui n'a jamais eſté attenté, & juſques à corrompre l'integrité de ſes Miniſtres, juſques à vouloir tenter l'enleuement de quelques-vns de ceux que le Roy appelle dans les Conſeils, & qu'il approche de ſa perſonne. Peut-on rien imaginer de plus violent, de plus injurieux à l'authorité Royale, & de plus criminel? Enfin il donne aduis de * compos de Manifeſtes, & autres ouurages, de faire ſous mille noms differens, & diuers intereſts, recommencer à faire des Imprimez de toutes ſortes dans les grandes Villes du Royaume, en enuoyer par les portes, en ſemer par les maiſons ; pour cét effect mettre des Imprimeries en des lieux ſeurs, & qu'il y en ait vne à Belle-Iſle. Cét article a eſté en partie executé, depuis la detention de * l'Accuſé ; quoy que peut-eſtre auec plus de retenuë & de moderation, crainte que la diſtribu-tion de ces Libelles ne fuſt regardée, comme vne execution de cét Eſcrit.

Tovte l'expreſſion de cét eſcrit eſt extrauagante, j'en de-meure d'accord, elle eſt blaſmable & ne ſe peut ſouſtenir. C'eſt l'ouurage d'vne heure ou deux, pendant leſquelles mon eſprit agité de l'inquietude, que m'auoient donné pluſieurs aduis de

*fol. 44. recto.

*Aliàs, com-poſer.

*fol. 44. verſo.

la conjuration faite contre Moy, me fit defcharger fur ce papier tout ce que me fournit en ce moment mon imagination
outrée de douleur, & tout ce qui me paroiſſoit pouuoir faire
vne diuerſion dans l'efprit de M. le Cardinal, dont ie con-
noiſſois le temperament. Mais au mefme temps ces penſées
eſtant paſſées de mon efprit fur ce papier, font demeurées fur ce
mefme papier toutes indigeſtes, toutes defraiſonnables qu'elles eſtoient, & ne font plus demeurées dans mon efprit; elles
en fortirent auſſi-toſt, & n'y font jamais rentrées, & ne m'en
fuis pas feulement fouuenu.

Neantmoins les termes qui font enoncez en cét endroit ju-
ſtifient, nonobſtant les raiſonnemens de M. Talon, que ie ne
me fentois pas coulpable, puis que ie diſois en termes formels,
pour appuyer la penſée que i'auois de faire peur, & faire naiſtre
des affaires : *On n'eſt pas ſi hardy en ce temps-là à pouſſer vne violence, & on ne veut pas auoir tant d'affaires à la fois.* Mon deffein n'eſtoit donc que de me garentir d'vne violence, que de
faire peur, & non pas de faire du mal.

Ie ne veux point entrer dans le détail de chacun des expediens
qui font exprimez en cét endroit, ny dans les autres : Ie les blâme tous; je les ay def-approuuez le premier, puiſque ie n'ay pas
voulu y perſeuerer vn moment. Ie les ay mis vne fois par eſcrit
pour les examiner : je les ay condamnez depuis, auant mefme
que de les examiner, & j'ay deſtruit en fuite dans le détail tout
le contenu en cét eſcrit.

M. le Tellier ſçait bien que nous nous fommes efclaircis luy
& Moy teſte à teſte à Thoulouſe, & par amis communs, fur les
ſujets de plainte que je croyois auoir contre luy, pour les mauuais offices qui m'auoient eſté rendus; Il en demeura d'accord;
mais il me fit voir d'où venoient tous les mauuais offices, &
me confirma dans les connoiſſances que j'auois def-ja tirées
d'ailleurs; en forte que depuis ce temps nous auons fort bien
veſcu enfemble M. le Tellier & Moy.

Mais je repete encor ce que j'ay dit pluſieurs fois; C'eſtoient
des mouuemens impetueux, pardonnables à vn homme d'vn

temperament affez prompt, qui eftoit au defefpoir de voir tous fes feruices ruïnez , & qui a bien pû s'emporter à de premieres penfées, fur des rapports & des aduis trop certains; mais qui n'a jamais fait mal à perfonne, quoy qu'il ait efté en diuers Poftes où il auroit pû en faire, s'il auoit efté de l'humeur dont le dépeignent fes Ennemis.

Cependant mon Accufateur, fur les ordres de mes Ennemis , ofe dire que l'article qui parle des libelles a efté executé, fans en rapporter aucune preuue, dans le mefme temps que par vne lafcheté fans exemple, pour affouuir leur rage qui n'eft pas fatisfaite d'auoir pris mes Charges , de s'eftre emparez de mes biens , de m'auoir defpoüillez de mes Papiers , d'auoir exilé ou emprifonné mes Proches & mes Domeftiques, de me tenir en prifon , de me faire faire mon Procés par d'autres Iuges que les miens, d'auoir fuborné des tefmoins, & fuppofé des pieces pour me perdre; ils font compofer d'infames Satyres par des Fripons à gages , & leur donnent des permiffions publiques de les imprimer, contre vn Homme en l'eftat où je fuis.

On fçait que les Magiftrats en ont efté aduertis; qu'ils ont fait vifiter les Imprimeurs, & ont efté obligez de fe taire, & de fouffrir cét infame procedé. N'ay-je pas eu raifon de craindre des efprits & des ames de cette trempe?

Ce qui refte dans le memoire doit demeurer dans le filence ; il y employe le nom de diuerfes perfonnes , recommandables par leur probité & par vn attachement inefbranlable au feruice du Roy , qui n'auroient pas affeurément fuiuy fes fentimens , ny fauorifé la rebellion qu'il auoit meditée. Le feul deffein & la pensée de tant d'attentats feroit criminelle , quand on n'auroit fait aucune démarche, ny aucune preparation pour les faire reüffir ; mais les chofes ne font pas en cét eftat , & l'Accufé n'a rien oublié de tout ce qui pouuoit en rendre l'execution facile , foit durant la vie , ou apres la mort de M. le Cardinal Mazarin.

I ᴇ

IE tire vne preuue concluante du raifonnement de ma Partie pour ma juftification ; car puis qu'il eft vray que ceux qui
font defnommez en cét efcrit font perfonnes d'vne fidelité
connuë & inefbranlable au feruice du Roy, lefquelles n'euffent
pas fuiuy les mouuemens déreglez de la premiere imagination
d'vn Homme offencé : Il faut croire que ce mefme Homme
n'eftant plus en colere, s'eft bien apperceu luy-mefme que ce
n'eftoit qu'vne penfée chimerique, formée dans les temps d'vn
premier emportement, & qu'il s'en eft defparty auffi-toft.

Faut-il vne autre preuue que celle-là, pour juftifier que cette
penfée n'a eu aucune fuite ? puis qu'on eft obligé d'auouër & de
demeurer d'accord, que je ne leur en ay jamais parlé ny fait ouuerture ; autrement ils auroient efté coulpables de n'en auoir
pas donné les aduis au Roy ; & par confequent par l'aueu mefme de ma Partie, cét efcrit non feulement a efté fans execution ; mais la penfée n'en ayant pas mefme efté communiquée
à ceux qui pouuoient y feruir, & fur lefquels eftoit appuyé tout
le fondement de ce Projet, il faut dire que le deffein n'en a jamais fubfifté d'vn jour à l'autre.

*La premiere & la plus effentielle de toutes les difpofitions pour
vne entreprife fi hardie, eftant d'auoir vn fonds tres-confiderable
en deniers comptans, il ne faut plus s'eftonner, fi fes foins n'ont iamais efté pour le bien de l'Eftat ; ny pour le foulagement des fubjets
du Roy ; fi l'on a fouffert tant de leuées ; fi l'on a veu tant de diffipa-
tions, tant d'Ordonnances de comptant, & de mauuaifes confommations : toutes ces vexations luy feruoient à deux fins ; l'vne à tirer de
l'argent ; l'autre à rendre le Gouuernement odieux, & à * defcrier
les premieres Puiffances, fur lefquelles il rejettoit par l'entremife
de fes Emiffaires, la haine de l'oppreffion publique. Apres ces difpofitions generales, quelles voyes l'Accufé n'a-t'il point pratiquées
pour fomenter fes deffeins ?*

* fol. 45.
recto.

IE prends cét argument à mon auantage. Car puis que la
plus effentielle difpofition pour l'execution d'vne affaire de la

X x.

qualité de celle qui m'eſt imputée, eſt vn grand amas d'argent: s'il eſt prouué par vne infinité de pieces, dont il y en a pluſieurs de produites, que je n'en auois point, & que tout ce que je pouuois en recouurer eſtoit pour fournir au Roy, il doit demeurer conſtant que je n'auois aucun deſſein de mettre cette penſée en execution.

Et s'il eſtoit encor veritable que j'euſſe voulu mettre les affaires en deſordre, Quel beſoin auois-je de toutes les voyes qui ſont propoſées en cét endroit? Ie n'auois qu'à ne pas ſouſtenir tout le faix de l'Eſtat. Ie pouuois m'empeſcher de faire les efforts que j'ay faits pour le ſuccez des affaires du Roy, leſquels efforts je puis dire auoir eſté ſi grands, que je ne croy pas qu'il y ait d'exemple ſemblable. I'en ay les preuues par eſcrit dans mes Papiers, dans les comptes de M. le Cardinal, dans ſes Lettres, & par le Regiſtre du ſieur Colbert mon Commis.

Ie n'auois pas beſoin de décrier M. le Cardinal ſur le faict de l'argent, ny d'employer des Emiſſaires, pour faire connoiſtre qu'il en touchoit de toutes parts, & en conſeruoit beaucoup.

On a veu les occupations de ceux qui ont eſté employez par luy pour ce miniſtere, & on ſçait les treſors qu'il a laiſſez en France & en Italie, & ſi la Chábre deſire en eſtre informée plus particulierement, j'en pourray fournir de bons memoires.

Il a tiré des engagemens verbalement & par écrit de pluſieurs perſonnes; Il a eu des Gouuernemens particuliers, dont il eſtoit le maiſtre: Il a achepté Belle-Iſle & l'a fait fortifier: Il a mis par tout des munitions de guerre & de bouche; il auoit des vaiſſeaux & des canons; il attiroit à luy ceux qui auoient les principaux commandemens ſur terre & ſur mer; Il poſſedoit ſous des noms interpoſez, les premieres Charges de la mer, il a acquis des Offices en tous les lieux, d'où il auoit crû pouuoir tirer des auantages & des aduis; Il a entretenu des intrigues dedans & dehors le Royaume; Il a donné des penſions & des gratifications à beaucoup de François, & à des Eſtrangers: Il s'eſt rendu le maiſtre de toutes les Compagnies des Fermes du Royaume, ou preſque de tous les Bureaux generaux & par-

ticuliers des Gabelles, des cinq groſſes Fermes, des Aydes; meſme des Fermes les plus eſloignées; & ce tant pour auoir des perſonnes affidées dans les Prouinces, qu'à l'effet de ſe donner vn pouuoir abſolu de diſpoſer des deniers du Roy; Il s'eſt ſeruy de pluſieurs chiffres pour rendre ſecrettes toutes ces negociations, & il a interposé les noms d'v-ne infinité de perſonnes pour mettre tous ſes effects à couuert: s'ima-ginant que par ce moyen il ſeroit plus difficile de le conuaincre.*

La preuue qu'il s'eſt fait donner des engagemens par eſcrit, & qu'il en a receu verbalement, reſultent du memoire qui vient d'eſtre rapporté, dans lequel en diuers endroits il parle des perſonnes qui ont des engagemens auec luy, & qui luy ont donné aſſurance de le ſer-uir & d'eſtre ſans reſerue dans ſes intereſts.

** fol. 45. verſo.*

Cᴇᴛ article comprend pluſieurs choſes, aucunes deſquel-les ſont fauſſes, & les autres tres-innocentes: mais comme elles ſont repetées cy-apres en deſtail, il y faut reſpondre par ordre.

A l'eſgard des aſſeurances que j'ay dit m'auoir eſté données, mon Accuſateur ayant dit cy-deuant que les perſonnes denom-mées en cét eſcrit, eſtoient d'vne fidelité eſprouuée au ſeruice du Roy, il ne faut pas preſumer, lors que j'ay dit qu'ils m'ont donné des paroles d'amitié, que cela ſe puiſſe entendre contre ce qui eſt deu au ſeruice du Roy: outre que cét eſcrit ayant eſté fait à la haſte, dans des mouuemens de colere, & ſans l'acheuer ny l'examiner, il y a bien des choſes qui ne ſont pas vrayes, aux termes qu'elles ſont exprimées, & d'autres choſes auancées ſur des preſuppoſitions, dont je n'auois aucune aſſeurance: auſſi n'ont-elles pas eſté miſes pour eſtre ſouſtenuës; mais comme de ſimples penſées ſans reflexion.

Les promeſſes & les obligations qu'on a trouuées parmy ſes Papiers, eſt vne autre preuue, qu'il affectoit de preſter, & ſe concilier par là des gens de toutes qualitez, & de toutes conditions, pour tirer des vns du ſeruice, & des autres du ſecours, & des autres de la prote-ction.

Ie n'ay jamais oüy dire, qu'il fuſt defendu de preſter de l'argent, ny que ceux qui auroient des Obligations fuſſent coulpables : Ie n'en ay point veu d'Ordonnances juſques à preſent ; & ie ne ſçay comment on oſe alleguer des faicts de cette qualité : Mais s'il faut tirer des inductions de l'intention de celuy qui preſte, & juger que par ces preſts il a eu deſſein d'obliger ceux auſquels il a preſté ; En verité la preuue de tous les millions que j'ay preſtez au Roy en des temps faſcheux, eſt vne preuue bien forte de l'excés de la paſſion que j'ay toûjours euë à ſon ſeruice, & du deſſein que j'ay eu de luy plaire.

*On a trouué des engagemens par écrit qu'il a expreſſement deſirez, afin que ceux qui les ont faits luy fuſſent deſuoüez en toutes choſes, enuers & contre tous, ainſi que les engagemens le portent. Le premier eſt, de Deſlandes, cy-deuant Gouuerneur de Concarneau. C'eſt celuy dont il a parlé dans ſon Memoire, diſant, qu'il en connoiſſoit le cœur, l'experience & la fidelité. Cét engagement eſt du 2. Iuin 1658. Le ſecond eſt, * de M. de Maridor Preſident à la Cour des Aydes, datté du 20. Octobre enſuiuant. L'Accuſé a reconnu la verité de ces deux engagemens ; mais il a voulu les eluder, & meſme les condamner, comme actes d'indiſcretion & de folie, qu'il n'auoit receus que par importunité, bien loin de les auoir demandez. Il a ſujet de les condamner & de les deſauoüer à preſent mais auparauant ſa priſon, il auoit des ſentimens bien differens, & il les gardoit comme des pieces precieuſes. Mais pour en connoiſtre la conſequence, & pour n'y rien adjouſter, il vaut mieux en rapporter les termes. Voicy comme eſt conceu celuy de Deſlandes. Ie promets & donne ma foy à Monſeigneur le Procureur General, Sur-Intendant des Finances de France, & Miniſtre d'Eſtat, de n'eſtre iamais à autre perſonne qu'à luy, auquel ie me donne & m'attache du dernier attachement que ie puis auoir, & luy promets de le ſeruir generalement contre toutes ſortes de perſonnes ſans exception, & de n'obeir à perſonne qu'à luy, & meſme de n'auoir aucun commerce auec ceux qu'il me defendra, & de luy vendre la place de Concarneau qu'il m'a confiée, toutes les fois qu'il me l'ordonnera, ou à telle autre perſonne qu'il luy plaira, de quel-*

que

*fol. 46.
recto.*

que qualité *& condition qu'ils puiſſe eſtre, ſans en excepter dans le monde vn ſeul. Pour aſſeurance de quoy* ie donne auec la foy, le preſent billet eſcrit & ſigné de ma main, *de ma propre volonté, ſans qu'il l'ait meſme deſiré, ayant la bonté de ſe fier à ma parole, qui luy eſt aſſurée, comme le doit vn bon ſeruiteur à ſon Maiſtre. Fait à Paris ce 2. Iuin 1658. ſigné Deſlandes. Il n'y à rien de plus execrable que ce qui eſt contenu dans cét eſcrit: C'eſt vne paſtion tout à fait criminelle, contraire à la fidelité qu'vn ſubjet doit à ſon Souuerain; & ſi Deſlandes eſt coupable, comme on n'en peut pas douter, de s'eſtre ſoûmis à vne honteuſe baſſeſſe ; Monſieur Foucquet l'eſt encore plus d'en auoir accepté l'engagement, & entamé par là le plus noble Priuilege, & le premier fleuron de la Couronne.* Similis voluit fieri Altiſſimo.

CE'T article eſt vne ſuite des ſuppoſitions contre la teneur des propres pieces, mon Accuſateur alleguant, que i'ay expreſſément deſiré les engagements mentionnez audit article; quoy que la premiere piece exprime le contraire en termes formels, & porte que ledit ſieur Deſlandes l'a faite ſans que ie l'aye deſirée.

Mon Accuſateur parle contre ſon ſentiment, quand il dit que j'ay fait eſtat de ces pieces, & les ay conſeruées comme des choſes precieuſes, puiſqu'il eſt prouué par mes papiers qu'il a veus, & par la confrontation des deux perſonnes, qu'elles ont eſté faites & eſcrites de leur chef & ſans mon ordre; que i'en ay fait ſi peu de cas, & les ay ſi peu conſiderées, que ie n'ay gardé aucun commerce auec l'vn ny l'autre, & que i'ay oſté ledit ſieur Deſlandes de Concarneau peu de temps apres; & la confiance que ie pouuois prendre auparauant en luy s'eſt tellement diminuée, ou i'ay crû en auoir ſi peu de beſoin, que i'ay remercié ledit Deſlandes du ſeruice qu'il rendoit auparauant, & l'ay laiſſé retourner chez luy, où il a demeuré trois ans ſans auoir entretenu aucun commerce auec luy, ſans qu'il m'ait eſcrit, ny qu'il ait receu de mes lettres. Luy-meſme ſe plaint par ſa depoſition que ie l'ay renuoyé ſans recompenſe, qui eſt

* fol. 46. verſo.

Yy

vn reproche certain contre luy , puis qu'il en tefmoigne du reffentiment.

Et en effect, il a toûjours efté en bonne intelligence auec mes Ennemis; il s'eft rendu volontairement prifonnier à Sedan, fans en eftre requis de perfonne, il a efté eſlargy par ordre du Roy, & cette liberté luy a efté accordée à condition qu'il fe reprefenteroit, quand on le feroit ordonner, par vne Chambre qui n'eftoit pas encore faite, afin de depofer contre Moy auec plus de couleur; pource que l'on ne vouloit pas faifir vne autre Compagnie, ny prendre des Commiffaires du Parlement, qui eftoit le feul Iuge. Cette conduite & cét artifice eft fi facile à defcouurir, qu'il n'y a qu'à y donner vn peu d'application, & voir toute la fuite de ce procedé, pour en eftre conuaincu.

Ce mefme Deflandes fe rend donc prifonnier à Sedan, demande fi on defire quelque chofe de luy ; on efcrit à M. le Tellier pour en parler au Roy ; le Roy le fait mettre en liberté ; Son efcrit eftoit entre les mains de mes Ennemis ; il auoit efté leu, veu, & difcuté ; I'eftois prifonnier, & on ne luy dit mot : Cependant ledit fieur Deflandes, qui eft coupable pour auoir efcrit vn papier fi execrable, à ce que dit M. Talon, n'eft pas feulement interrogé ; Le Roy n'en fait aucun cas ; on fait ouurir les prifons à Deflandes, fans luy rien dire, fans prendre declaration de luy en Iuftice, ny faire vne feule procedure.

Se peut-il produire vne preuue plus claire ? Quel'on ne trouuoit pas de crime en cette affaire, dont vray-femblablement il auoit expliqué les circonftances, où l'on eftoit fi bien conuaincu de mon Priuilege, que l'on fçauoit bien qu'aucun autre Iuge qu'vn Commiffaire deputé du Parlement, ne pouuoit receuoir vn Interrogatoire où je ferois dénommé.

De crainte donc d'y engager l'affaire, on ftipule dudit fieur Deflandes ce qu'il deuoit dire, où il promit qu'en temps & lieu lors qu'il y auroit vne Chambre & vn decret pour la forme, il fe viendroit reprefenter.

Il a dit vne ou deux circonftances differentes de ce que j'auois dit ; & ce à la perfuafion de mes Parties, & pour le prix de fa liberté qui luy fut accordée, apres qu'il m'euſt eſté confronté.

Ce qu'il a dit, quand il ſeroit veritable, ne fait pas le moindre crime, ny ombre de crime à mon eſgard.

Il explique par quelle occaſion il m'a donné cét eſcrit, & l'explique ſi naturellement, & ſi conforme à ce que j'en ay dit, lors de mon Interrogatoire, que perſonne n'en peut douter, & de plus les circonſtances des dattes ſont fort deciſiues.

Il dit donc, qu'ayant eſté mis dans l'Employ de Concarneau par mon Frere l'Abbé, & la meſ-intelligence eſtant ſuruenuë entre mon Frere & Moy, voyant bien que luy Deſlandes m'eſtoit ſuſpect, il retira ſes paroles de mon Frere & me les donna : Et adjouſte que je luy dis, que je me fiois bien à ſa parole; mais qu'vn eſcrit vaudroit mieux; (ce qui eſt contre la verité & contre la teneur de ſon eſcrit, qui porte le contraire) mais outre que ce qu'il dit, luy ſeul teſmoin, & pour ſa deſcharge, ne fait aucune preuue, eſtant contre ſon propre eſcrit : Quand il ſeroit vray que je luy aurois teſmoigné ſouhaitter vne aſſeurance par eſcrit, ce n'eſtoit que contre mon Frere; & s'il l'a eſtenduë mal à propos ſans y obſeruer les reſtrictions & les clauſes neceſſaires, c'eſt ſa faute; puis que par ſa propre confeſſion, je ne luy ay pas demandé l'eſcrit de cette ſorte; je ne luy en ay pas dicté les termes; je ne luy en ay point donné de modele; il l'a dreſſé en ſon particulier comme il luy a pleu; il s'eſt exprimé aux termes que bon luy a ſemblé, contre mon intention, puis, qu'il conuient que jamais je ne luy ay dit vn mot, qui puſt eſtre interpreté contre le ſeruice du Roy : mais il a crû, en ſignalant vne affection extraordinaire par des termes choiſis & affectez, que je le conſeruerois en ſon Employ, ce que je n'ay pas fait, nonobſtant ſon eſcrit : Car apres qu'il euſt fait encore vn voyage à Concarneau, qu'il eut mis ordre à ſes affaires domeſtiques, je l'en ay retiré; qui eſt vne preuue conuaincante de l'inexecution du Projet, & du peu de fondement que j'ay fait ſur l'eſcrit dudit ſieur Deſlandes.

D'ailleurs, il faut examiner s'il y a aucun rapport de cét eſcrit auec le Projet; la datte n'eſtant ny du temps que j'enuoyay ledit

fieur Deſlandes à Concarneau, qui fut en 1656. ny du temps de
l'eſcriture de la premiere partie de ce Projet, qui fut en 1657. ny
du temps de l'eſcriture de la ſeconde partie, qui fut à la fin de
1658. depuis l'acquiſition de Belle-Iſle; mais lors que mon Frere & Moy fûmes fort broüillez enſemble.

C'eſt donc vne choſe claire & par la teneur de la piece & par
la depoſition de ce teſmoin & par la datte de l'eſcrit, que le
raiſonnement de ma Partie n'eſt pas veritable, & eſt tres-mal
fondé.

*L'engagement de M. le Preſident de Maridor ne contient pas vne
expreſſion ſi forte, & l'on pourroit dire que les termes en ſont plus
moderez; Il n'en eſt pas moin odieux; le rang & la condition de la
perſonne en augmente la honte & la faute. Ie promets, (ce ſont les
termes de cét eſcrit) à Monſeigneur le Procureur General, quoy qu'il
en puiſſe arriuer, de demeurer en tout temps parfaitement attaché a ſes
intereſts, & ſans aucune reſerue ny diſtinction de perſonnes, de quelque qualité qu'elles puiſſent eſtre, eſtant dans la reſolution d'executer
aueuglement ſes ordres, dans toutes les affaires qui ſe *preſenteront
& le concerneront. Fait ce 20. Octobre 1658. ſigné, de Maridor.*

* fol. 47. recto.

A l'eſgard de M. le Preſident de Maridor, ie m'en ſuis expliqué par mon Interrogatoire, & ie n'ay pas veu qu'il ait contredit à la confrontation, les choſes que i'auois alleguées.

Il demeure d'accord, Que iamais ie ne luy en ay parlé, ny luy
à Moy, que iamais nous n'auons eu d'habitude enſemble,
qu'il n'a pas eſté bien traité de Moy dans les affaires qu'il a euës,
& que ie ne l'ay employé en quoy que ce ſoit, ny deſiré de luy
aucune choſe, deuant ny apres cét eſcrit.

En effect, que mes Ennemis diſent s'ils peuuent, à quoy cela
pouuoit me ſeruir? quel mauuais vſage i'en ay pû faire? quel
rapport M. Maridor peut auoir auec mes affaires, & auec les
deſſeins dont ils m'accuſent? Si donc la choſe n'a pas ſeulement
vne apparence, pourquoy en tirer des inductions qui ne peuuent auoir lieu.

Il eſt

Il est vray que M. de Maridor dit, que cét Escrit luy a esté
demandé par vne personne qu'il nomme, & qui disoit que c'e-
stoit de ma part; mais ie l'ay nié : en effect cela n'est pas veritable, & il est bien facile d'esclaircir ce faict.

La Chambre a decreté prise de corps contre Deslandes, & a donné
vn assigné pour estre oüy contre M. le President de Maridor, elle a jugé
qu'on ne pouuoit assez rigoureusement agir contre Deslandes, qui auoit
signé vn acte de cette qualité; & que la condition d'vn Magistrat de-
uoit moderer la seuerité du Decret.

Ie n'ay rien à dire à ce que la Chambre a fait sur la requisition
de M. Talon; mais comme ces personnes estoient d'accord, ils
ont pû absolument se soûmettre à vne Iurisdiction, à laquelle
ils n'estoient point subjets par les termes de l'Edict : Pour Moy
à qui on n'a pas donné les mesmes asseurances qu'à eux, ie ne
puis desroger à mon Priuilege; Et de plus, s'il y a crime ou
faute en ces escrits, elle est de la part de ceux qui les ont faits, &
ie n'y puis participer, puisque ie ne m'en suis pas seruy à aucun
vsage.

Ces deux engagemens ont esté trouuez dans la cassette peinte de l'Ac-
cusé, où estoient les Papiers qu'il estimoit les plus importans, &
qu'il conseruoit auec tant de soin, qu'il auoit fait deux memoires escrits
de sa main en forme d'Inuentaire, de tous les papiers contenus en cette
cassette ; & dans l'vn de ces memoires il est dit en la page deux, en vn
endroit, Engagement de Deslandes, & en vn autre article, Engage-
ment de M. de Maridor ; ce qui monstre l'affection auec laquelle il gar-
doit ces deux pieces, & qu'elles ne luy estoient pas indifferentes; cette
té se iustifie d'ailleurs par le grand Memoire, escrit de la main de
l'Accusé, contenant ce que ses Amis deuoient faire, en cas qu'il fust
arresté prisonnier, dans lequel il parle de Deslandes, comme d'vn
homme de cœur & de seruice, & capable de tout entreprendre pour
ses interests.

Z z

I E n'ay jamais eu loifir de mettre ordre à mes Papiers, lefquels i'ay toûjours conſeruez affez mal à propos, quoy que fort inutils, comme il paroiſt par vne Promeſſe pour la Coadjutorerie de M. de Narbonne, mort il y auoit deux ou trois ans auant ma detention; & par la demiſſion en furuiuance de M. d'Aumont, qui eſtoit auſſi mort; & par celle du ſieur de Launay pareillement mort il y auoit pluſieurs années; toutes ces pieces conſeruées dans cette meſme caſſette ou à S. Mandé.

De plus, ſi ie m'eſtois deffait deſdits engagements, & qu'on me les euſt redemandez quelque iour, ceux à qui j'aurois dit les auoir bruſlez, ne l'euſſent pas crû, & ſe feroient perſuadez que ie les aurois retenus contre leur volonté pour leur nuire, ce que ie n'ay iamais voulu faire à perſonne.

L'on ſçait que ceux qui veulent former vn party conuiennent d'abord pour s'aſſeurer de quelques Places fortes, ſoit ſur les frontieres & dans les extremitez du Royaume, ou dans les lieux maritimes. L'Accuſé n'a pas manqué de pratiquer ce precepte; Il a vn traitté du Gouuernement de Concarneau dès l'annee 1656. & en a obtenu les prouiſions, ſous le nom de noſtre cher & bien amé Foucquet, le nom propre en blanc ſans qualitez, les Prouiſions ſont conceuës en termes generaux, attendu la connoiſſance que nous auons de ſon courage, prudence, vigilance & experience, fidelité & affection à noſtre ſeruice. Il n'y a point d'actes de reception ny de preſtation de ſerment. Ce procedé irregulier d'obtenir & de ſurprendre des Prouiſions en blanc d'vn Gouuernement, & de les garder long-temps en cét eſtat, ne peut auoir de motifs raiſonnables, & marque que l'Accuſé n'auoit que des deſſeins vaſtes & eſtendus; qu'il regardoit & fortifioit Concarneau, comme vn lieu capable de luy ſeruir de retraite, & capable de reſiſter aux armes du Roy. Auſſi en auoit-il confie le commandement à Deſlandes, & exigé de luy des aſſeurances & vn ſerment de fidelité: Et dans le premier des deux memoires dont il vient d'eſtre parlé, il n'a pas oublié de faire mention de ces Prouiſions du Gouuernement de Concarneau, & il a mis ſous le nom de Deſlandes la demiſſion

du * *Gouuernement de la Tour & Isle de Tation, dont l'original a esté* * *fol. 48.*
trouué parmy ses Papiers. Tout cela a esté ainsi fait suiuant l'esprit *recto.*
ordinaire de l'Accusé ; cela n'a pû auoir esté fait qu'à vn mauuais
dessein, & particulierement y joignant l'engagement de Deslandes.
Il a escrit dans son premier Memoire seruant d'Inuentaire, Proui-
sions du Gouuernement de Concarneau.

IL me semble qu'il est difficile de tirer de bonnes inductions
des Lettres patentes, où le Sceau du Roy & la signature font le
contredit de tout ce qui se peut alleguer. Comment peut-on
imputer à crime ce que le Roy a bien voulu, ce qui est authorisé
de la sorte, & ce qui est si naturel?

La datte de 1656. a encore moins de rapport à ce que j'ay
commencé d'escrire à la fin de 1657. & 1658.

M. le Cardinal auoit approuué ce traitté de Concarneau ; je
l'auois fait par son ordre & de sa participation ; M. le President
de Chalain qui vendoit en mesme temps son Gouuernement
& deux Vaisseaux, voulant se deffaire de tout ce qu'il auoit en
ce païs-là, ce traitté se separoit entre S. E. qui prenoit les Vaisseaux pour le Roy, & Moy qui m'accommodois du Gouuernement pour mon Frere : mais comme M. le Cardinal qui en
fit expedier les prouisions le trouuoit encore trop jeune, il desira qu'on differast de l'en mettre en possession, & de l'y faire receuoir ; à quoy j'obeïs, la chose en est demeurée là, n'ayant rien
pressé depuis sur cette matiere, à cause que je ne voulois pas faire prejudice aux autres pretensions de mon Frere, & aux bonnes paroles que le Roy m'auoit données pour luy.

Le surplus du discours est sans fondement, pource qu'on
sçait que jusques à ce qu'il y ait vn titulaire dans vn Gouuernement, l'ancien titulaire en demeure responsable enuers le Roy :
aussi les ordres du Roy ont-ils toûjours esté addressez à M. le
President de Chalain, & executez ponctuellement.

Il ne se trouuera pas qu'on ait donné retraite aux Ennemis
ny à des personnes suspectes dans cette Place ; qu'on ait entretenu des liaisons & commerces, qui pussent prejudicier au ser-

uice du Roy, ny qu'on ait abusé de ce Gouuernement, & ainsi
ces allegations sont faites à plaisir, & ne concluent rien.

Ce qui est icy repeté du sieur Deslandes ne merite pas de replique, sinon pour faire remarquer que ledit Deslandes ne pouuoit agir que comme Lieutenant de M. de Chalain : & j'employe cette datte de 1656. pour monstrer la contradiction du
contenu en cét article, où on pretend que j'exigeay vn serment
dudit Deslandes, pour le mettre en cette Place ; & neantmoins
il y fut mis en 1656. & son escrit n'est que de 1658. ce qui n'a aucun rapport, & monstre la mauuaise foy desdites inductions.

Ie ne connois point cette Tour ou Isle de Tation, & ne sçay
en quel païs & en quelle nation elle est, ie n'en ay jamais fait
expedier de prouisions ; & si elles sont à Deslandes, c'est à luy
à l'expliquer ; on a pû & deû luy demander, je ne doute pas
qu'on ne l'ait fait ; mais ce nom-là ne se trouuera pas dans le
Projet.

*On a trouué dans cette mesme cassette l'original du traitté du Gou-
uernement de Guerande, & du Croisy, entre le sieur de Launay d'v-
ne part, & la Marquise d'Asserac d'autre, moyennant la somme de
vingt mil liures prestée sous le nom de Me Iean Regnaut Aduocat
au Conseil, qui en a fait declaration ; l'original de la declaration pareillement trouué auec l'original de la procuration dudit sieur de Launay, de la Commission de Capitaine Garde-coste des Gouuernemens de
Guerande & du Croisy, & autres terres en dependantes ; cette procuration encore en blanc de la Dame Marquise d'Asserac non escrite,
ny dattée.*

Ce qui regarde le Croisy & Guerande, est vne chose la plus
innocente du monde, & qui est si notoire & si bien expliquée,
que ie ne sçais pas à quel dessein on fait des inductions qui se
destruisent d'elles-mesmes, sinon pour faire toûjours de fausses
impressions.

Tout le monde sçait que Croisy & Guerande sont vn petit
Gouuernement, où il n'y a ny place ny Chasteau, ny retraite, &
partant

partant l'argument doit cesser. Cela suffit pour respondre à tout ce raisonnement.

Mais de plus il faut sçauoir que M. le Marquis d'Asserac mourut, reuestu de ce Gouuernement, & que le sieur de Launay, l'vn des Gentils-hommes de M. le Cardinal, le demanda à S. E. & l'obtint, dans le dessein d'en tirer quelque recompense de la Dame Marquise d'Asserac pour son fils, à cause que la terre d'Asserac, est dans l'estenduë dudit Gouuernement.

M. le Cardinal fist deliurer les prouisions audit sieur de Launay, & ie fus chargé d'arbitrer la recompense entr'eux.

On peut bien iuger, par la qualité de domestique de M. le Cardinal qu'auoit ledit sieur de Launay, que cela ne s'est pas fait autrement, & les autres domestiques de M. le Cardinal qui en ont porté les paroles, le peuuent encore tesmoigner s'il en est besoin : De sorte que ce n'est pas vne chose fort estrange que ces pieces ayent esté chez Moy, puis qu'elles y ont esté par ordre de S. E. & qu'elles y sont demeurées inutiles par la mort dudit sieur de Launay, auant que ladite Dame Marquise d'Asserac ait pû faire pouruoir son fils dudit Gouuernemét du Croisy.

M. le Cardinal desira qu'on fist donner de l'argent comptant audit sieur de Launay, c'estoit vn homme que S. E. affectionnoit, & qu'il auoit employé à la persuasion du sieur Colbert, pour commander quelques Troupes tirées de Broüage, auec lesquelles il exigeoit à main armée les Tailles de l'Ellection des Sables, (dont le sieur Colbert auoit traitté sous vn nom supposé) pour sauuer audit sieur Colbert vne partie de la remise qu'il prenoit du Roy.

Madame d'Asserac n'auoit pas d'argent comptant à fournir audit sieur de Launay ; ie me chargeay de luy en prester, ie l'empruntay exprés pour faciliter l'affaire entr'eux, & faire plaisir à l'vne & à l'autre des parties, pource que S. E. en auoit esté priée par ledit sieur de Launay ; & d'autre part il y auoit eu des propositions d'alliance, qui m'obligeoient de prendre part aux interests de ladite Dame d'Asserac.

On peut iuger de cette narration ingenuë, du faict comme

A A a

il s'eſt paſſé, dont la preuue eſt dans mes Papiers : & peut encor eſtre appuyée du teſmoignage de pluſieurs des domeſtiques de M. le Cardinal, que cette affaire n'eſt pas vn crime ny vn ſecret, ny vne choſe où j'euſſe intereſt, ny le Croiſy vn lieu qui puſt ſeruir à rien.

*On a trouué l'original d'vne demiſſion du Gouuernement de Tombelaine, le nom en blanc, qui porte reuocation de toutes autres declarations & demiſſions precedentes ; & dans le petit * Inuentaire eſcrit de la main de l'Accusé, il eſt porté demiſſion de Tombelaine par du Freſne.*

*fol. 48. verſo.

La Capitainerie du lieu de Tombelaine, eſt vn petit Château ruiné, de nulle conſideration, lequel n'a jamais valu deux ou trois cens piſtoles ; l'eſcrit qui en fait mention eſt ſous la ſignature priuée du ſieur du Freſne, Gentil-homme qui eſtoit prés de mon Frere l'Abbé ; & m'ayant eſté depoſé par les accommodemens domeſtiques, je l'auois mis dans ma caſſette pour le conſeruer & le rendre aux occaſions ; l'eſtat où nous eſtions mon Frere & Moy juſtifie aſſez, que je n'auois pas la liberté de diſpoſer dudit du Freſne ny de ſon papier.

On a trouué beaucoup de pieces touchant le Gouuernement du Mont Saint Michel, Il en reſulte que le ſieur Marquis de la Luzerne auoit mis vne demiſſion entre les mains de M. Courtin Procureur General au Parlement de Roüen, qu'il auoit remis entre les mains de Courtois Commiſſaire des Guerres, c'eſtoit le Commandant du Chaſteau de Vaux ; Courtois cede ſon droict au ſieur le Vaſſeur Secretaire du Roy ; le Vaſſeur en fait declaration au profit de Mre Touſſaint Deſnots Cheualier, ſous le nom duquel il y auoit des Prouiſions obtenuës ; Il s'eſt d'ailleurs trouué l'original d'vn eſcrit du 26. Feurier 1659. de la Dame Marquiſe d'Aſſerac, qui comme ayant la garde noble de ſon fils, aagé de huict ans ſeulement, Gouuerneur pour le Roy de la fortereſſe de Saint Michel en Normandie, declare qu'elle a trouué auantageux pour luy, à raiſon de ſon bas aage, de reſigner

& transporter le Gouuernement de ladite forteresse à
sous le bon plaisir de sa Majesté, pour par ledit
jouïr, &c. Cét acte est pareillement en blanc.

IE remarqueray encore en cét endroit, que l'on met toûjours en auant des choses superfluës & sans preuues : Ie me suis expliqué par mon interrogatoire, sur ce Gouuernement du Mont S. Michel, qui ne m'a jamais appartenu, & que Courtois qui est denommé dans lesdites pieces, n'est point celuy qui estoit à Vaux ; mais on est bien aise par la rencontre d'vne conformité de noms, de donner toûjours le plus qu'on pourra d'impressions contre la verité.

Le Mont S. Michel est voisin de la terre de Chasteau-neuf & autres, qui sont les principales de Madame la Marquise d'Asserac, & comme l'affaire du Croisy ne reüssit pas, elle prist la pensée de cét autre Gouuernement pour son Fils, lequel en fut pourueu par le Roy en consequence d'vn Traité fait par les Procureurs du sieur Marquis de la Luzerne ; ladite Dame Marquise d'Asserac ayant confiance en Moy, pour les choses qui regardoient sa Maison, me pria de faire cét accommodement, ainsi que j'auois fait l'autre, & c'est la raison pour laquelle il en est resté des Papiers entre les miens.

Depuis ce temps, l'estat de ses affaires & d'autres raisons domestiques, ayant obligé ladite Dame de changer de pensée ; Et ayant besoin d'argent ailleurs, elle s'accommoda du Mont S. Michel, auec vn Gentil-homme des amis de mon Frere l'Abbé, qui porte nostre nom ; mais qui n'est point nostre Parent, & auec lequel ie n'ay eu d'autre habitude, sinon entant que mon Frere & Moy, nous auons esté bien ou mal ensemble ; Et l'on sçait que depuis 1657. nous auons esté toûjours mal, ce Gentil-homme s'appelle M. de la Gande ; Et la preuue de ce que j'allegue est euidente, en ce que son nom, qui estoit escrit dans mon Projet fut effacé, quand i'effaçay celuy de mon Frere ; ce qui est sous la rature est encore lisible, & partant il ne se peut tirer aucune consequence de la vente qui luy a esté faite dudit Gou-

uernement, depuis ce temps-là, qu'elle ne foit à mon aduantage.

*Il s'eſt auſſi trouué dans les Papiers de l'Accuſé l'original de la
demiſſion du Gouuernement de Touraine,* ville & Chaſteau de Tours,
par le ſieur Marquis d'Aumont, au nom du Sieur Foucquet premier Eſ-
cuyer de la grande Eſcurie du Roy, à la charge que ledit ſieur Marquis
d'Aumont en joüiroit ſa vie durant. Et dans le petit Inuentaire, il
en eſt fait mention en ces termes; Demiſſion en ſuruiuance de Monſieur d'Aumont.*

* fol: 49.
recto.

C'EST vne choſe qui ne doit pas eſtre fort ſurprenante, que
M. le Marquis d'Aumont n'ayant point d'enfans maſles, ait
ſouhaitté de conſeruer dans ſa Maiſon ce Gouuernement de
Touraine dont il eſtoit pourueu; & qu'il en euſt paſſé vne demiſſion en ſuruiuance à mon Frere, qui auoit eſpouſé ſa fille
aiſnée, afin qu'il taſchaſt d'en obtenir l'agréement du Roy:
mais vn homme qui aura le moindre ſentiment d'humanité ne
me fera jamais vn crime de cette affaire, de laquelle il n'a pas
plû au Roy gratifier mon Frere; mais je tire au moins cét auantage, que je conſeruois des papiers inutils, & que le raiſonnement
ſur les pretendus engagemens de Deslandes & de M. de Maridor, pour auoir eſté dans cette caſſette doit ceſſer, puis que ce
papier-là & celuy de feu M. de Narbonne s'y trouuent, long-
temps apres la mort de l'vn & de l'autre.

*Il y a peu de perſonnes en France de quelque qualité qu'ils ſoient,
qui ayent jamais eu tant de Gouuernemens, ny à qui le Roy permet-
te d'en tenir en ſi grand nombre: Cela n'a pû eſtre fait par l'Accuſé,
ce qui eſt contenu en ſon Memoire, où il eſt fait mention de Concarneau, de Tombelaine, & du Mont Saint Michel; Il parle
meſme de la Prouince de Bretagne, & dit que ſes principaux eſtabliſſemens ſont maritimes; L'acquiſition ou plûtoſt l'vſurpaſition de
tant de Gouuernemens, eſt d'autant plus à condamner, qu'il n'a-
uoit aucune permiſſion du Roy d'en poſſeder vn ſeul, & qu'il en*

joüiſſoit

joüiſſoit clandeſtinement & ſous des noms interpoſez.

C E diſcours n'eſt-il pas honteux en la perſonne de mon Accuſateur, lequel apres auoir fait vne enumeration des Gouuernemens, dont il n'y en a vn ſeul à Moy, forme vn raiſonnement ſur la multiplicité de ceux que ie poſſede?

Pour peu qu'on veüille examiner fauorablement en Iuſtice, les affaires d'vn homme que l'on veut opprimer, on ſeparera la verité d'auec les ſuppoſitions, en conſiderant qu'il eſt impoſſible qu'vn homme ne ſoit chargé des affaires de pluſieurs perſonnes, quand il a eſté reueſtu depuis dix ou douze ans de grandes Charges; Qu'il auoit eu auparauant pluſieurs emplois; Qu'il a toûjours eſté d'humeur à faire plaiſir & obliger autant qu'il luy a eſté poſſible, & que d'ailleurs il a vne tres-grande Famille: On ne trouuera pas eſtrange, qu'il luy ait paſſé beaucoup d'affaires par les mains. Cependant on accumule tout ce qu'on trouue dans mes Papiers de veſtiges des affaires d'autruy, pour me les attribuer perſonnellement toutes, & en faire des chimeres contre Moy.

Ie dis donc que de toute cette enumeration de noms & de Gouuernemens, dont on me fait pourueu & joüiſſant ſans la permiſſion du Roy, il n'y en a vn ſeul qui fuſt à Moy, puiſque Belle-Iſle eſt vn domaine, & neantmoins acquis par permiſſion du Roy; & Concarneau eſt à mon Frere encor auec Lettres Patentes du Roy; acquis par ordre de M. le Cardinal, & dont M. de Chalain eſt demeuré titulaire & reſponſable au Roy, juſques à ſa depoſſeſſion par mon Frere qui eſtoit differée. De ſorte qu'il n'y a pas vn mot de veritable en tout cét article; car au lieu de pluſieurs Gouuernemens à Moy ſans permiſſion, il ne ſe trouue qu'vn domaine auec permiſſion.

L'acquiſition & les fortifications de Belle-Iſle ſont encor des execu-
tions du memoire. Ce memoire eſtoit fait pour les deux tiers auant qu'il
euſt traité de Belle-Iſle. L'achapt de Belle-Iſle ne ſeroit pas vn crime, s'il
eſtoit ſeparé des autres circonſtances & des deſſeins ambitieux de l'Ac-

cuſé, parce que c'eſt vne place qui peut tomber dans le commerce, eſtant vn * domaine particulier, tenu en cette qualité depuis longues années. Dauantage M. Foucquet a vſé de cette precaution d'obtenir vn Breuet du Roy, qui luy donne la permiſſion de l'acquerir: Mais quand on conſiderera le but & le motif de cette acquiſition, les termes du Breuet du Roy, le Contract d'acquiſition datté depuis le Breuet, toutes les conditions de ce Contract, le nom de l'acquereur, le prix & le payement, les efforts que l'Accuſé a faits, durant plus de ſix mois pour cacher cette nouuelle acquiſition & la tenir ſecrette; & ce qu'il a fait pour fortifier & munir Belle-Iſle, ayant neantmoins vn ſoin exact & vne extreme affectation, que ce qui ſe faiſoit ne fuſt point diuulgué; recommandant par tout le ſecret, & ſouffrant que ceux qui agiſſoient pour luy à Belle-Iſle, luy en eſcriuiſſent, comme de ſon petit Royaume, & comme d'vne ſouueraineté independante: peut-on douter que ce qui concerne Belle-Iſle ne ſoit criminel?

* fol. 49. verſo.

I'AY deſ-ja remarqué que l'acquiſition de Belle-Iſle ne peut pas eſtre vne execution du Memoire, puis que par l'adueu de ma Partie, Belle-Iſle eſt acquis auant que ce qui eſt de criminel en ce Memoire fut eſcrit: Belle-Iſle a eſté acquis en execution d'ordres formels de M. le Cardinal qui m'y a quaſi forcé; Il a eſté acquis enſuite d'vn ordre & pouuoir du Roy; quoy qu'il ne fuſt pas neceſſaire; les precedens Seigneurs n'en ayans pas pris de ſemblables. Cette acquiſition m'eſtoit propoſée par M. le Cardinal, comme vn ſeruice important au Roy dans la conjoncture où eſtoit la Maiſon de Retz. Et ie m'eſtonne, comment vne perſonne qui agit au nom du Roy, oſe releuer les termes d'vne acquiſition, quand ils ſont tous conformes au Breuet de ſa Majeſté, qui porte le nom de l'acquereur, permet l'acquiſition, le prix, la fortification & tout le reſte de ce que deſapprouue mon Accuſateur, & que le Roy a approuué en termes formels.

Il ſemble que mon Accuſateur ait entrepris en tout ce Procés, de deſaduoüer le Roy de tout ce qu'il a fait; & condamner d'vn bout à l'autre toute la conduite de M. le Cardinal; & je suis asseuré que quand sa Majesté y aura fait reflexion, elle trouuera que cette sorte de censure, est trop hardie, & d'vne tres-pernicieuse consequence pour l'auenir.

Le secret dont il me fait vn autre crime, est encore l'execution d'vn ordre de M. le Cardinal; il n'estoit pas necessaire que tout le public eust connoissance d'vne acquisition particuliere, il suffisoit que le Roy la sçeust & M. le Cardinal qui m'en auoit donné l'ordre; M. le Cardinal estoit incertain s'il prendroit cette piece pour luy; il n'estoit pas determiné encor à ne point faire vn accommodement auec la Maison de Retz, & faire vne alliance de son nepueu auec Mademoiselle de Retz, auquel cas il vouloit conseruer Belle-Isle: De plus, il croyoit bien, que si la Terre me demeuroit, M. de Brissac qui en auoit enuie feroit moins de difficulté de la retirer de Moy que de luy; Ce qu'il ne vouloit en aucune maniere, par des raisons qu'il seroit facile d'expliquer; Il jugea donc plus à propos de laisser les choses dans vne maniere de secret, ou incertitude jusques apres l'appropriement, & que luy-mesme eust pris ses dernieres resolutions. Voila les raisons de ce secret, & non pas celles qu'inuente à plaisir mon Accusateur.

*Belle-Isle estoit vne place fort auantageuse à l'Accusé pour l'execution de son dessein, il deuoit y trouuer beaucoup plus de seureté, plus d'establissement, & plus de grandeur, que non pas la ville de Ham, qu'il auoit auparauant nommée comme la retraite principale de son party. Belle-Isle estoit à Monsieur le Duc de Retz; l'importance de cette place auoit fait juger depuis long-temps qu'il estoit important de la joindre à la Couronne. Le feu Roy Louis XIII. * de glorieuse memoire, la fit achepter en 1626. de feu Mre Henry de Gondy Duc de Retz; le traitté en fut conclud par MM. de Marillac, d'Effiat & de Roissy, Commissaires deputez par le Roy, moyennant la Vicomté de Loyau, petite terre enclauée dans le Duché de Retz dont M. le Duc de Retz joüissoit auparauant par engagement, & vn million de liures pour soulte; En execution de ce Contract le Roy fit payer cent mil liures comptant, les neuf cens mille liures restans deuoient estre*

* fol. 50. recto.

acquitez en deux payemens de six mois en six mois ; Il y a clause dans le traitté, qui porte qu'il sera verifié au Parlement & Chambre des Comptes de Paris & de Bretagne, & que jusqu'à l'entiere execution pour le payement des neuf cens mille liures, & par les Arrests de verification M. le Duc de Retz demeureroit en possession.

Les neuf cens mille liures restans n'ayans point esté payez, ny les Arrests de verification fournis, feu M. le Duc de Retz en 1644. fit cession à M. le Duc de Retz son gendre de tous les droicts qui luy pouuoient appartenir au Marquisat de Belle-Isle, reconnoissant qu'il n'en estoit plus proprietaire, qu'à titre de precaire, & iusqu'au payement de 900000. liures.

*L'Accusé conceut le dessein de se rendre maistre de cette place, en vne conjoncture telle, que la Maison de Retz ne pouuoit luy rien refuser ; Il n'en sera rien dit dauantage, la cause en est assez publique ; chacun * sçait qu'alors ladite Maison auroit accordé & offert à l'Accusé toutes choses.*

* fol. 50. verso.

Tovt ce qu'on dira de Belle-Isle, se pourroit aisément destruire, si on vouloit y respondre ; mais cela est entierement inutile, puisque le Roy qui est le Maistre en a ordonné, & que sa volonté ne peut estre douteuse, ny incertaine ; les Lettres de M. le Cardinal & le Breuet du Roy estans assez expliquez.

Si le feu Roy en 1626. auoit fait dessein de s'en accommoder à la persuasion de M. de Retz, & que depuis ce temps-là, il se soit écoulé trente-sept ans, sans que l'on ait jugé à propos d'executer ce dessein, encore qu'il y eust assez de facilité pour le faire ; il est d'vne consequence infaillible, que le Roy & tant de grands personnages qui ont eu part à ses conseils depuis ce temps, apres auoir plus meurement examiné cette proposition, ont jugé qu'il seroit plus vtile à sa Majesté, de laisser la place à des particuliers, lesquels par vn interest si cõsiderable, estoient plus obligez de la conseruer comme leur bien, & celuy de leur famille, que des Gouuerneurs qui y seroient mis pour vn temps ; outre qu'il en cousteroit au Roy vne grande somme, outre l'entretien d'vne garnison, dont sa Majesté estoit deschargeé en

laissant

laiſſant la place entre les mains des particuliers proprietaires.

Quoy qu'il en ſoit, cela ne me regarde pas ; Et ie m'eſtonne que mon Accuſateur ne m'impute pas, que le Traitté ne fut pas executé en 1626. que les payemens ne furent pas faits, & que les verifications n'ont eſté pourſuiuies ; cela ſeroit auſſi vray-ſemblable, comme la calomnie qu'il allegue, que j'ay conceu ce deſſein, à cauſe que la Maiſon de Rhetz n'eſtoit en eſtat de me rien refuſer : Ie voudrois ſçauoir ce que ie pouuois faire ou de bien ou de mal à la Maiſon de Rhets, & ce que nous auons jamais eu à deſmeſler enſemble.

Le contraire eſt ſi notoire, que ie ſuis eſtonné que l'on oſe auancer des choſes de cette qualité : Il eſt certain que la propoſition fut faite à M. le Cardinal, de la part de Monſieur & de Madame de Rhetz, ſans que i'en ſceuſſe, quoy que ce ſoit : Il eſt certain que M. Seruien eut charge de M. le Cardinal de m'en parler ; Que ie refuſay d'eſcouter cette propoſition ; Que M. le Cardinal m'en parla luy-meſme, comme d'vn ſeruice à rendre au Roy, & pour m'y conuier dauantage, il me fit enten-dre que peut-eſtre il s'en accommoderoit dans quelque temps ; ce qu'il a tenu en incertitude iuſqu'en 1659. & le ſecret a eſté gardé par ſon ordre dans cette veuë, & par ce motif en partie, comme i'ay cy-deuant expliqué.

Luy qui eſtoit aſſeuré de ſon traitté, & qui n'a iamais manqué d'adreſſe en toutes occaſions, s'eſt fait expedier vn Breuet du Roy datté du 20. Aouſt 1658. Il porte que la Terre & Marquiſant de Belle-Iſle eſtant ſcitué dans la Mer vers les coſtes de Bretagne, il eſt important au ſeruice du Roy que cette Place, laquelle outre ſa force, eſt par ſa ſcituation tres-conſiderable, ne tombe point entre les mains de perſonnes qui peuſſent eſtre ſuſpects, & qui n'euſſent point toutes les qualitez requiſes pour la bien conſeruer, contre les efforts que pourroient faire à l'auenir les Ennemis de l'Eſtat ou autres mal-intentionnez à ſon ſeruice ; Que par ces conſiderations ſa Majeſté auoit engagé l'Accuſé dans cette acquiſition, comme eſtant aſſeurée de ſon zele & de ſa fidelité, qui en ſuite ſont expliquée auantageuſe-

ment, & auec eloges. Ainſi l'acquiſition ne luy eſt permiſe, & il n'eſt inuité de la faire, ſi nous en croyons le Breuet, que dans la preſuppoſition de ces deux qualitez pour le ſeruice du Roy. Il eſtoit neantmoins deſlors en vn deſſein bien contraire, & qui a depuis continué: Car deslors il auoit fait les deux tiers de ſon Memoire, il en a acheué l'autre tiers, & conſommé ce projet de rebellion depuis l'acquiſition de Belle-Isle.*

* fol. 51.
recto.

Mon Accuſateur eſt tellement emporté de paſſion contre Moy, qu'il ne prend pas garde qu'il s'engage à blaſmer celuy dont il a fait le panegyrique; qu'il deſapprouue les Conſeils du Roy, & meſpriſe ſes ordres; pourueu qu'il me deſchire, il ne ſe ſoucie pas ſur qui puiſſent réjaillir les eſclats de ſa mauuaiſe volonté: Comme je n'ay en partage que la ſouffrance, & le reſpect pour les ordres du Roy, je n'ay rien à reſpondre, ſinon que ce n'eſtoit pas ſans raiſon que l'on parloit de mes ſeruices, & de ma fidelité; j'en auois donné des preuues aſſez grandes & aſſez authentiques: Il ſe trouuera en ces meſmes temps peu de perſonnes qui puiſſent faire paroiſtre des ſeruices auſſi ſignalez que les miens.

Il eſt vray que ſi le ſieur Colbert en euſt eſté crû, peut-eſtre n'euſt-on point parlé de la ſorte; car il auoit deſ-ja formé ſon deſſein; & je penſois en ce temps-là qu'il l'euſt abandonné: Mais comme j'appris quelques mois apres qu'il y perſiſtoit, & que l'on formoit de nouuelles intrigues; il eſt vray que ie penſay pendant deux heüres aux moyens de me garentir; Eſtoit-ce abuſer de cette acquiſition? Voulois-je attaquer quelqu'vn? Auois-je intelligence auec les Ennemis? ou ſi je penſois ſeulement que peut-eſtre la conſideration des choſes qui me vinrent en penſée, rendroit ceux qui me vouloient perdre plus retenus à l'entreprendre, & à pouſſer leur violence juſqu'à l'extremité.

Il auoit des-ja l'engagement de Deslandes, le Gouuernement de Concarneau, pourueu d'armes & munitions, en eſtat de defenſe, & ceux de Guerande & du Croiſy, & la Commiſſion de Capitaine Gar-

de-coſte, le Gouuernement de Tombelaine, celuy de la Tour & Isle de Tation & les eſcrits du ſieur Marquis de la Luzerne, de Courtois & le Vaſſeur & de Deſnots pour le Gouuernement du Mont S. Michel, ce qui ſe juſtifie par les conferences des dattes. Ainſi l'on peut dire, qu'il n'y auoit perſonne en France à qui il fut plus dangereux de confier la garde d'vne Isle, voiſine de l'Angleterre, ny qui euſt & plus de commodité, & plus de diſpoſition d'abuſer d'vn poſte ſi iomportant que l'Accuſé.

Il n'y a pas vn mot de veritable en tout ce diſcours, je n'ay iamais eſté en poſſeſſion des lieux y deſnommez, comme i'ay deſja dit, & feray voir plus particulieremét ſur les pieces. Il eſt vray que Concarneau dont M. de Chalain eſtoit encore reſponſable au Roy, eſtoit ſous le nom de mon Frere qui n'en auoit pas pris poſſeſſion, & que Deſlandes qui auoit eſté mis dedans ſeulement pour Lieutenant en fut retiré incontinent apres; au reſte vne tres-meſchante & petite Place, ſans munitions, ſans armes, ſans hommes & ſans reuenu, & en vn mot propre à rien.

Au ſurplus, jamais homme n'a eu ſi peu de diſpoſition d'abuſer vne Place, puis que je n'auois iamais eu aucune intelligence auec l'Angleterre, que l'on cite mal à propos en cét endroit, ny auec aucune Nation ſuſpecte, & iamais homme n'a eu tant de zele pour l'Eſtat: Mes Ennemis parlent contre leur conſcience, quand ils alleguent ces choſes-là, & ſçauent bien qu'il n'y a iamais eu que la ſeule reflexion, ſur le deſſein que l'on faiſoit de m'opprimer, qui m'ait donné la penſée de ſonger à me garentir, ſans vouloir me ſeruir du voiſinage d'Angleterre, ny de tant d'autres voyes qui eſtoient alors ouuertes, beaucoup plus certaines, auſquelles ie ne voulus pas ſeulement penſer: Peut-on en Iuſtice ne pas excuſer vn homme qui a ſimplement penſé à ſa conſeruation? & qu'apres auoir penſé non ſeulement il n'execute rien; mais ne reſout rien; ou pour mieux dire, reſout le contraire & l'execute, comme il eſt prouué, tant par la retraite de Deſlandes en ſon païs, que par la vente des Places qu'auoient mes Amis, & par celle de ma Charge de Procureur

General, & par l'offre de Belle-Iſle au Roy, & par la vente des
Vaiſſeaux au Roy, & par cent autres choſes compriſes en cét
eſcrit, & non acheuées ; mais deſtruites par Moy-meſme.

Il eſt d'ailleurs ſans apparence, que le Roy euſt engagé l'Accuſé d'ac-
querir Belle-Isle, ainſi qu'il a fait inſerer dans le Breuet. Il n'eſt pas
mal-aiſé à vn Sur-Intendant des Finances, auquel on n'oſe rien re-
fuſer, d'obtenir d'vn Secretaire d'Eſtat vne permiſſion de cette natu-
re, qui ſemble eſtre pluſtoſt de bien-ſeance, que de neceſſité : Auſſi ne
s'eſt-il point ſeruy de ce Breuet, car au lieu d'acquerir Belle-Isle ſous
ſon nom, comme le Breuet luy permettoit, il l'a acquis ſous le nom du
ſieur Floriot, Secretaire du Roy, ſuiuant le Contract du 5. Septembre
1658. le prix enoncé dans le contract eſt de treize cens mille liures ; il
eſt dit que quatre cens mille liures ont eſté payées comptant, & que
les neuf cens mille liures reſtans ſeront payées à des creantiers aux
termes portez par le Contract.

Ce raiſonnement eſt ſi foible qu'il ne merite pas de reſponſe. Ie m'eſtonne ſeulement de la hardieſſe qu'à mon Accuſateur, quand il s'agit d'opprimer ſon Ennemy, d'oſer dire qu'il
n'y a pas d'apparence, que l'on m'euſt engagé d'acquerir Belle-
Iſle, contre les termes propres de l'ordre du Roy, contre la notorieté publique de l'Eſtat, auquel eſtoit M. le Cardinal Mazarin auec la Maiſon de Rhetz ; & des raiſons pour leſquelles
il engageoit des perſonnes, deſquelles il n'auoit rien à craindre, d'acquerir vne Place qu'il vouloit oſter à cette Maiſon qu'il
craignoit ; & enfin contre les témoignages que peuuent rendre, ceux qui ont eſté employez par M. Seruien à cette negociation.
I'ay des-ja dit que M. le Cardinal auoit deſiré que la choſe
fut ſecrette ; elle ne pouuoit pas l'eſtre ſous mon nom ; il y
auoit des retraicts lignagers à eſſuyer, & d'autres difficultez
pour l'appropriement, pour leſquelles il y euſt eu des procés :
Ie ne voulois pas eſtre éuoqué d'vn Parlement où j'auois des
Parents, & tant d'autres raiſons, pour ne ſe pas haſter de pu-

blier

blier cette acquifition, qu'il eft inutile de les repeter.

Ie diray feulement qu'il n'eft pas veritable, que le Breuet porte, que l'acquifition fera fous mon nom.

Il eft indifferent quel a efté le prix, puifque par le Breuet il m'eft permis d'en compofer à tel prix que ie voudray, ç'a efté à Moy à prendre mes feuretez, & cela ne merite pas encore de refponfe.

*Quoy qu'il foit declaré que les quatre cens mille liures ont efté payées comptant, & qu'il y ait numeration de deniers; la verité eft que cette fomme n'a jamais efté payée, qu'en la maniere qui fuit: Il a efté remarqué cy-deuant que le domaine de Loyau deuoit eftre laiffé à M. le Duc de Rhetz, & qu'en l'année 1626. feu M. le Duc de Rhetz auoit receu cent mille liures comptant des deniers du Roy fur-eftant-moins du prix de la vente qui auoit efté faite de la Terre de Belle-Ifle; l'Accufé a fait donner à M. le Duc de Rhetz deux quittances de l'Efpargne, l'vne de cent cinquante mille liures, & l'autre de deux cens quarante-huict mille quatre cens liures: La fomme de cent cinquante mille liures pour le principal & interefts de cent mille liures receus du Roy par feu M. le Duc de Rhetz en 1626. Pour cét effet on a fait rendre vn Arreft au Confeil d'Eftat le 22. Decembre 1658. qui liquide à cinquante mille liures les interefts de cette fomme de cent mil liures: & pour auoir les defcharges de l'Efpargne, l'Accufé n'y a pas fourny de l'argent, ny de bonne dépenfe; mais des billets procedans d'Or-donnances de comptant, de Traittez non executez, qu'il a luy-mefme reaffignez. Pour l'autre fomme de deux cens quarante-huict mille qua-tre cens liures, elle n'a pas efté payée en monnoye de meilleur aloy; L'on a fourny vne adjudication du domaine de Loyau faite par M M les * Commiffaires du Louure, en datte du dernier Ianuier 1659. moyen-nant pareille fomme, laquelle deuoit eftre payée, fçauoir, deux cens trente-fept mil fix cens liures au fieur Ieannin de Caftille; & dix mille huict cens liures au nommé Huffon, Commis à la recepte des droicts attribuez aux Officiers des Chartres, c'eft à dire au profit de l'Accufé, d'autant qu'il eftoit Treforier des Chartres, & joüiffoit de ces droicts. Cette adjudication eft faite, & la quittance conceuë fous le nom d'vn*

* fol. 52. recto.

DDd

nommé Prieur, & Prieur à M. le Duc de Rhetz: Comme l'Accusé a esté le Maistre de toute cette négociation, on voit par tout regner son esprit. Combien de noms empruntez, & combien de deguisemens, soit pour l'acquisition, pour le prix, & pour le payement d'vne Terre; Mais ce qui ne peut receuoir d'excuse, c'est que Monsieur Foucquet, abusant de son Ministere, & de l'authorité de sa Charge, a fait payer au Roy le tiers de cette acquisition, & par là l'on voit que le crime de Peculat est conjoint à celuy de leze-Majesté; & que l'on s'est seruy des Finances, pour acquerir des places de seureté, & pour les mettre en estat de soustenir vn Siege, & de ne plus reconnoistre les ordres du Roy.

Tovtes ces choses sont auancées comme il plaist à ma Partie, il faut venir aux preuues; car je nie absolument ces faicts. Ie demeure d'accord que j'ay souhaitté pour la seureté de l'acquisition, qu'il y eust des deniers employez à la restitution de cette somme de cent mil liures, qui eust pû estre demandée en vn autre temps par le Roy; Mais ie mets en faict qu'elle a esté payée, suiuant les assignations données sur les ordres de M. le Cardinal, par feu M. Seruien; c'estoit luy qui en ce temps de 1658. faisoit la consommation des fonds, suiuant le partage de nos fonctions fait en 1654. par ordre du Roy produit au Procés; Et ainsi ce faict se destruit de soy-mesme: Et de plus, en me restituant les Papiers que j'auois à Fontainebleau, i'espere de trouuer la consommation de ladite somme. Si M. Talon a quelque meilleure preuue à rapporter du contraire, j'y respondray sous la cotte où elle sera. Mais cela ne se peut, car il n'y a rien que dans l'ordre, l'argent en a esté actuellement payé aux Suisses, & l'on n'a pas profité d'vn sol sur ce qui en deuoit reuenir au Roy; Peut-estre le Traittant n'a pas exigé toute sa remise.

A l'égard de Loyau, M. de Rhetz desirant se conseruer cette Terre; puisqu'il ne pouuoit plus la tenir en propre; il apprehenda qu'elle ne fust retirée, souhaitta que la Finance en fust augmentée; ce qui fut fait par les voyes accoustumées au Louure ; & ie ne puis conceuoir quel est le mal d'vne chose qui s'est pratiquée publiquement auec toutes les solemnitez requises pardeuant les Anciens du Conseil, & dont la Finance est tournée actuellement à l'auantage du Roy.

Ie sçay bien que mon Accusateur veut faire vn crime, de ce que les adjudications faites à M. de Rhetz ne sont pas directement en mon nom : Mais ie ne croy pas qu'il y ait bien pensé, autrement sans doute il auroit pris garde que les quittances de M. de Rhetz ne pouuoient estre qu'au sien ; s'il ne les y a pas mises d'abord, il faut qu'il ait eu ses raisons pour ne le pas faire ; mais cela n'a rien de commun auec Moy ; ce n'estoit pas Moy qui acheptois le domaine de Loyau, le nom de Prieur m'est inconnu, & tous ces raisonnemens ne concluent rien.

Si on veut feüilleter les Registres des Adjudications faites non seulement au Louure, mais à la Chambre du Domaine du Parlement, & pareillement celles faites aux Requestes du Palais, & par tout ailleurs, il ne s'en trouuera pas-vne sous les noms des Acquereurs directement, contre cinquante qui seront sous des noms d'Aduocats du Conseil, de Procureurs, ou d'autres personnes, qui font en suite leurs declations aux veritables Acquereurs : Pourquoy donc repeter deux cens fois en cette Production, que l'on voit mon esprit, en ce que les Domaines du Roy, ou autres droicts, ont esté sous le nom de personnes, qui en ont fait posterieurement des declarations, si jamais il ne s'est pratiqué autrement ?

Que M. Talon me montre vne Ferme du Roy, ou vn Traitté fait sous le nom des veritables preneurs : Voila donc bien des criminels de leze-Majesté, & bien des crimes d'Estat : Car pour Moy ie suis en plus forts termes ; I'ay vne permission du Roy, & tous ces gens-là n'en ont point.

Mais si ie justifie, que tous les ans plusieurs personnes de condition, ont receu du Roy des sommes d'argent sous des noms supposez, par des Ordonnances de comptant, pour gratifications, & pour des quartiers retranchez, & que les Prests faits par M. le Cardinal & par le sieur Colbert, sont sous le nom de

la Farelle, & d'autres noms semblables : Voila bien des criminels, à qui la Chambre ne fait point le procés pour ces suppositions de noms : Il faudroit donc vne fois se deffaire de ces exaggerations, & ne pas tirer des inductions qui font trop connoistre l'oppression manifeste.

Il est tellement vray que l'Accusé vouloit estre Maistre absolu de
Belle-Isle, & y establir son azile asseuré ; qu'il a tiré vne declara-
*tion de Montatelon Commandant de Belle-Isle, au * nom du sieur*
Marquis de Crequy, de la Dame du Plessis-Belliere, & du sieur de
la Bretanniere de Graue, laquelle a esté trouuée dans les papiers de
Belle-Isle, portant entre autres choses qu'il promet & s'engage de
ne remettre la place à autre qu'à eux, & à des gens de leur part.
Il paroist par quantité de lettres missiues, & de billets de Mada-
me la Duchesse de Rhetz, trouuez dans les papiers de la Dame du Plessis
Belliere ; qu'on vouloit cacher à tout le monde l'acquisition de Belle-
Isle : Il y en a vn billet du 4. Mars 1659. qui est six mois aprés le
Contract conceu en ces termes, I'ay fait demander à M. le Cardinal
audience pour luy parler d'vne affaire qui regarde son Duché de
Mayenne. Ie ne sçay si ie l'auray, mais i'ay crû qu'il falloit estre
preparée à tout ; mandez moy s'il vous plaist de la façon, dont ie dois
respondre, si on me parle de la vente ; car ie ne veux rien faire qui
puisse déplaire.

C'EST encore vne supposition de dire, que j'ay tiré vne declaration de Montatelon, lequel je n'ay veu de ma vie, à qui je
n'ay jamais parlé ny fait parler, escrit, ny fait escrire. I'ay expliqué la chose par mon Interrogatoire, & elle est si veritable &
si naturelle, que personne n'en peut douter ; je m'en rapporte à
ce qu'en diront M' & Madame de Rhetz, ledit Montatelon &
tous les autres. Cela s'est fait sans ma participation, & je n'en ay
jamais veu le billet, que depuis que ledit de Montatelon a esté
hors de la place.

Montatelon estoit Lieutenant de M. de Rhetz dans Belle-
Isle, lequel il ne vouloit pas retirer auant que d'estre payé, aussi né

ſi ne pouuoit-on pas payer auant que ledit ſieur de Rhetz euſt
retiré ſa garniſon ; il fallut trouuer vn temperament, & conuenir de Madame du Pleſſis-Belliere, & de M. de Crequy pour
depoſitaires de la parole dudit Montatelon, afin qu'il tinſt la
Place en depoſt entre le vendeur & l'acheteur ſous vne tierce
perſonne, juſqu'à ce que les conditions fuſſent executées de
part & d'autre ; & cela ne ſe pouuoit faire autrement, du moins
on n'en trouua pas d'autres expediens ; & quand toutes les conditions furent accomplies Montatelon ſe retira, & laiſſa la Place à celuy qui luy deuoit ſucceder.

Pour le ſurplus, i'ay deſ-ja dit, que i'auois ordre de garder le
ſecret : De plus, ie diray que ces Lettres de M. de Rhetz ne
m'ont pas eſté repreſentées, qu'elles ne ſont pas de mon faict ;
que l'eſcriture n'en eſt pas reconnuë, ny la piece conſtante, &
meſme que cette Lettre qui parle du Duché de Mayenne, & de
la vente, ſi elle eſt de cette datte, ne ſe peut pas entendre de
Belle-Iſle, dont M. le Cardinal auoit fait expedier les Breuets
ſi long-temps auparauant, & dont M. Seruien l'auoit entretenu dés le premier jour que M. de Rhetz le chargea d'en faire la
propoſition : Auſſi voit-on bien qu'il n'y en a pas vn mot, &
que cela s'entendoit d'vne autre affaire, ſur laquelle Madame
de Rhetz, ſi les Lettres ſont d'elle, demande conſeil pour ne
rien dire à M. le Cardinal qui luy déplaiſe.

*Si le Breuet du Roy ne peut point couurir les mauuaiſes inten-
tions de l'Accuſé dans l'acquiſition de Belle-Iſle ; moins encore
peut-il juſtifier & authoriſer ce qui regarde les fortifications.
Ce ne ſont pas de ſimples réſtabliſſemens, ny de legeres precautions
pour ſe defendre d'vne inſulte paſſagere ; ce ſont des ouurages tres-
conſiderables ; ce ſont des baſtions reguliers, des demies lunes reueſtuës,
des redoutes, & des paliſſades, & toutes les choſes* deſſignées auec tant
d'art, que ſi cette entrepriſe auoit eſté conduite à ſa derniere perfection,
Belle-Isle ſeroit deuenuë l'vne des plus fortes & des plus redoutables
Places de l'Europe. Mais quelle deſpenſe n'a-t'il point fallu faire
pour l'achapt, & pour le tranſport des materiaux, & pour le nom-*

      * *fol.* 53.
      recto.

E E e

bre des Ouuriers? Elle a esté excessiue, si nous en croyons les deuis, les marchez, les memoires de l'argent enuoyé, & mesme les lettres mis-siues écrites à l'Accusé; Toutes ces pieces, & ces lettres se sont trou-uées en sa possession; elles seront plus amplement discutées dans l'exa-men des preuues.

IE ne croyois pas que ma Partie vouluft accuser le Roy de deffaut de pouuoir, & auancer que sa Majesté n'a pû donner permission de fortifier vne place de son Royaume; neantmoins cette obseruation ne peut signifier autre chose.

Ie voudrois sçauoir s'il peut tomber dans le sens commun, qu'vne place, dont ma Partie exagere l'importance auec tant de soin, cóme voisine de l'Angleterre, soit vne Place que le Roy puisse auoit eu intention qu'elle ne fust defenduë que d'vne in-sulte passagere. Cela se pourroit tolerer si c'estoit vne maison particuliere aupres de Paris, où l'on auroit permis des fossez pour empescher les volleurs; mais de penser que jamais le Roy ait eu la volonté, qu'apres auoir essuyé le premier insulte d'vne Place importante & voisine des Estrangers, on ne la defendist pas dauantage; qu'on se gardast bien de la mettre en estat de n'estre point forcée; il n'y a que ma Partie au monde qui puisse auoir cette pensée sur l'explication d'vn Breuet, qui porte dire-ctement le contraire: Mais en verité, quand la passion aueugle, on se jette en d'estranges precipices.

Ie dis donc que cette interpretation ne se peut soustenir, & que le Breuet porte le contraire en termes formels; que l'exem-ple des precedens Proprietaires y est exprimé, lesquels y ont fait doubles fossez & trois bastions reueftus, & d'autres fortifi-cations regulieres, dont on n'a jamais fait de plaintes, au con-traire, quand le Roy en 1626. a eu intention de la retiter, c'é-toit pour y en faire faire dauantage.

L'on sçait que M. le Cardinal de Richelieu auoit eu dessein d'establir vne Compagnie de commerce au Morbihan qui est là; & que pour cét effect il vouloit que cette Place fust fortifiée plus qu'elle n'estoit. C'estoit donc l'auantage du seruice du

Roy de la rendre forte, puis qu'elle ne peut jamais se passer de la France, & qu'il est bon qu'elle soit en estat de ne pas craindre les autres Puissances.

Ce qu'il seroit bien facile à prouuer, sinon qu'il ne s'agist point de cela, & qu'il suffit de dire que le Roy l'a permis ; que c'est l'auantage de l'Estat, & que ce qu'on allegue est directement contre le seruice du Roy & contre la verité.

*Il resulte d'vne lettre missiue dattée de Bordeaux du 23. Decembre 1660. non signée, que celuy qui escrit partira le 26. dudit mois auec son pere, & deux autres Gentils-hommes de ses amis, qu'il s'embarquera, & prendra en passant les pieces de canon, & les pierriers que le sieur Commandeur de Neufchése donne. On a trouué des lettres en parchemin non signées, escrites par Pellisson, apostillées en plusieurs endroits par l'Accusé, pour exempter les habitans de Belle-Isle de toutes impositions, subsides, & autres droicts pendant trente ans, à la charge des coruées, & de subjection de garde ; Ces lettres ont esté expediées, Registrées en la Chambre des * Comptes de Bretagne, & publiées, sans que l'Accusé soit nommé, parce qu'il vouloit tenir encore ses actions secrettes : On a trouué vn memoire escrit de sa main de tout ce qu'il vouloit estre fait pour le Chasteau de Belle-Isle, pour les atteliers, pour les canons, pour les Corps de garde, pour les escuries, pour les bastions, pour la contre-escarpe, pour les fossez, pour les ponts, pour la basse-court, pour le hawre, pour le magazin, pour les cabanes, pour le potager, pour le logement sur le quay, pour le logement des soldats, pour le logement des Officiers, pour l'Hospital, pour vn Official, pour vn Iuge, & pour vn Lieutenant : Tous ces ordres & toutes ces preparations, sont des marques & des auant-coureurs d'vn dessein caché, qui ne peut estre autre que l'execution du Memoire escrit de la main de l'Accusé, & par consequent la consommation du crime de leze-Majesté.*

* fol. 53. verso.

A l'esgard de ces missiues, il y sera respondu en détail, sous les cottes où on les a produites ; elles sont de Gentils-hommes qui deuoient passer aux Isles de l'Amerique, & qui en ont fait le voyage.

Ie ne m'eſtonne pas qu'apres auoir blâmé lesBreuets du Roy,
on condamne à preſent les lettres Patentes verifiées dans les
Cours Souueraines; Il n'y a point de bornes à l'animoſité & à
la haine de mes Parties; quand elle ſe trouue appuyée de puiſſance, & d'authorité, rien ne l'arreſte; peut-on auoir vn meilleur titre que celuy-là, pour les ouurages qu'il condamne? Non
ſeulement on les permet, mais de plus on les commande.

C'eſt vne méchante induction, que celle que mon Accuſateur veut tirer de ce que mon nom n'eſt pas employé dans ces
Lettres; puiſque ce ſont les Habitans qui joüiſſent du benefice,
& non pas le Seigneur, & que ce ſont eux que l'on décharge de
ſubſides, des Tailles ou foüages, il faut bien qu'elles ſoient
en leur nom, & non pas au mien.

Mais il faut voir ſi toutes les precedentes obtenuës par Meſſieurs de Rhetz, qui ſe ſont renouuellées de temps en téps, ſont
en leur nom, ou des Habitans; & au cas qu'elles ſoient verifiées en la meſme Compagnie ſous le nom des Habitans, comme il eſt conſtant, & que ma Partie l'ait veu & ſceu; ne faut-
il pas conclure que c'eſt vne oppreſſion particuliere, de releuer
des choſes de cette nature, où l'on n'a fait que ſuiure les exemples precedens? cependant la choſe eſt ainſi, & n'a jamais eſté
autrement.

Mais de plus pour prouuer que ie ne pretendois pas cacher
mon nom à la Chambre des Comptes de Bretagne, comme
pretend ma Partie, c'eſt que j'en ay eſcrit à la Compagnie, je
l'ay ſollicitée par homme exprés de cette verification, & j'en
ay les reſponſes dans mes Papiers.

Le deſtail des ordres ſpecifiez pour vn preparatif à la guerre, tels qu'ils ſont exprimez icy, eſt tres-curieux, & meriteroit
d'eſtre donné au public pour ſeruir de modele.

Il eſt donc pour cét effect mentionné dans vn memoire,
qu'il faut trauailler au potager, à l'eſcurie, au haure, à la baſſe-
court, au logement des Officiers & ſoldats de la garniſon ordinaire, à des cabanes pour peſcher des ſardines, à mettre vn Iuge en la place de celuy qui eſt mort, & de ſonger à vn Official,

à cauſe

à caufe que celuy qui y eftoit, auoit quatre-vingts ans, & à vn
logement dans le Bourg pour feruir d'Hofpital à de pauures
Habitans malades. Apres cela, peut-on douter d'vne guerre?
Et par confequent, dit-il, *la confommation du crime de leze-Majefté.*

Il eft vray que le Corps de garde ordinaire prés la porte,
eftoit tombé en ruïne depuis peu, auffi bien que d'autres murs;
& quélque accommodement qu'auoit commencé celuy qui
commandoit dans la place, eftant imparfait, ie voulois me fouuenir de donner ordre qu'on acheuaft les reparations, pour en
retirer les Ouuriers, & en tout ie ne voulois pas qu'il y euft plus
de trente Maffons employez. Les inductions que l'on tire de
tout cela, ne font-ce pas autant de preuues d'vne haine inueterée contre Moy, de la part d'vn Ennemy paffionné, qui fe voit
en place de me nuire?

*Ce qui reçoit encore moins de doubte, fi l'on confidere que Belle-
Ifle eftoit fourny de munitions de guerre & de bouche, au delà de ce
qui eft ordinaire en temps de paix, mefmes dans les places frontieres, & que d'ailleurs il y auoit eu de l'argent en depoft. Mais quelle preuue plus puiffante? Quelle demonftration plus fenfible peut-
on rapporter de la mauuaife conduite de l'Accusé, & de l'intention
qu'il auoit de former vn party, que de voir qu'vn Officier de la* Robbe, vn Procureur General, qui n'eft ny du meftier de la guerre, ny
de condition à exercer le trafic, achepte des vaiffeaux, & des canons.
Ne fçait on pas que dés l'année 1656. il auoit fait faire au port de
Concarneau vn grand vaiffeau du port de huict cens tonneaux, appellé
le grand Efcureüil, auquel M. le Prefident de Chalain fon Parent
auoit part. Il traitta de la moitié de M. le Prefident de Chalain fur
le pied de cent foixante mille liures, ayant depuis reconnu que le vaiffeau eftoit mal-conditionné, & qu'il ne pouuoit feruir, ny pour la
guerre ny pour le commerce, il l'a vendu au Roy, & en efchange il a
fait achepter en Hollande des vaiffeaux, & feparement tout ce qui eft
neceffaire pour les efquiper. Ce qui eft fi conftant que le fieur Guillau-
me Belin Marchand à Amfterdam a tiré des lettres de change fur le
fieur Chanut pour le payement des achapts de plufieurs canons, mu-*

** fol. 54.
recto.*

FFf

*nitions, armes, cordages, planches, matieres & autres agrez, & ap-
paraux par luy enuoyez à Concarneau, & receus audit lieu; Le de-
boursé en Hollande se monte à 85389. liures 16. sols. Ensuite l'Accusé à fait achepter quatre vaisseaux en Hollande, l'vn nommé la
Renommée; l'autre Saint Iean Baptiste; vn autre l'Aigle d'or; & vn
autre le Iardin de Hollande. Le prix de ces quatre vaisseaux est de
83038. liures 9. sols. Il y a deux autres vaisseaux aussi acheptez en
Hollande, l'vn nommé Saint Anthoine de Padouë, du port de trois cens
tonneaux ou enuiron* en forme de fluste, & l'autre la Sainte Anne,
qui est vne fregate d'enuiron cent cinquante tonneaux. Il est assez
vray-semblable que l'Accusé auoit encore achepté quelqu'autres vaisseaux: Il y a nombre de lettres de change tirées sur Pellisson, libellées
pour achepter des vaisseaux, qui suiuant le calcul se montent à la somme de 186456. liures 5. sols.*

* fol. 54.
verso.

Sɪ ma Partie trouue mauuais qu'il y ait des munitions dans
la Place, je ne sçauois pas ses intentions, quand j'y en ay fait
mettre je sçauois seulement que le Roy le trouuoit bon par son
Breuet & me l'auoit ordonné; je sçauois qu'il est difficile de
conseruer vne Place sans armes & munitions, & que les precedens Seigneurs y en auoient.

Il semble de plus qu'il y auoit vingt ans que l'on auoit la
Paix, de la façon qu'en parle ma Partie, & que cette Place ne
soit pas frontiere: Et d'ailleurs ie voudrois sçauoir s'il falloit
ietter toutes les munitions dans la mer à la publication de la
Paix.

Mais outre ce, il y auoit des munitions qui n'estoient que
pour les vaisseaux, ou pour estre portées à l'Amerique, comme il est notoire sur les lieux, & prouué par cinquante pieces,
qui sont dans mes Papiers, & par les tesmoins de ma Partie.

Le caractere de haine paroist par tout. On ne veut demeurer d'accord d'aucune verité, & on ne veut pas qu'il y ait vn
seul endroit de la Production exempt d'exagerations contre la
verité des choses.

Il est bon que ie declare les raisons, pourquoy j'ay eu quelque connoiſſance de la mer, puiſque ma Partie veut rendre odieuſes des choſes qui ſont loüables, & qui marquent mes ſeruices anciens, & nouueaux.

Ie diray donc que mon Pere auoit l'honneur d'eſtre du Conſeil de la Marine, lorsque M. le Cardinal de Richelieu eſtoit Admiral : Que c'eſtoit mon Pere ſeul, tant qu'il a veſcu, ſur lequel le feu Roy, & ce grand Miniſtre, ſe repoſoient de tous les ſoins & de toutes les affaires de la Mer : Que M. le Cardinal de Richelieu, comme vn grand Perſonnage forma diuerſes Compagnies pour le commerce, & pour l'eſtabliſſement des Colonies en toutes les parties du monde ; Qu'il y prit part, & voulut que mon Pere & Moy en priſſions auec luy, & que nous euſſions l'honneur d'eſtre ſes Aſſociez.

Tant que mon Pere a veſcu, tout le détail des embarquemens, & autres choſes, ſe ſont faites par les ſoins de mon Pere, & ſe ſont reſoluës en des Aſſemblées qui ſe tenoient chez luy, auſquelles j'aſſiſtois comme vn des intereſſez : Il y auoit des Compagnies pour le Canada, S. Chriſtophle, & les autres Iſles ; pour Madagaſcar, pour Senegal, le Cap vert, le Cap de Nord, & autres lieux.

Par ſon application plus de vingt mil perſonnes auoient fait des Colonies volontaires, & des eſtabliſſemens à l'honneur de la France, ſi honorable & ſi aduantageux à noſtre Nation, que ſi les Eſtrangers qui ont ſuccedé, n'auoient point pris à taſche de tout ruïner par des legers intereſts, c'euſt eſté vne choſe tresconſiderable dans la ſuite. Il faudroit des volumes pour expliquer le bien qu'on en pouuoit eſperer, & le prejudice qu'a porté cette perte.

Depuis la mort de mon Pere, M. le Cardinal de Richelieu m'a continué dans cette Commiſſion : Ie luy ay rendu compte des affaires conjointément auec M. d'Aligre, à qui mon Pere auoit auſſi procuré cét employ, duquel ledit ſieur d'Aligre me teſmoignoit de grandes reconnoiſſances, quand i'eſtois en fortune.

I'ay dans mes Papiers vn grand nombre de Lettres de M.

le Cardinal de Richelieu, & ie suis demeuré proprietaire des
parts, que j'auois en toutes ces Compagnies, dont il paroist
quelque choses dans les Inuentaires.

Monsieur le Cardinal de Richelieu m'auoit fait l'honneur
de me confier à Moy seul, vn illustre dessein, & digne d'vn si
grand homme pour la gloire de l'Estat, ce dessein fondé sur
lesdites Colonies; mais toutes ces choses sont demeurées assou-
pies pendant les desordres.

Si tost que j'ay pû en jetter des semences dans l'esprit de
M. le Cardinal Mazarin, ie l'ay fait : Et dans les derniers temps,
il auoit tellement approuué les pensées de Mer & de Compagnies, qu'il m'auoit chargé auec M. Chanut de m'en instruire
dauantage, & d'y trauailler, & approuuoit fort que j'eusse des
vaisseaux, qui fissent ces grands voyages. Il le sçauoit si bien
qu'il en achepta de Moy, deux fort grands que j'auois eu de M.
de Chalain : Et ma Partie fait injure à sa memoire, de dire que
pource qu'vn vaisseau ne valloit rien, ie l'ay vendu au Roy,
car il y en auoit deux, & tous deux fort bons ; Et M. le Cardinal qui estoit chargé à forfaict des despenses de la mer, appor-
toit assez de circonspection quand il falloit desbourser son argent, & ne se laissoit pas persuader de la sorte. Il n'y a soin ny
exactitude dont il ne s'auisa.

Il les fit visiter de la part de Monsieur de Vendosme, par vn
Charpentier nommé Laurens Hubach, le plus habile homme
de France ; il les enuoya encore visiter de son chef, & puis il les
voulut auoir pour le Roy. Ce fut le sieur Colbert du Terron qui
en alla prendre possession sur les lieux, les examiner, & faire
encore visiter par les Charpentiers du Roy ; luy qui est Commissaire General de la Marine auroit donc trompé M. le Cardinal ; car je n'ay esté remboursé du prix qu'apres toutes ces visi-
tes & rapports. Mais ce qui môtre encore la supposition de cette allegation; c'est que le Roy ayant fait choisir par le sieur Colbert en 1661. entre tous ces Vaisseaux, ceux qui pourroient le
mieux seruir, les deux que j'auois vendus, appellez le grand &
le petit Chaslain ont esté choisis, & font partie de son Armée
nauale.   Mais

Mais outre toutes ces raiſons , ie me ſers encore de cette preuue, pour faire voir que ie n'auōis pas de meſchantes intentions, puiſque ie me deffaiſois de deux bons vaiſſeaux de guerre, pour en prendre de petits Marchands, afin de reſtablir nos Compagnies, & faire valloir les reuenus de Belle-Iſle. Ie ne ſçay ce que l'on pourra dire contre ces preuues.

Cependant mon Pere n'eſtoit ny du meſtier de la guerre, comme dit de Moy M. Talon, ny de condition à exercer le trafic, & neantmoins il a fait les meſmes choſes, & nous en trouuerons encore des Lettres Patentes en bon nombre, s'il eſt beſoin.

Le reſte ne merite pas de reſponſe, car les agrez, apparaux, & autres choſes neceſſaires pour mettre les vaiſſeaux vendus au Roy, en eſtat d'eſtre liurez à l'Admirauté, n'ont pû eſtre acheptez ailleurs qu'en Hollande, par le correſpondant de M. Chanut, lequel y auoit eſté Ambaſſadeur, & auoit eu de ces ſortes d'employs pour le Roy. I'expliqueray ſous les cottes l'artifice dont on ſe ſert pour compter trois fois la meſme choſe. On compte le prix ſur l'achapt de M. de Chalain ; on le compte encore ſur le liure du vendeur en Hollande, & ſur celuy du ſieur Pelliſſon, qui en a fouray les deniers. Voila desja trois fois, & on ne fait pas mention de la Recepte; de ſorte que ce n'eſt par tout que deſguiſemens, & deſſeins d'oppreſſion.

Mais quelque artifice que M. Talon y apporte, il aura bien de la peine à perſuader le public, au moins ceux à qui le nom, le merite, la vertu, & la fidelité de M. Chanut ont eſté connuës; que cét homme d'vne probité rare, & incomparable, ait eſté choiſi pour eſtre le confident d'vne reuolte, & le complice d'vn crime de leze-Majeſté ; ſon nom ſeul en deuroit effacer les ſoupçons, s'il y auoit lieu d'en auoir. Cependant rien n'a eſté achepté en Hollande, que par les ordres de M. Chanut, ſur les marchez par luy faits, & de ſon correſpondant. M. Chanut deuoit auoir part à ces vaiſſeaux, & à ce trafic, & m'en rembourſer d'vne partie auec MM. de Feuquieres, Clement,

G G g

d'Andilly, & plufieurs autres qui deuoient entrer dans vne
Compagnie que nous auions refoluë pour l'Amerique: Et mefme M. Chanut m'auoit donné le fieur de la Haye fon coufin
germain pour commander à Belle-Ifle, & je n'ay rien fait à Belle-Ifle que de fa participation. La plufpart des Letrres dudit
Commandant, lors qu'il defiroit quelque efclairciffement,
s'addreffoit à M. Chanut, pour m'en parler & auoir refponfe,
& quelques-vns des plans ont efté faits de fa main.

*Mais comme il eftoit mal-aisé que l'Accusé de fon chef, fans don-
ner jaloufie, puft auoir affez de vaiffeaux, pour compofer vne armée,
incommoder les coftes, & tenir la mer: Il s'eft rendu Maiftre des premieres Charges de la Mer; Il a acquis celle de Vice-Roy de l'Amerique: Il a parlé de celle de Vice-Admiral en ces termes, Il eft bon que
mes Amis foient auertis, que M. le Commandeur de Neufchefe me
doit le reftabliffement de fa fortune; que fa Charge de Vice-Admiral a
efté payée des deniers que ie luy ay donnez par les mains de Madame du Pleffis; & que iamais vn homme n'a donné de paroles plus
formelles que luy, d'eftre dans mes interefts, fans diftinction & fans
referue, enuers & contre tous.
On a trouué vne demiffion de cette Charge de Vice-Admiral au
nom du fils de la Dame du Pleffis-Belliere.*

La Charge de l'Amerique eft vne fuite du deffein des Colonies. Il eftoit impoffible de rien former de folide fans eftre
affeuré de cette Charge; j'en fis l'auance, & deuois eftre rem-
bourfé par la Compagnie; M. de Feuquieres peut dire ce qui en
eft : & la chofe eft facile à verifier.

Rien ne juftifie dauantage, que le Projet trouué dans mes
Papiers eftoit vne chofe imparfaite, & mal digerée; que l'ex-
preffion à l'efgard du Commandeur de Neufchefe; car la chofe n'eft pas vraye aux termes qu'elle eft demeurée efcrite, faute
de l'auoir releuë.

Ledit Commandeur auoit deffein d'auoir la Charge de Vice-Admiral; Mais il ne l'a euë qu'en 1661. Ie ne luy ay pas don-

né vn fol pour cét effet ; & rien de ce qui eft porté en cét endroit, n'eft exactement rapporté non plus que plufieurs autres chofes qui furent efcrites lors à la hafte, & n'ont jamais efté reucuës.

La verité que j'ay expliquée par mon Interrogatoire , & qu'on aura pû fçauoir d'ailleurs, eft que M. de Neufchefe parent de M. du Pleffis-Belliere & de M. Seruien, ayant obtenu des affignations de M. Seruien pour des fommes qui luy eftoient legitimement deuës, & dont le deffaut de payement l'incommodoit : Comme M. Seruien n'auoit pû luy donner que des affignations efloignées, & que l'on auoit propofé des Prefts fur ce fonds pour d'autres defpenfes: Ledit fieur de Neufchefe m'ayant fait prier par Madame du Pleffis-Belliere fa Parente, de ne pas empefcher fa Fortune, qui eftoit abfolument ruinée, fi fon payement luy manquoit, pource qu'il perdoit l'occafion de traitter de la Charge de Vice-Admiral : I'en fus touché, & comme ie n'ay jamais efté bien aife de faire mal à perfonne ; Ie tefmoignay auec grande ciuilité, que non feulement ie ne voulois pas luy faire vn fi notable tort ; Mais que ie prierois ceux fur lefquels il eftoit affigné , de hafter leurs payemens , & luy en donner des affeurances ; ce que ie fis, & leur donnay mes Promeffes: Il m'en tefmoigna tant de reconnoiffance, qu'en efcriuant cette penfée informe, où ie mis tout ce qui me venoit en l'efprit, cela y repaffa, & ie l'efcriuis, fans y faire reflexion, & fans corriger depuis ce qui eftoit mal exprimé.

S'il y a vne demiffion de M. de Neufchefe à M. du Pleffis fon Parent, cela ne me regarde pas, ie ne l'en ay pas prié, & mefme ne l'ay pas fceu.

On a auffi trouué parmy fes Papiers la preuue par efcrit de deux cens mille liures payées pour la Charge de General des Galleres, fans compter ce qui a efté payé d'ailleurs, dont on n'a point trouué de preuue: Cette Charge eft poffedée par le gendre de la Dame du Pleffis-Belliere.

Les 200000. liures ont efté payez au Marquis de Richelieu, & ne l'ont point efté pouꝛ la Charge de General des Galleres; mais par ordre du Roy cinquante mil efcus, cedez pour Madame d'Efguillon fur le Havre; vingt mille liures pour S. Germain, & trente mil liures pour vn ancien billet de la leuée de fon Regiment, ainfi que j'ay def-ja expliqué.

Il eft vray que comme l'affaire du Havre & celle des Galleres eftoient d'vn mefme traitté, & que moyennant la fatisfaction dudit Marquis de Richelieu, le Roy m'auoit donné ordre de negocier fon defiftement de la Charge des Galleres, afin que M. le Duc de Richelieu en puft difpofer en faueur de M. le Marquis de Crequy, & donner en mefme temps fa demiffion du Havre; ie vins à bout de tout ce que le Roy m'auoit commandé; & cette fomme m'eft deuë par le Roy; on a tort d'en faire vn crime, puis que j'ay rendu compte de tout; que j'en ay receu les ordres; que j'ay executé ce que le Roy fouhaitoit beaucoup, & qu'en mefme temps j'ay efté bien aife de rendre feruice à vn de mes Amis, lequel a feruy affez dignement le Roy & l'Eftat dans les plus grandes occafions, pour leuer tous les foupçons de ce cofté-là : Et mes Ennemis auront affez de peine en toute leur vie, de rien faire d'approchant, de ce que Moy & ceux à qui on fait des crimes d'auoir efté de mes Amis, auons fait pour le feruice du Roy en toutes occafions, & en toutes profeffions.

* fol. 55. recto.

Il refulte du procés verbal d'Oliuier, Huiffier du Confeil du 2. Octobre 1661. qu'ayant en vertu d'vn Arreft du Confeil du premier dudit mois fait commandement à M. Clement cy-deuant Confeiller en la Cour des Aydes, de payer la fomme de 114221. liures 10. fols, dont il eftoit depofitaire de deniers appartenans à l'Accusé : Le billet en ayant efté trouué, il a declaré que fuiuant l'ordre dudit Accusé, il auoit traitté de l'Ifle de Sainte Alouzie en l'Amerique, autrement dite Sainte Lucie, auec le fieur de Venart porteur de l'aduis des parens des enfans mineurs du fieur du Parquet, moyennant la fomme de 30000. liures, & 9000. liures de pot de vin, dont il auoit

fait

fait declaration au profit de l'Accusé. Ladite declaration par luy re-
presentée, & que les deniers depoſez entre ſes mains, qui ſuiuant
deux billets ſe montent à 374264. liures 3. ſols 6. deniers, n'eſtoient
dans le commencement deſtinez, que pour faire le commerce des mar-
chandiſes aux Iſles de l'Amerique, ou pour employer en des acquiſi-
tions ſemblables à celle cy-deſſus declarée.

LE contenu en cét article eſt veritable; mais l'induction en
eſt mal faite, elle doit eſtre toute à mon auantage.

Sainte Alouzie eſt vne Iſle que j'auois autrefois venduë;
c'eſt vne de celles où mon Pere & Moy auions part, & que ie
voulois retirer pour reſtablir noſtre Compagnie.

Ie voudrois demander à mon Accuſateur, s'il y a rien au
monde plus contraire à l'execution pretenduë de ce Projet,
qu'vne affaire de cette qualité, & s'il peut y auoir vne preuue
plus authentique, & plus concluante que celle-là, pour deſtruire ce Monſtre, & cette chymere qu'il taſche de ſouſtenir, &
qu'il fait tomber neantmoins luy-meſme inſenſiblement à
force de la vouloir appuyer.

Y a-t'il rien de plus incompatible, auec vn deſſein tel que
ma Partie le figure, que de faire vn eſtabliſſement à dix-huict
cens lieuës d'icy, lequel ne peut ſubſiſter que par vn ſecours, ſans
intermiſſion, de vaiſſeaux Marchands, qui vont & viennent
porter des hommes, & les choſes neceſſaires pour leur entretien? Quelle peur pouuoit faire vn lieu ſi eſloigné? De quel ſecours, & de quelle vtilité pouuoient eſtre ces vaiſſeaux,
continuellement aux Indes, ou ſur la route?

Ne faut-il pas auoüer, apres tant de conuictions, qu'on ne
ſongeoit plus à ce Projet, & que ie n'auois en reſte que des
Compagnies de Mer, & des Colonies? I'en auois parlé au Roy;
i'en auois eu ordre de feu M. le Cardinal Mazarin; i'en auois eſté
ſous M. le Cardinal de Richelieu; Nous eſtions ſur le poinct
de former noſtre Compagnie, M. de Feuquieres, M. d'Andilly,
M. L'Aduocat, M. Clement, M. Chanut, & des Marchands &
Moy: C'eſtoit la raiſon pour laquelle i'auois preſté de l'argent

H H h

à M. de Feuquières, pour la Charge de l'Amerique ; c'eſtoit vne affaire d'vne application toute entiere , pour s'inſtruire mieux du commerce ſelon les ordres que i'en auois receus.

I'eſperois rendre à ſa Majeſté de grands ſeruices par ce moyen, oſter aux Eſtrangers ce qu'ils ont vſurpé ſur nous ; & en meſme temps faire valoir le reuenu de Belle-Iſle, par des voyes juſtes, innocentes, & auantageuſes.

Ce que ſa Majeſté auoit tellement approuué, qu'elle a donné diuers Arreſts en commandement pour ce ſujet ; & auoit formé vn Conſeil, qui ſe tenoit toutes les ſepmaines chez Moy, auquel aſſiſtoient MM. d'Aligre, Chanut, Marin, & Colbert.

Toute cette enumeration juſtifie que l'Accuſé n'a rien eſpargné, pour ſe rendre puiſſant ſur la mer, & pour ſe fortifier dans Belle-Iſle, & plus encore qu'il a fait des gratifications, & des liberalitez, dont la cauſe ne peut eſtre innocente, & qui ſeules ſont ſuffiſantes pour le conuaincre, & de Peculat, & d'vne ambition exceſſiue, qui degenere aiſément en crime de leze-Majeſté. Cependant ce ne ſont pas les ſeules Charges dont il ait affecté de ſe rendre Maiſtre : Il a achepté celle de Chancelier des Ordres du Roy, dont M. l'Eueſque d'Agde ſon Frere paroiſſoit Titulaire.*

* fol. 55. verſo.

L A Charge de Chancelier de l'Ordre, n'eſt pas vne piece bien propre à faire vne reuolte, comme le pretend ma Partie, & mon argent eſtoit bien mal placé, ſi i'auois ce deſſein.

Cette Charge de Chancelier de l'Ordre a eſté acquiſe à la perſuaſion de M. le Cardinal , qui me commanda de la prendre pour Moy, & m'y faire receuoir ; ne voulant pas agréer que mon Frere l'Abbé, qui ſollicitoit l'agréement de M. de la Baziniere, en diſpoſaſt en ſa faueur : C'eſt vne verité conſtante.

L'ayant donc priſe pour luy obeyr, & mon Frere l'Eueſque d'Agde ayant traitté d'vne autre Charge pour luy chez Monſieur, S. E. deſapprouuant ce traitté de M. d'Agde, me teſmoigna que ie luy ferois plaiſir de le rompre : Ie propoſay à ſon Eminence d'accommoder M. d'Agde de çette Charge de l'Ordre, pour luy faire quitter l'autre penſée; Son Eminence fut tres-aiſe de cette ouuerture.

Mais parce que M. d'Agde n'auoit pas dequoy me payer, ie tiray de luy des aſſeurances ordinaires, en attendant qu'il fuſt en eſtat de garder cette Charge pour luy; ou que par quelque accommodement, en conſeruant le Cordon, il euſt pû s'en deffaire.

Il auoit encore vne charge d'Aumônier du Roy, & vne autre de Conſeiller de ville de Paris, vne de Secretaire du Roy, & vne de Greffier des Commiſſions extraordinaires; le tout ſous des noms interpoſez. On a auſſi trouué que dés l'année 1653. il s'eſtoit fait donner vne declaration pour la ſuruiuance de la Charge de Meſtre de Camp de la Caುallerie legere; & ce commerce a paſſé ſi auant que les choſes les plus ſacrées n'en ont pas eſté exemptes : l'Accuſé ayant exigé vne declaration de feu M. l'Archeueſque de Narbonne pour l'aſſeurance de l'Archeueſché de Narbonne en ſa Famille, en cas que M. le Coadjuteur qui eſtoit lors, & qui eſt maintenant Archeueſque de Narbonne le precedaſt. Ce qui eſt aſſeurément vne ſtipulation peu Canonique, & vne conuention vicieuſe & ſuſpecte de ſimonie.

La Charge d'Aumoſnier du Roy ny les autres, n'ont encore rien de commun auec des deſſeins tels qu'on m'en donne; mais prouuent que j'ay aſſiſté honneſtement mes Parens & mes Amis, quand j'ay pû de mon credit; celles de Secretaire & de Greffier ne ſont point à Moy.

On ne peut pas dire qu'en 1653. j'auois formé les deſſeins dont on m'accuſe; & partant la Charge de M. de Buſſy ne peut y auoir rapport. Ie ſongeois à marier ma Fille à vne perſonne qui pourroit prendre cette Charge, & pource que je fis plaiſir à M. de Buſſy, en luy facilitant vne preference aupres de ſon vendeur; en luy meſnageant dix mil eſcus de ſon oncle, & luy preſtant auſſi dix mil eſcus qu'il m'a rendus : Ie le priay de me remettre la Charge pour le meſme prix, ſi j'en auois beſoin dans deux ans, qui eſtoit le temps que je croyois faire ce Mariage; &

depuis ayant marié ma Fille à vne perſonne qui auoit Charge, cét eſcrit eſt demeuré ſans execution.

Il faut vne inimitié bien enracinée pour oſer auancer ce qui eſt dit en cét endroit, touchant M. de Narbonne ; mais je prens auantage pour montrer de quel eſprit on eſt porté contre Moy, puis que cela ne peut auoir rapport à aucun chef d'accuſation, & eſt ſeulement eſcrit pour noircir des gens que l'on n'ayme pas. Rien ne juſtifie mieux le deſſein d'oppreſſion. Mais voyons s'il y eut jamais vn eſcrit plus innocent. M. de Narbonne deſunt, du conſentement du Roy & de feu M. le Cardinal, auoit reſigné ſa Coadjutorerie à mon Frere, & auoit receu pour recompenſe trente mil liures de rentes en Benefices & penſions, accordées par Breuets du Roy, ſur les ſignatures du Conſeil de conſcience.

Quelque temps apres mon Frere fut tres-malade & penſa mourir ; M. de Narbonne, ſans aucun traitté, bien ciuilement & de ſa bonne volonté, pour me ſoulager de l'inquietude d'vne perte de tant de Benefices, me manda par vn billet, qu'il me promettoit, ſi mon Frere venoit à mourir, de prendre vn autre Coadjuteur de ma Famille tel que je voudrois. Voila ce billet contre lequel declame mon Accuſateur ; Qui auroit refuſé d'accepter ce billet ? Qu'eſt-ce qu'il contient contre les bonnes mœurs ? I'en ay parlé à des gens tres-capables, qui n'y ont rien trouué qui ne fuſt dans l'ordre, & jamais je n'en ay dit vn ſeul mot à mes Freres.

Mais Dieu a permis qu'on releue cette affaire, afin que ie tire vne preuue ſans replique, & vne induction forte pour Moy de la conſeruation de cette piece dans ma caſſette, pour deſtruire celles que l'on a tirées mal à propos de la conſeruation du Projet, de l'engagement de Deſlandes, & de toutes les autres pieces, dont on veut induire que ie perſiſtois dans les meſmes deſſeins, puiſque ie les gardois comme choſes precieuſes ; Au moins fautil aduoüer, que celle-cy gardée au meſme lieu eſtoit inutile, puis qu'il y auoit trois ans que M. de Narbonne eſtoit mort, & que ie ne pouuois plus l'obliger à faire vn Coadjuteur nouueau.

Quelle

Quelle plus claire preuue faut-il du deffaut de ma memoire?
& comment peut-on douter apres cela, que les autres pieces n'y
fuſſent oubliées de meſme, faute de temps & d'application à
reuoir mes Papiers auſquels je ne ſongeois plus? La demiſſion
du Gouuernement de Touraine, eſtoit encore de cette qualité;
mais comme la mort de M. de Narbonne eſt bien plus ancien-
ne, cela eſt ſans replique.

*Les negociations, & les cabales qu'il entretenoit dedans, & de-
hors le Royaume, ſont iuſtifiées par quantité de memoires, qui font
partie de ſes Papiers: Il y en a vn entr'autres pour les intrigues de
la Cour de Rome. Ce memoire contient d'eſtranges inſtructions au
ſieur* Maucrois Chanoine de Rheims, qui alloit à Rome en apparence, comme particulier, & par vn ſimple deſſein de voyager; mais en
effet auec vne miſſion ſecrete de l'Accuſé: Il l'auertit d'abord qu'il
pourra tout ſçauoir, & tout deſcouurir, ſous pretexte de curioſité
d'Arts liberaux, & d'entretiens: En ſuite il luy recommande d'eſle-
uer par tout les merites, le pouuoir & les liberalitez de l'Accuſé;
qu'il auoit deux grandes Charges vnies enſemble, qui le rendoient tout-
puiſſant: Il donne charge d'offrir des penſions de ſa part à des Cardi-
naux, d'y faire ſouuent de petits preſens, d'y faire des negociations
& des Amis; Rien de tout cela par l'ordre du Roy, ny pour le bien
du Royaume, mais pour ſa fortune particuliere; & auec vn commandement tres-expres de déguiſer tellement ces negociations, que perſonne ne les puſt connoiſtre ny dans Rome, ny en France; la meſme
inſtruction portoit de ne point eſcrire à droitture; mais bien d'ad-
dreſſer les lettres & les pacquets à trois perſonnes differentes, &
qu'en chacune addreſſe, il y euſt des noms interpoſez, & des eſcritu-
res differentes ſur l'enueloppe, afin que rien ne puiſſe eſtre intercepté
ny ſuiuy. Que de precautions inutiles! Si l'Accuſé euſt agy auec
ſincerité, & s'il n'euſt trauaillé que pour le bien de l'Eſtat. Ce Memoire a eſté dreſſé, & Maucrois eſt party pour l'executer, incontinent
apres la mort de M. le Cardinal Mazarin, dans vn temps* dans lequel
il ne peut alleguer aucune raiſon, qui le puiſſe excuſer d'auoir entretenu des liaiſons, & des commerces auec les Eſtrangers, ſans ordre*

* *fol. 56.*
recto.

* *fol. 56.*
verſo.

I I i

precis du Roy ; cè n'eſt pas pourtant la premiere fois que l'Accuſé s'eſt engagé dans ces ſortes d'intrigues.

Il ne faut que lire les extraits des Regiſtres de Bernard, de Taſſu, de Pelliſſon, & de Bouſquet, & quantité d'autres Memoires qui ſe ſont trouuez, dont aucuns ſont eſcrits de la main du ſieur Bruant, d'autres de la Dame du Pleſſis-Belliere, & d'autres de la main propre de l'Accuſé, pour faire voir qu'il donnoit des penſions, & des gratifications à beaucoup de François, & à des Eſtrangers.

Monſieur Foucquet ne dira pas aſſeurément, que ce ſoit par ordre du Roy, ny des Miniſtres ; & l'ayant fait de ſon mouuement, l'on croira aiſément, que c'eſtoit moins pour le bien de l'Eſtat, que pour ſes intereſts particuliers, & pour l'execution de ſes deſſeins.

IE ne ſçay pas ſur quel fondement ma Partie oſe alleguer tant de ſuppoſitions ; ce grand nombre d'intrigues & negociations en des Païs eſtrangers, enoncées en cét article, font attendre au moins vne centaine d'affaires de cette qualité auec tous les Princes de l'Europe : cependant tout ſe reduit à vn voyage de Rome fait par vn Chanoine ; Et mon Accuſateur enuelope tout cela ſous le nom de crime de leze-Majeſté, & de l'execution de ce Projet, dans lequel il n'eſt pas dit vn mot, ny de Rome, ny d'aucun Pays eſtranger : Et de plus il ne ſe trouuera concernant les Eſtrangers, en tous mes Papiers, ny de mes Commis, aucune choſe qui en approche, & qui puiſſe eſtre interpretée en mauuaiſe part, ny expliquée de quelque maniere que ce ſoit, en bien, où en mal pendant le viuant de M. le Cardinal, qui eſt le ſeul temps pendant lequel ces choſes pourroient auoir eſté ſuſpectes ; puiſque j'auois ſujet de me plaindre de luy, & que j'auois tant d'aduis de la mauuaiſe volonté de celuy qui gouuernoit ſon argent.

L'inſtruction donnée au ſieur Maucrois n'a eſté que depuis la mort dudit ſieur Cardinal ; la lecture de ce qu'elle contient eſt vne preuue euidente de la paſſion que j'auois pour le ſeruice du Roy. Ie ne croy pas que l'on en puiſſe rien induire contre Moy, ſinon que j'ay eu trop de chaleur & de zele pour ſon

feruice, & que ie n'euffe rien efpargné, pour contribuer à faire
quelque chofe d'agreable à fa Majefté : Mais que l'on puiffe
en tirer vne preuue, que j'aye eu des deffeins contre l'Eftat,
quand le contraire eft exprimé par la piece mefme; c'eft ce
qui eft impoffible, finon à ceux qui font preuenus d'vne haine fi defmefurée contre Moy, qu'elle leur ofte le difcernement
du vray d'auec le faux.

Mais fi j'ay rendu compte de tout au Roy, fi je luy ay leu
les lettres dudit Maucrois, & que j'aye fait approuuer toutes
cesch ofes par fa Majefté; ce doit eftre vne grande confufion
à ma Partie d'auancer des faicts, fans les fçauoir; & de faire
des raifonnemens contre la teneur des pieces, & contre la verité : Cependant la chofe eft ainfi, ie l'expliqueray plus en
deftail cy-apres, fous la cotte où la piece eft produite.

*C'eft dans cette mefme veuë qu'il a affecté d'auoir vn pouuoir abfo-
lu dans toutes les Fermes du Royaume, & que n'eftant pas fatisfait de
l'empire qu'il exerçoit fur les Fermiers, depuis que la Recepte luy auoit
efté commife dans le partage de la Sur-Intendance; par vn ftratageme
nouueau, il fe fit adiuger toutes les Fermes, fous le nom d'vn Aduocat au Confeil, au mois de Decembre 1659. Il compofa enfuite les
Compagnies de telles perfonnes que bon luy fembla; c'eft à dire, de ceux
qui luy eftoient agreables & entierement affidez; tellement qu'il auoit
à luy & dependamment de luy, toutes les Compagnies des Fermes du
Royaume. Cette préuoyance, & cét attachement ne luy ont pas efté
inutils, & la plufpart des intereffez dans les Fermes, n'ont point voulu declarer les penfions, qu'ils luy donnoient; non feulement ils n'ont
pas reuelé les myfteres cachez; mais mefmes ils n'ont pas aduoüé ce
qu'ils n'ignoroient pas eftre connu: Il y en a mefme qui ont refufé
de declarer ce qu'ils fçauoient eftre juftifié.*

CES allegations tefmoignent la mauuaife volonté de M.
Talon, & ne fignifient rien. Les Fermes n'ont point efté adju-
gées au mois de Decembre 1659. ce n'eft point vn Aduocat du
Confeil qui s'eft rendu Adjudicataire de toutes, quand elles

ont esté adjugées en 1660. ce sont tous Aduocats separez; ce n'est point à Moy à qui elles ont esté adjugées: ainsi il n'y a pas vn seul mot, qui ne soit vne supposition contre la teneur des pieces: Mon Accusateur veut obscurcir vn seruice que j'ay rendu, en l'interpretant mal & dissimulant la verité.

Mais je demande que l'on me restituë les Lettres de M. le Cardinal, qui portent les eloges qu'il m'a donnez sur ma conduite en cette occasion, les remercimens de la part du Roy, & la permission de prendre en deduction de ce qui m'estoit deû jusques à quinze cens mil liures d'argent comptant sur lesdites Fermes, comme vne marque de reconnoissance de ce que M. Talon blasme aujourd'huy.

Ces Lettres de M. le Cardinal sont dattées de Thoulon; la chose est notoire, & la verité manifeste.

C'est vne calomnie de dire que j'aye receu des pensions en consequence desdites adjudications; j'en demanderois reparation contre vn autre, que contre vn Procureur General; mais ie m'asseure que la confusion qu'il aura d'auoir auancé tant de choses contre la verité, me seruira de reparation.

Cependant ie luy demanderay, comment s'accorde cét article auec les autres endroits de cét Inuentaire, où il ne parle que de la tyrannie, que i'ay exercée sur les Fermiers? Comment ce discours de pensions peut-il se trouuer conforme à ce qu'il dit sur l'emprisonnement des Fermiers des Aydes? A ces taxes d'emprunts forcées, faites sur tous les Fermiers, dans la mesme année 1660. si j'estois adjudicataire de la Ferme des Aydes en Ianuier, pourquoy en Septembre faire mes conditions pires par force.

Si tous ces hommes estoient despendans de Moy, mais par Moy, me faisant des pensions & conuenans auparauant de toutes choses auec Moy; pourquoy les accabler deux mois apres, de taxes, de garnisons, d'emprisonnemens? cela se contredit, il n'estoit pas judicieux à Moy de le faire, puisque ces gens-là pouuoient s'en plaindre, & declarer mon secret; ou il n'est pas judicieux à present de le dire, car ces choses ne peuuent compatir.

Ie

Ie ſçay bien qu'on a voulu forcer les hommes par la depoſſeſſion, par la ſurſeance de leurs debtes, par la menace de ruïne,
& de priſon, à parler contre leur conſcience ; mais s'ils n'ont
pas dit tout ce que vouloient mes Parties, il faut en tirer vne
conſequence en ma faueur de la verité, & non pas de leur attache à mes intereſts, en l'eſtat où ie ſuis, puiſque par ce traittement qu'ils ont receu, ils n'ont pas ſujet d'eſtre bien affection-
nez à ce qui me regarde.

Si l'Accuſé dans le choix des perſonnes qui deuoient compoſer les
Compagnies des Fermes, n'auoit eu autre motif que le ſeruice du Roy,
& l'Accroiſſement de ſon reuenu ; il n'auroit pas deſiré d'auoir à luy
les principaux Commis dans chaque Prouince, & dans chaque Bu-
reau particulier ; Il ne s'en ſeroit pas reſerué la nomination ; car l'on
ſçait que c'eſt vne ſeruitude que des Fermiers ſouffrent auec peine, &
qui diminuë le prix des Fermes, quand elle eſt preueuë : cependant
c'eſt vne verité connuë qu'il n'y auoit point de Commiſſions generales,
ny meſmes de particulieres vn peu importantes, dont il n'euſt retenu
la nomination : Il en a eſcrit pluſieurs fois comme de choſes qui luy
*eſtoient importantes, & neceſſaires, & l'on a trouué * quantité de*   * fol. 57.
memoires apoſtillez de ſa main, où il ordonne la diſtribution de tou-   *verſo.*
tes ces Places. L'on voit aſſez que par cette ſubordination, & par
cette dependance immediate, il pouuoit diſpoſer ſouuerainement de
toutes les Fermes, & de tous les deniers du Roy.

CET article deſtruit encore l'autre. S'il eſt vray que i'ay contraint ces Fermiers à me donner les Commiſſions de leurs Fermes, c'eſt les auoir peu meſnagez d'auoir exigé des choſes qui
leur eſtoient ſi onereuſes, & les auoir forcé à faire ce qu'ils ne
vouloient pas, & qui leur eſtoit prejudiciable.

Mais il eſt difficile que ma Partie tire deux auantages contraires d'vn meſme faict, & j'eſpere que toute cette conduite
ſe deſtruira d'elle-meſme ; que cette grande paſſion de faire
crime de tout, fera clairement connoiſtre qu'il n'y en a point,
& qu'on déguiſe la verité par tout.

KKk

Il faut venir au faict, & dire les choses comme elles sont;
Et puis ie mets ma Partie au pis de prouuer vn mot de contraire
aux faicts que ie pose, & qui sont tres-veritables, tres-hon-
nestes, & tres-ordinaires.

Il n'y a personne qui ne sçache qu'au renouuellement des
Fermes, tout ce qu'il y a de gens dans le Royaume, qui ont accés aupres d'vn Sur-Intendant, le prient de s'employer enuers
les nouueaux Fermiers, pour leur faire auoir des emplois, & des
Commissions à leurs parens, à leurs amis, à leurs Seruiteurs;
les vns veulent vne place de Commis general, les autres de
Controolleurs, les autres de Commis particulier, les autres de
Garde, de Capitaine, d'Aduocat, de Procureur, de Directeur,
& les autres de sous-Fermes.

M. le Cardinal, M. le Chancelier, MM. du Conseil, MM. de
la Robbe, MM. de la Cour, tous m'en ont demandé. Ie fis ma
declaration dés le commencement, & aux Fermiers, & à ceux
qui m'en demandoient, que ie ne refuserois personne; que ie
prendrois des memoires de tous les emplois qu'on me demanderoit; de ceux qui me les demanderoient, & de ceux pour qui
ils feroient demandez, lesquels memoires ie donnerois aux
Fermiers; & lors qu'ils feroient la distribution desdits emplois,
ils verroient mes memoires: & en cas que rien ne les incom-
modast, qu'il leur fust indifferent de mettre quelqu'vn de ceux
qui m'estoient proposez, j'en serois bien aise, sinon ie ne voulois que leur auantage, & celuy du seruice du Roy.

La representation de la liste desdits emplois par moy demandez, fera voir que le mesme employ est demandé pour dix
hommes differens, auec le nom de ceux qui m'en ont prié: Les
mesmes personnes, outre ce qu'ils m'en auoient dit, en sollici-
toient encore les Fermiers; mais à la reserue ~~d'vn petit nombre~~ re-
commandez de mon chef, & que i'ay desiré, pour des raisons
domestiques, il ne se trouuera pas que de plus de mille autres
portez par lesdits memoires, il en ait esté accordé aucun à ma
priere: De sorte que, ce que mon Accusateur appelle vne verité connuë, s'appelle proprement vne supposition tres-euiden-
te.

*Tous ces derniers faicts particuliers enuisagez separément,
n'emporteroient pas peut-estre vne conuiction précise du crime de leze-Majesté : mais quand ils sont rassemblez, il en naist
vne lumiere, & vne euidence de faict, qui persuade puissamment,
& à laquelle on ne peut resister ; & plus encore si l'on en fait la reduction & l'application au Memoire escrit de l'Accusé, contenant ce
qu'il desiroit d'estre executé en cas qu'il fust arresté prisonnier, &
qu'on luy voulust faire son Procés. En effet, par cét examen il est facile d'induire, que ce Memoire estant comme le plan d'vn grand dessein, d'vn ouurage esbauché, & dont les materiaux estoient des-ja preparez ; l'Accusé a trauaillé auec vne extreme application pour mettre
en œuure les pieces destachées, & pour disposer ses machines ; il a continué les mesmes brisées depuis la mort de M. le Cardinal Mazarin,
quoy qu'il fust en apparence le seul pretexte de ce Memoire.*

Ie suis bien-aise que ma Partie demeure vne fois d'accord
qu'il n'y a vn seul de ces faicts qui fasse aucune preuue ; & ie
diray plus, il n'y en a aucun qui ne soit supposé, ou déguisé.
Il est vray que tant d'inductions, & tant de faicts auancez contre la verité, sous le nom d'vn homme public, feroient peut-
estre quelque impression sur des esprits foibles, ou preoccupez
qui ne voudroient pas connoistre le fonds des choses ; mais en
les examinant de pres en destail dans les formes & les regles de
la Iustice ; Et de plus voulant approfondir les preuues du contraire sur les pieces mesmes qui sont au Procés, ou entre mes
Papiers, il ne se trouuera rien qui ne merite loüange, qui ne
fasse connoistre mon innocence, & l'oppression qui m'est
faite.

*Pour tenir tant d'intrigues & de negociations secretes il auoit quan-
tité de chiffres ; ce n'est * pas vn crime d'vser de chiffres, pourueu que
l'on s'en serue auec indifference, & pour vn bon vsage, ou par vne
simple curiosité, qui peut n'estre pas dangereuse ; mais lors que l'on en
abuse, & que l'on s'en prenaut pour entretenir de mauuais commerce,
c'est vne espece de crime de leze-Majesté. Il y auroit du soupçon de*

** fol. 58.
recto.*

trouuer des chiffres en vn si grand nombre, que ceux qui ont esté trouuez en la possession de l'Accusé, de ses Commis & de la Dame du Ples-
sis-Bellière, quand cela ne seroit pas accompagné d'autres faicts. Ces
chiffres sont de deux sortes, l'vne par des caracteres, l'autre par des
noms, ou inuentez, ou de lieux, ou de personnes supposées, ou par des
interpositions de choses, ou de lieux, afin d'escrire par le caractere ordinaire, & que ceux, entre les mains de qui ces billets pourroient tomber, ne peussent y rien connoistre. Il ne falloit point de chiffres, ny de
caracteres à l'Accusé, s'il n'eust eu que des intentions droites, & sin-
ceres; Il n'estoit chargé d'aucune negociation, où ces precautions fussent
necessaires; Il n'escriuoit pas mesme en chiffre à M. le Cardinal Mazarin; Il ne se seruoit pas de chiffres pour escrire à ses Commis, ny
aux Gens d'affaires, ny à aucunes personnes pour l'administration des
Finances. Il est tres-dangereux que celuy qui entre dans les Conseils
secrets aye des chiffres, quand il n'a pas besoin d'escrire en * chiffre.
Cela est infiniment plus dangereux en la personne de celuy, qui outre
le secret auoit les Finances, qui auoit medité tant de conspirations,
qui les auoit des ja executées, qui auoit des Gouuernemens de plusieurs places, des munitions de guerre, & de bouche, des canons,
des vaisseaux, les principales Charges de la Mer, & les autres choses
dont il a esté cy-deuant parlé, Ce n'estoit donc que pour entretenir les
intelligences qu'il auoit au dedans, & au dehors, pour enuoyer les ordres dans ses Gouuernemens, pour en receuoir des noüuelles, pour en
fortifier les garnisons à poinct nommé, pour y jetter des munitions
de guerre & de bouche, pour prescrire à ceux qui commandoient à
ses vaisseaux, & qui auoient sous luy les principales Charges de la
mer, les routes qu'ils deuoient tenir, c'estoit enfin pour nourrir des
cabales, & pour donner des instructions & receuoir des aduis peu
conformes à son deuoir, & à sa profession, qu'il se seruoit de tous
ces chiffres.

Ie n'ay point sceu jusqu'à present l'Ordonnance qui defende à ceux qui sont dans les Conseils du Roy d'auoir des chiffres;
j'aduoüe mon ignorance.

J'auois creu au contraire qu'il n'y auoit qu'eux, à qui il fust
permis

permis d'en auoir, ou du moins j'auois estimé que ceux qui ont
de grands Emplois, & qui sont chargez de choses à traitter
pour le seruice du Roy, lesquelles doiuent estre tenuës secrettes, si on veut qu'elles reüssissent, fussent mieux fondez d'en
auoir que d'autres.

Il me suffiroit de dire que j'en ay eu, parce que j'en ay pû
auoir.

Mais pour en rendre compte en destail, si mon Accusateur a
la curiosité d'en sçauoir les raisons, je luy diray, que j'en ay fait
faire pour me diuertir, qui n'ont jamais seruy, ny esté donnez
à personne, & j'auois mesme promis au Roy de trauailler à en
faire vne indechiffrable à tous ceux qui se piquent de cette connoissance, & le Roy m'auoit ordonné d'y trauailler.

Des autres, il y en a la pluspart qui n'ont esté que pour l'A-
merique. Ce qui se peut iustifier par les noms des Isles & des
Villes qui y sont employées.

Il y en a eu de faites dés le temps de M. le Cardinal de Richelieu.

Il y en a du temps que j'estois dans les Armées de Catalogne,
& de Flandres, où tous les jours les Courriers & les depesches
estoient prises par les Ennemis.

Il y en a du temps de la Guerre ciuile, où les mesmes dangers
estoient à craindre.

Il y en a d'autres auec M. de Lyonne estant à Rome, & en
Allemagne, lesquels i'ay eu de la participation de M. le Cardinal Mazarin.

I'ay entre mes Papiers vn billet de S. E. qui porte ces mots:
*à cause que je n'ay pas de chiffre auec vous, j'ay donné ordre à Rousse-
reau de vous escrire du sien.*

I'en auois vn auec le sieur Colbert, & il y a dans mes Papiers
quelque lettre escrite de luy en chiffre, que l'on aura suppri-
mée peut-estre; car ie ne vois pas qu'il fust bien aise qu'elle de-
uinst publique.

I'en ay eu d'autres auec mes Freres estans en diuers voyages.

Et d'autres encore dont je me suis seruy par ordre du Roy, en des occasions tres-importantes à l'Estat, qui ont reüssi, & que ie n'ose expliquer, pour ne pas reueler des affaires de conse-quence & tres-secrettes, ausquelles sa Majesté m'a employé, lesquelles ie ne pourrois pas dire en destail, sans faire vn tres-notable prejudice au seruice de sa Majesté, laquelle en demeu-rera d'accord.

Il faudroit donc montrer que i'en ay abusé, autrement ce sont discours vains & vagues, il faut faire voir dans ce grand nombre de correspondans dedans & dehors le Royaume, le nom d'vn seul homme dont on deust se deffier, auec qui i'aye eu quelque intelligence, ou mesme que j'aye eu en toute ma vie quelque correspondance dans vn pays suspect.

Il faut de vingt-cinq ou trente mil Lettres qui sont entre mes papiers, ou du sieur Pellisson & mes autres Commis, en produire vne dans laquelle il y ait vn mot contre le seruice du Roy; car enfin toutes celles que i'ay receuës depuis que ie suis au monde, sont entre les mains de mes Ennemis; & cependant apres les auoir examinées pendant dix-huict ou dix-neuf mois, on n'en produit pas vne, soit au dedans, soit du dehors du Royaume, qui puisse estre seulement soupçonnée d'vn com-merce illicite auec des Estrangers suspects.

Quelle consequence en doit-on tirer? sinon que jamais hom-me mal-traitté n'a tenu vne conduite si pure, si nette, si zelée pour le seruice du Roy? Trouuera-t'on quelque negociation, ou simple entretien auec quelqu'vn de ceux qui estoient en Flandres, où il y auoit dix mil François? En trouuera-t'on en Espagne? En trouuera-t'on en Angleterre? En Allemagne? Chez des Princes d'Italie suspects d'attache à vn autre party? Ou mesme en France auec quelqu'vn qui m'ait escrit des cho-ses contre l'interest de sa Majesté?

Concluons donc vne fois, qu'on veut estourdir le monde de tous ces vains discours, & qu'on veut estouffer la preuue de mon innocence, de mon affection, & de mes seruices, dont i'ay dix mil tesmoignages irreprochables, dans les Lettres de tous ceux que i'excitois par vne application surprenante, & par

vn trauail continuel & infatigable à faire leur deuoir, & à chercher les moyens de contenir tout le Royaume dans l'ordre.

Ie demande que toutes ces Lettres soient veuës, & on rougi-
ra de honte d'auoir osé attaquer ma fidelité, parce que i'ay pensé vne ou deux fois à ne pas perir.

C'estoit aussi pour la mesme raison qu'il a toûjours employé des
noms estrangers, soit en ses affaires domestiques, soit dans les Finances,
parce que comme il n'agissoit que par des desseins cachez, il luy estoit
important de ne les pas diuulger: De là vient que dans quantité de
lettres, il recommande expressement le secret, que la pluspart de ses
acquisitions ont esté faites sous * des noms interposez. Les Bois de la   * fol. 59.
Terre de Liury ont esté acquis sous le nom du sieur Chanut ; La   recto.
Terre du Chastelet de Brie sous le nom du sieur Chapelain : La Terre
du Parc d'Aluin sous le nom de Me Iacques Iannart Substitut : La
Terre de Treuerac sous le nom de Me Iean Berthemet: Cinq maisons
& vn Ieu de paulme, scis dans la ruë des vieux Augustins, sous le
nom dudit Iannart: Vne maison au Faux-bourg Saint Michel, sous
le nom de Monsieur l'Archeuesque de Narbonne: Les Offices de Greffiers alternatifs, & triennaux des Presentations du Bailliage &
Preuosté de Melun, sous le nom d'Antoine Marinet : Les imposts
& billots des Villes & Faux-bourgs de Vannes à Meric, Concarneau, Isle de Russy & dependance, sous le nom de Iacques Millain:
Le Greffe des Commissions extraordinaires, sous le nom de Riche-
mont, Commis de Bernard: Et il est si vray que toutes ces choses appartiennent à l'Accusé, & qu'il s'est seruy de noms interposez pour
les acquerir, que toutes les personnes que l'on vient de nommer, en
ont fait des declarations à son profit: Vn Office de Secretaire du Roy,
sous le nom du Sieur Marquis de Charrost, dont la declaration est
sous le nom de Lespine, & dont il est fait mention en vn memoire
des effets de l'Accusé: Il joüissoit des augmentations de Gages sur les
cinq grosses Fermes, sous le nom de Monsieur de Maupeou: D'autres
augmentations de Gages sur le Conuoy de Bordeaux, * sous le nom   * fol. 59.
du sieur de Courchamp Gallichon: Des rentes sur differentes natures   verso.
de l'Hostel de Ville de Paris, sous diuers noms. Il a presté vne somme

de 20000. liures au fieur du Paſſage, dont l'obligation eſt au nom de Mᶜ Charles Bernard: Il a preſté 30000. liures à la Dame Marquiſe d'Aſſerac, dont l'obligation eſt au nom de Mᶜ Iean Regnault: Il a preſté 60000. liures à M. le Grand Maiſtre de l'Artillerie, à preſent M. le Duc Mazarin, auant ſon Mariage, dont l'obligation eſt au nom de Nicolas Bidal: Il a preſté 18875. liures au fieur de la Haye Saint Hilaire, dont l'obligation eſt au nom de Iean Poüilly; Il a preſté 60000 liures, au fieur de Brancas, dont l'obligation eſt au nom de M. Clement Conſeiller en la Cour des Aydes: il auoit depoſé 27636. Loüis d'or entre les mains du fieur Chanut, dont le billet eſtoit au nom du fieur Porlier Preſtre. On n'a trouué qu'vne indemnité de Mademoiſelle de Guiſe pour la ſomme de 280000. liures, comme ſi l'Accusé n'euſt eſté que ſa caution. Il y a tres-grande apparence que les obligations ſont ſous des noms ſuppoſez: L'vne eſt de 100000. liures, au nom de Mᶜ François de Blanzi, Bourgeois de Paris: Vne autre de pareille ſomme de 100000. liures au nom de Mᶜ Sinebeuf, Aduocat en Parlement: & vne autre de 80000. liures au nom de Mᶜ Louis du Pont Bourgeois de Paris: Tous ces noms ſont inconnus, & l'on ne preſumera pas aiſément que des perſonnes de cette condition ayent preſté de ſi grandes ſommes.

I'A Y deſ-ja reſpondu bien amplement à tous ces diſcours en l'air, tant de fois repetez, ſur vn ſujet auſſi peu raiſonnable que celuy des noms ſuppoſez; c'eſt vne choſe innocente, ordinaire, pratiquée par ma Partie meſme: Et de plus, ce n'eſt pas Moy qui en ay donné les ordres la pluſpart du temps; s'il s'en trouue cinq ou ſix en dix ans de temps, dont on m'ait demandé mon aduis; il y en a vingt & trente ou mes Commis, & ceux qui ont agy pour Moy, en ont vſé comme ils ont creu raiſonnable ſans m'en parler, & ont pris des noms de perſonnes que ie n'ay jamais veuës, & ne connois point.

Mais pour monſtrer l'affectation de ma Partie; il n'y a qu'à remarquer que l'on allegue le Contract de Liury ſous le nom de M. Chanut, que l'on ſçait auoir achepté cette Terre pour luy, dont il a porté le nom, & ſes heritiers en ſont en poſſeſſion:

sion : Si depuis il a trouué à m'accommoder de partie de ses Bois, comme estans à ma bien-seance, c'est sous mon propre nom, que cela a esté fait.

Si M. de Narbonne a acquis vne Maison en son nom, dont il ait bien voulu que ie profitasse apres la mort, en cas qu'il me predecedast, où est le mal?

Il y a dans cét article des choses qui ne sont pas à Moy; L'Office de Secretaire du Roy de M. de Charrost, a esté pris pour vn interualle de temps, afin de l'exempter des droicts Seigneuriaux d'Ancenis, & depuis a repassé en d'autres mains, & n'est point à Moy, non plus que celuy de Greffier, ny les augmentations de gages mentionnez en l'article; & s'il falloit compter icy toutes les raisons en destail de chacune des affaires, qui ont passé par mes mains, pour faciliter le seruice du Roy, & des raisons de la conduite sur chacune, on feroit de gros volumes: Mais il faudroit me donner la liberté de conferer auec ceux de mes Commis qui les ont traittées, & conuenir auparauant de ce qui est crime, & de ce qui ne l'est pas; autrement ce sont choses fort inutiles de discuter des problemes; Sçauoir, si vn tel acte eust esté mieux sous vn nom, que sous vn autre; les raisons pour & contre; les aduis differents, & toutes les circonstances qui ont meu à en vser de la sorte.

Ne voit-on pas par ces recherches & exagerations de choses inutiles, l'esprit d'oppression & le caractere d'iniquité, qui paroist par tout? On ne veut pas que j'aye fait vne action innocente; tout ce que j'ay pratiqué auant d'estre Sur-Intendant; tout ce que font les autres personnes dans le courant de la vie; tout ce qui n'est defendu par aucune Loy, ny par aucune Ordonnance, tout cela est crime pour Moy.

Disons plus, tout ce qui m'a esté commandé, tout ce que j'ay fait par ordre, les seruices rendus, dont j'ay esté remercié, sont crimes.

Il faut donc venir à la bonne foy & à la verité, & sans s'arrester à la passion de mon Accusateur, l'obliger d'alleguer l'Or-

donnance qui eſtablit les crimes, & puis prouuer la contreuen-
tion autrement, tout cela eſt inutile: Et ſur tout cét article il ſuf-
fit de dire, que cela n'eſt point crime, que tout a eſté fait à bonne intention, que l'explication en eſt dans mes Papiers, ou que
ce ſont choſes qui ne ſubſiſtent plus.

Les gages de Monſieur de Courchamp ne ſont pas à Moy,
ſi j'y ay eu intereſt (dont je ne me ſouuiens pas bien) je n'y en
ay plus.

Il y a trois ou quatre obligations ſous d'autres noms; mais ce
n'a pas eſté pour rien cacher, puis que les declarations y ſont attachées, afin que ſi quelque jour il falloit faire vne procedure
contre ceux qui ſont obligez, ou pour le principal, ou pour les
intereſts, les pourſuites fuſſent plus honneſtes ſous vn autre
nom que ſous le mien: Ie les ay laiſſé faire, mais tous ces Papiers
eſtans dans ma caſſette, où eſt le crime d'Eſtat?

N'eſt-ce pas vne choſe honteuſe d'eſtre reduit à alleguer des
chefs d'accuſation de cette qualité? M. Chanut a mis mon argent ſous le nom d'vn ſien nepueu, à cauſe qu'il eſtoit malade,
toûjours preſt à ſe faire tailler; il voulut en vſer ainſi pour plus
grande ſeureté.

M. de Brancas a mis ſous le nom de M. Clement l'argent
qu'il a tiré de luy, ſans que je l'euſſe ainſi demandé.

Et pour mieux montrer l'aueuglement de mon Accuſateur,
pour les choſes qui me regardent, afin de montrer que j'ay mis
du bien ſous d'autres noms, il produit vne indemnité en mon
nom d'vne obligation que j'ay paſſée au profit du ſieur Betaud,
pour vne conſignation de la terre d'Anceruille, appartenante à
Mademoiſelle de Guiſe, laquelle debte ledit ſieur Betaud a fait
mettre ſous les noms exprimez en cét article. Donc tant s'en
faut que ce ſoit vne obligation à Moy ſous noms ſuppoſez,
que c'eſt la preuue entiere, que les autres perſonnes en vſent de
meſme, & ſe ſeruent quelquesfois de differens noms, comme
a fait icy le ſieur Betaud; le voilà donc criminel de leze-Majeſté, auſſi bien que Moy, pour s'eſtre ſeruy d'autres noms dans

des obligations de sommes que je luy dois.

Ie l'ay declaré dans mon Interrogatoire; c'est vne chose que j'ay faite pour faire plaisir à Mademoiselle de Guise qui m'en prioit; cela est de la connoissance de M. Poncet; & mal à propos fait-on tant de raisonnemens sur des choses dont on ne peut rien induire, sinon qu'il est vray que je suis d'humeur facile; que j'ay obligé tous ceux que j'ay pû; & que j'ay esté de bonne volonté, m'exposant à tout pour le Roy, pour M. le Cardinal, & mesme pour les particuliers, en ce qui n'estoit point contraire au seruice de sa Majesté.

*Il seroit difficile d'exprimer icy tous les noms dont l'Accusé s'est seruy pour abuser des Finances; Ils sont la pluspart supposez ou inconnus; Les actes des pensions, & des remises de part qui en sont les pretextes, ont esté dressez les noms en blanc; Pour auoir part dans le Traitté des Sucres & Cirés, il s'est seruy de Mᵉ Estienne Remy, qui s'estant rendu Adjudicataire pour les deux tiers, en passa procuration, le nom du Procureur en blanc: Pour auoir part dans le droict de Parisis des peages, il s'est seruy de Mᵉ Martin Maurisset Bourgeois de Paris, qui en a fait declaration au profit de Louis de Roupy; Et pour auoir droict dans le Parisis des Fermes, il s'est seruy du nom de Mᵉ Iean Bellé, qui en a fait declaration au profit de la Dame du Plessis-Belliere: Il a disposé des Octrois des Villes, sous le nom de Baron, & Picard, & il en a fait remplir les Contracts sous diuers noms: Il auoit les Regrats de Languedoc, sous le nom de Mᵉ Iean Reghault, Aduocat au Conseil, dont il s'est seruy en plusieurs rencontres, & qui a passé vne procuration en blanc: Il a pris interest dans le doublement du Marc d'Or, sous les noms de Pierre Darras, de Claude Duché, & du sieur de Montresor. Et enfin, il a des declarations en son nom de tous les droicts cy-dessus, qui se sont trouuées parmy ses Papiers, * il en a accepté, & signé la plus grande partie.*

fol. 60. verso.

MON Accusateur à raison de dire, qu'il est difficile d'exprimer les noms, dont ie me suis seruy pour abuser des Finances; ie dirois plus, il est impossible; car ie ne me suis seruy d'aucun pour cét effet.

Il faut auoir prouué que i'ay abusé des Finances, auant que de s'inquieter du nom dont ie me suis seruy. Ie nie tous les faicts alleguez à mon égard, s'il se trouue des abus, ie ne les ay pas commis: Et pour ce qui est de mon faict, ie prouueray qu'il n'y a point d'abus de ma part; que i'ay fait les choses dans l'ordre, & n'ay pû les faire autrement, ny aucun homme viuant ne les eust pû faire d'autre sorte, pour bien seruir le Roy.

Il y a partie des droicts exprimez en cét endroit, qui m'ont appartenu, & dont j'ay esté proprietaire, pour en auoir fait les acquisitions en bonne forme, ou pour les auoir receus en payement d'assignations données par M. Seruien, de l'adueu, ou par l'ordre mesme de M. le Cardinal: Il y en a d'autres, qui ne sont point de mon faict, comme ce qui est des nommez Darras, Bollet, & de toutes les autres personnes desnommées en l'article, de partie desquels les Traittans, ou mes Commis ont pû se souuenir, & Moy je n'en connois vn seul hors le sieur Regnault Aduocat du Conseil, qui s'est rendu Adjudicataire pour Moy des Regrats de Languedoc, qui estoient des droicts establis auant que je fusse Sur-Intendant; lesquels ayans esté reuendus, vn de mes Freres qui demeuroit en cette Prouince, croyoit s'en accommoder, & me pria de les acquerir pour luy; ce que je fis; Depuis comme mon Frere eut changé de pensée, je les ay conseruez, & apres en auoir joüy quelques années, je les ay reuendus au sieur de Mancé.

Ie respondray à tout en destail sous les cottes où chacune des pieces, concernant les droicts cy-deuant specifiez, se trouuera produite, y ayant des remarques fort differentes à faire sur chacune d'icelles.

L'interposition des noms n'a pas esté moins frequente dans les Projets de reuolte: aussi y estoit-elle plus necessaire. Il a des-ja esté remarqué

marqué qu'il a interposé le nom du sieur Fleuriot Secretaire du Roy
pour l'achapt de Belle-Isle ; les noms de Mᵉ Iean Regnault & Iean
Prieur pour le payement des quatre cens mille liures, acquitées aux
despens du Roy, & en quittances de l'Espargne ; quoy que par le
Contract originaire, portant numeration de deniers, les noms du sieur
Marquis de Crequy, de la Dame du Plessis-Belliere, & du sieur de
la Bretonniere de Grauc, pour tirer la declaration du sieur de Montatelon; le nom de Monsieur l'Euesque d'Agde pour acquerir la Charge de Chancelier & Garde des Sceaux de l'Ordre ; celuy du sieur Abbé du Breüil pour celle de Conseiller & Aumosnier du Roy, & du
sieur Scarron de Loynes pour celle de Conseiller de Ville de Paris;
les noms des sieurs Chanut, de Grippon, de la Bastide, Guinan, Che-
uery, & Pellisson pour l'achapt de plusieurs vaisseaux & arme-
mens d'iceux ; le nom du sieur de Feuquieres pour acquerir la Charge de Vice-Roy de l'Amerique ; celuy de Monsieur Clement Conseiller, pour l'Isle de Sainte Alouzie en l'Amerique ; du surnom de
Foucquet, sans nom propre & sans qualité, pour faire * expedier   * fol. 61.
les prouisions du Gouuernement de Concarneau ; le nom du sieur   recto.
Marquis d'Asserac fils, & de Mᵉ Iean Regnault, Aduocat au Conseil, pour les Gouuernemens de Guerande & du Croisy, & pour la
Commission de Capitaine Garde-coste. Il s'estoit fait donner vn
blanc pour la demission du Gouuernement de Tombelaine, dont l'o-
riginal s'est trouué dans ses Papiers : Il s'est aussi seruy des noms de
Courtois, Commissaire des Guerres, & de le Vasseur Secretaire du
Roy ; de Mᵉ Toussaint Desnots, du sieur Marquis d'Asserac fils, &
enfin d'vn nom en blanc pour le Gouuernement de la forteresse du
Mont Saint Michel. Il s'est seruy du sieur Maucrois, Chanoine
de Rheims, comme d'vne personne inconnuë pour sa negociation en
Cour de Rome, auquel pour se mieux déguiser, il a fait prendre
le nom de l'Abbé de Cressy.

CETTE repetition si frequente, que fait celuy qui escrit pour
mon Accusateur, fait tort à son eloquence, & oste la force de
l'accusation qu'il intente contre Moy ; car il est impossible que

le fort d'vne reuolte fe reduife à alleguer, que dans vne acquifition faite par Moy en mon nom, & en confequence d'ordres
du Roy & des prieres de M. le Cardinal, on s'eft feruy pour vn
temps du nom d'vn Secretaire du Roy, qui n'a efté qu'afin de
fauuer des droicts Seigneuriaux, & tenir la chofe dans le fe-
cret, & l'incertitude où M. le Cardinal vouloit qu'elle fuft, le
Roy en fçachant la verité ; & encore dire que M. de Rhetz s'é-
tant rendu Adjudicataire d'vn Domaine qu'il poffede, en a fait
faire par l'Aduocat qui a enchery, vne declaration fous le nom
d'vn fien domeftique, à quoy ie n'ay aucune part, & que dans
l'interualle de l'execution des articles du Contract, paffé entre M. de Rhetz & Moy pour Belle-Ifle, le Commandant ne
pouuant tenir la place de M. de Rhetz ny de Moy, par vne
maniere de fequeftre, l'a tenuë d'vne tierce perfonne conue-
nuë entre nous.

De vouloir faire paffer pour circonftances d'vne reuolte
bien aggrauantes, que mon Frere & deux ou trois de mes
Amis, à qui j'ay prefté de l'argent pour acquerir des Charges
de nulle importance à l'Eftat, comme celle de Chancelier des
Ordres, celle d'Aumofnier du Roy, & Confeiller de Ville,
& d'vne Terre dans l'Amerique, c'eft vne chofe fi ridicule &
tellement contre le fens commun, que je ne fçay fur qui rejetter l'imprudence d'auoir employé vn tel raifonnement en
cét article.

En verité apres auoir commencé par les mots de Reuolte &
crime d'Eftat, terminer la periode par l'acquifition d'vne
Charge de Chancelier de l'Ordre, d'vne d'Aumofnier du Roy,
& d'autres auffi contraires au deffein d'vne reuolte, c'eft vn
aueuglement eftrange & mefme vne preuarication : Car on ne
fçauroit rien alleguer de plus fort pour deftruire vn projet de
crime d'Eftat, que de faire voir que j'ay mis mon credit & mon
bien en cette forte d'acquifitions, lefquelles y ont fi peu de rapport, & font voir clairement que mes penfées en eftoient bien
efloignez.

Il en eft de mefme de tout cét autre denombrement de lieux, qui n'ont jamais efté à Moy ny pour Moy : I'ay dit cy-deuant pourquoy je m'en fuis meflé, & qu'en cela je n'ay fait qu'vn fimple office d'amy : mais je dois à prefent tirer double auantatage de cette allegation de ma Partie.

1°. S'il eft vray que j'ay eu toutes ces chofes à mauuaife intention, comme on prefuppofe contre la verité, il faut conclure neceffairement que cette intention ne m'eftoit pas demeurée dans l'efprit, & que je n'y ay pas perfeueré, puis que je me fuis deffait de ces mefmes chofes, qui pouuoient contribuer à l'execution.

2°. Puis qu'il y a long-temps que ie ne les ay plus, & que les Papiers s'en trouuent encore chez Moy ; c'eft vn autre tefmoignage affeuré que ie conferuois chez Moy (faute de temps, & d'application à la vifite de mes Papiers) bien des pieces qui pouuoient nuire, & ne pouuoient feruir ; par confequent il ne faut pas tirer induction de la conferuation du Projet, ny d'autres pieces trouuées à S. Mandé, pour inferer que je les gardois à deffein de les executer, puifque j'ay conferué toutes ces autres , & mefme la promeffe de feu M. de Narbonne, mort en 1658. ou 1659. qui eftoit encore dans ma caffette en 1661. & duquel neantmoins ie ne pouuois plus pretendre de Coadjutorerie.

Apres auoir examiné les chefs d'accufation qui confiftent en malverfations , & fauffetez afin de les commettre, & en crime de leze-Majefté ; Apres auoir difcuté le premier chef, & apres l'auoir diuifé en faicts particuliers , & en faits generaux, & y auoir adjoufté d'autres faicts qui confirment & aggrauent les precedens, & auoir parlé de deux autres chefs , refte prefentement d'en eftablir la preuue.

Comme la preuue des faicts n'eft pas plus conftante, que l'examen des pieces eft veritable, & les inductions folides,

j'efperé que ceux qui prendront la lecture du total, ne doute-
ront plus de l'oppreffion que me font mes Parties, & de la mauuaife volonté de M. Talon, lequel s'il euft eu plus de moderation, (je le repeteray toûjours) deuoit s'abftenir de faire paroi-
ftre fon nom en vne affaire où j'ay intereft, fçachant bien en
fa confcience, encore que mes reculations n'ayent pas efté
admifes, qu'elles font legitimes, & qu'il y en a d'autres bien
fortes, que ie n'ay pas voulu expliquer jufques à prefent; Mais
ie croy que cét Inuentaire eft vne preuue toute entiere de l'inimitié que i'auois alleguée, & que s'il auoit efté veu auant
ma Requefte de reculation, on m'en euft accordé les conclufions.

A NOSSEIGNEVRS
de la Chambre de Iustice.

SVPPLIE humblement Nicolas Foucquet, Conseiller du Roy en ses Conseils, cy-deuant Maistre des Requestes, puis Procureur General de sa Majesté, Sur-Intendant des Finances, & Ministre d'Estat: DISANT, Qu'encore que par l'Edict d'establissement de la Chambre, le Suppliant n'en soit pas justiciable, sa personne, ny sa qualité n'y estans desnommées, ny ses Priuileges reuoquez par iceluy; Neantmoins M. Talon notoirement son Ennemy capital depuis plusieurs années, en la qualité de Procureur General qu'il exerce en ladite Chambre, en execution d'vn complot fait de longue-main auec les Ennemis du Suppliant, & nommément auec le sieur Colbert, lequel a procuré cét employ audit sieur Talon, seulement à la charge d'attaquer & poursuiure le Suppliant, se seroit aduisé six mois apres la capture du Suppliant, de presenter Requeste à la Chambre le 3. Mars dernier, pour informer contre luy, sous vn pretexte imaginaire, que dans les informations commencées contre le sieur Bruant, & par d'autres pieces qu'il disoit auoir entre les mains, lesquelles ne sont pas enoncées dans l'Arrest, il pretendoit que le Suppliant estoit preuenu de concussions & mal-versations en sa Charge de Sur-Intendant, & d'auoir mis à son profit les deniers du Roy; & par ces raisons auoit requis que le Suppliant fust interrogé sur les faicts resultans des Informations, faites contre ledit sieur Bruant, & autres faicts qui seroient par luy donnez; ce que la Chambre auroit ordonné conformément à sa requisition, faisant grande consideration sur la Commission de Procureur General, & sur la parole que M. Talon porte au nom du Roy en cette qualité, sans entrer en connoissance des motifs qui le faisoient agir, ny de la haine personnelle qu'il auoit contre le Suppliant, long-temps auparauant ledit employ.

A

En execution duquel Arreſt du 3. Mars, le Suppliant ayant
eſté interrogé pluſieurs fois ſur vne infinité de chefs, dont le
Suppliant ne ſe peut ſouuenir à cauſe de la multiplicité d'i-
ceux, du temps que ledit Interrogatoire a duré, depuis le quatriéme Mars juſques au douziéme Iuin incluſiuement, & du
grand interuale depuis ce temps-là juſques à preſent, pendant
lequel ledit ſieur Talon ſon Ennemy, abuſant de l'authorité
de ſon Employ, pour vanger ſes paſſions particulieres, & ſatisfaire aux aſſeurances qu'il auoit données audit ſieur Colbert
d'opprimer le Supliant; ayant empeſché par vne dureté inoüye, qu'il ne luy fuſt adminiſtré Encre, Plumes & Papier,
pour ſoulager ſa memoire, n'a jamais voulu conſentir, que la
Chambre fiſt droict ſur ſes juſtes Remonſtrances, dires, & re-
quiſitions.

Ce-qui a eſté cauſe que le Suppliant n'a oſé eſperer toute la
Iuſtice, qu'il auoit deu attendre de ladite Chambre, voyant
qu'il auoit en cette place vn Ennemy ſi declaré, ſi conſiderable, & appuyé d'ailleurs d'vne ſi puiſſante protection, que
celle du ſieur Colbert autre Ennemy & Partie, qu'on nomme
ſecrette à la verité, pource que ſon nom n'eſt pas dans les Requeſtes; mais trop publique, pour qu'aucun des Iuges en puiſſe douter en ſa conſcience.

Le Suppliant auoit propoſé ſon declinatoire, fondé tant ſur
ſon Priuilege non reuoqué, que ſur ſon oppoſition à l'execution de l'Arreſt du Parlement, portant verification de l'Edict
d'eſtabliſſement de la Chambre, en ce qu'on voudroit pretendre qu'il y ſeroit compris, laquelle oppoſition n'euſt eſté jugée
qu'audit Parlement, ſi le Suppliant n'auoit eſté retenu vio-
lemment, & empeſché par authorité, de la former au Greffe,
auant l'eſtabliſſement de la Chambre; laquelle voye de faict
& d'authorité n'a pas deu affoiblir le droict du Suppliant, ny
le rendre en Iuſtice de pire condition qu'il auroit eſté, s'il auoit
eſté libre; qui ſont toutes raiſons ſemblables, & indubitables, s'eſtant reſerué d'en dire d'autres, lors qu'il ſeroit deuant les Iuges, où il croyoit que ſon declinatoire deuſt eſtre

jugé felon les Loix du Royaume contradictoirement, le Suppliant oüy, & propofant fes fins de non proceder; neantmoins fes deux Ennemis joints enfemble, & animez de paffion & d'intereft pour la perte du Suppliant; agiffans en diuers Tribunaux auec authorité, ont eu affez de credit pour faire rendre des Arrefts extraordinaires, & empefcher l'effect des juftes demandes du Suppliant: De maniere, qué fur les requifitions dudit fieur Talon, la Chambre n'a eu aucun efgard à fon declinatoire, quoy qu'il fuft indubitable, ny à fon Priuilege, dont le Parlement feul eft le Iuge competant; Et d'vn autre cofté ledit fieur Colbert a bien fait voir qu'il auoit connoiffance de l'incompetence de la Chambre; mais n'y a pas apporté vn remede fuffifant par l'Arreft qu'il a fait rendre au Confeil le 6. Iuillet dernier: Arreft infouftenable en toutes fes parties: Arreft donné fur vn declinatoire, fans oüyr, ny appeller le Propofant: Arreft non pas contradictoire, non pas mefme fur fimple Requefte: Arreft bien moins confiderable que ceux fur Requefte, puis qu'il n'y en a aucuné enoncée; mais donné fur vne follicitation fecrette d'vne Partie trop puiffante: Arreft qui auoüe le Priuilege du Suppliant, & ne le reuoque pas: Arreft donné fur vne partie du declinatoire, & non fur l'autre, puis qu'il ne fait mention de l'oppofition: Arreft qui deuine mal ce que le Suppliant pretend faire, comme il paroift par ces premiers termes, *Le Roy eftant bien informé des moyens dont le Sieur Foucquet pretend fe feruir*: Ce qui eft vne chofe contre le fens commun, lequel repugne à croire que l'on puiffe fans reuelation fur-naturelle, eftre informé de tout ce que penfe & pretend vn homme enfermé, & n'ayant commerce auec qui que ce foit: Arreft enfin que l'on peut dire plus que precipité, puis qu'il eft moralement impoffible que le Procés ait pû eftre porté de Paris à Sainct Germain, les defcharges prifes par le Greffier de la Chambre au Greffe du Confeil, la diftribution faite, le Rapporteur preparé, le rapport fait au Roy, & la lecture de ce monftrueux nombre d'Interrogatoires & de procedures, &

le tout en vn feul matin, comme il eft prouué par la fignifi-
cation de l'Arreft precedent du 4. fait le 5. au Greffier qui fut
à Vincennes jufques au foir, portant commandement de porter le Procés à Saint Germain, où l'Arreft fut rendu le len-
demain matin 6. du mefme mois.

Pour lefquelles confiderations & plufieurs autres, le Suppliant ayant refolu de fe pouruoir par oppofition, prefenter
fa Requefte au Roy, faire connoiftre à fa Majefté les defauts
dudit Arreft, auec les raifons pertinentes & indubitables de
fon declinatoire; mefmes fe plaindre du Decret interuenu
contre luy, faute d'auoir eu en fon pouuoir les pieces par lefquelles il euft rendu à fa Majefté, fi bonne raifon de tout
ce qui luy eftoit imputé, que non feulement ledit Decret ne
fuft interuenu; mais que le Roy euft bien reconnu l'importance pour le bien de fon Eftat, qu'vn Sur-Intendant ne fuft
pas fubjet à la Iurifdiction de ladite Chambre; & de plus,
que le Suppliant n'auroit rien fait qui le rendift indigne de
la protection de fa Majefté, ny qui le puft faire defchoir, de
l'effect des claufes & conditions portées en termes exprés des
Lettres Patentes de fa Majefté, qui veulent que le Suppliant
ne puiffe eftre obligé, de rendre raifon de fon adminiftration à aucune Compagnie; mais feulement à la propre perfonne de fa Majefté, fans laquelle claufe le Suppliant n'auroit
accepté vn Employ onereux, & dont il pouuoit bien fe paffer
eftant reueftu d'vne grande Charge.

Mais pource qu'il ne peut prefenter cette Requefte à fa
Majefté, inftruire, & faire juger fon oppofition par Elle, s'il
n'a les pieces dont il entend fe feruir, lefquelles font ou doiuent eftre pour la plus grande partie en voftre Greffe, & quelques-vnes au Greffe de la Chambre des Comptes, & qu'elles
ne peuuent eftre tirées defdits Greffes, fans prefenter pour ce,
Requefte en l'vne & l'autre defdites Compagnies, il a prefenté fa Requefte, & fupplié la Chambre qu'il luy plaife ordonner, que le Suppliant aura communication de la Production
ciuile, & que le Greffier fera contraint de deliurer au Suppliant

pliant lefdites pieces ou copies bien & deuëment collation-
nées d'icelles : Et comme il peut arriuer que fur ladite Requefte, la Chambre auant proceder à la deliberation , voudroit auoir des Conclufions du Procureur General en icelle,
le Suppliant eft obligé d'expofer à la Chambre les juftes foupçons, & les pertinentes caufes de recufation qu'il a contre ledit fieur Talon, lequel ne peut ny doit en aucune maniere, &
fous quelque pretexte que ce foit, s'immifcer ny prendre connoiffance des affaires du Suppliant, qui le fouftient recufa-
ble par plufieurs raifons, lefquelles ne peuuent eftre def-
auoüées par ledit fieur Talon; mefmes en cas de def-aueu, &
qu'il vouluft perfifter à faire fonction de Procureur General, & donner des Conclufions fur la Requefte, dont eft
queftion, pretendant n'y auoir aucune caufe qui l'empefche
de prendre connoiffance des affaires où le Suppliant a intereft; ledit Suppliant offre de prouuer, tant par pieces que par
tefmoins.

1°. Que ledit fieur Talon eft Ennemy capital du Suppliant
depuis plufieurs années, ayant trauerfé luy & les fiens en
toutes les occafions qui fe font cy-deuant prefentées, & menacé fouuent de faire d'autres injures au Suppliant.

2°. Que tout le monde a fceu les entreprifes que ledit fieur
Talon faifoit journellement, fur la Charge de Procureur General que poffedoit le Suppliant, jufques à auoir figné des
appointemens que le Suppliant a toûjours defchirez , ou en
a effacé la fignature ; & depuis ledit fieur Talon s'eftant reduit à les parapher en lieu où il ne deuoit pas, le Suppliant
a encore rayé fon paraphe ; comme on peut voir fur les minuttes.

3°. Que ledit fieur Talon a toûjours imputé au Suppliant
qu'il tenoit auffi pour fon Ennemy, tous les defplaifirs qui
luy font arriuez : entr'autres ayant efté par ordre du Roy en
l'année 1656. exilé en la ville de Rheims, il s'eft plaint ouuertement que le Suppliant eftoit l'Autheur de cét efloigne-
ment, & n'en a tefmoigné de reffentiment que contre luy.

4°. Que pour mieux tefmoigner fon animofité, il a fait de mauuais traittemens aux Secretaires du Suppliant, & aux Subftituts qu'il a veu eftre plus employez par luy, & aufquels il auoit plus de confiance, parlant contr'eux en plein Parquet, fans faire aucune ciuilité au Suppliant, ny l'aduertir par les voyes honneftes, en cas qu'ils luy euffent donné fujet de plaintes.

5°. Que le Suppliant, en qualité de Sur-Intendant, ayant donné la Ferme des droicts fur le Poiffon, dont on efperoit faire vn reuenu confiderable au Roy, ledit fieur Talon l'auroit trauerfé par toutes voyes; en forte que le Suppliant ayant efté obligé, par ordre de M. le Cardinal, d'engager lefdits droicts à des perfonnes puiffantes, pour en tirer quelque fecours pour le Roy, & dans l'efperance que par l'application & par l'intereft des Engagiftes elle feroit mieux eftablie, & peut-eftre moins trauerfée, Monfieur de Guife & Madame de Cheureufe s'en eftans rendus Adjudicataires, ledit fieur Talon continuant à vouloir ruïner l'affaire, & les plaintes en ayant efté portées au Roy, fa Majefté auroit tenu Confeil exprés, & rendu vn Arreft, contenant dans fon expofé plufieurs plaintes injurieufes contre le procedé dudit fieur Talon, qui eftoit extraordinaire & violent; la minutte duquel Arreft eftant fignée du Suppliant, ledit fieur Talon s'emporta en des termes fi paffionnez, & fit tant de menaces contre luy, qu'elles fuffifent feules pour ladite recufation.

Et pour prouuer que ce qu'en faifoit ledit fieur Talon, n'eftoit que par vengeance, pour trauerfer l'adminiftration du Suppliant, & non par zele pour le public; c'eft que maintenant par fon employ en ladite Chambre, ayant eu bien plus d'occafion de faire reuoquer lefdits droicts, il n'en a pas fait la moindre inftance, s'eftant contenté d'en depoffeder M. de Guife, & Madame de Cheureufe, & d'en faire vn des chefs du Procés du Suppliant, qu'il a fait interroger à plufieurs fois fur ce faict, dreffer des Procés verbaux à l'Efpargne fur la mefme affaire par le fieur Voifin fon Beau-frere, & l'vn des miniftres de fa paffion, accompagné du fieur Puffort, oncle du fieur Colbert autre Partie jointe & liée auec ledit fieur Talon; pour l'oppreffion du Suppliant. Et la Chambre fera reflexion s'il eft jufte, que ledit fieur Talon donne des Conclufions contre le Suppliant fur vne affaire, en laquelle il s'eft pretendu offenfé par le Suppliant, au moyen de la fignature de l'Arreft du Confeil, & dont il a fait des plaintes notoires à plufieurs perfonnes.

6°. Que ledit fieur Talon ayant recommencé d'autres trauerfes, à l'occafion du Priuilege pour les huiles de Baleines, & fait rendre plufieurs Arrefts au Parlement contre ceux du Confeil, & contre la volonté du Roy, il s'ingera de vouloir efcrire au Roy par entreprife fur la Charge de Procureur General; le Suppliant qui auoit refufé de figner la Lettre auec luy, dit qu'il en feroit fes plaintes au Roy, enfuite defquelles fa Majefté qui eftoit lors à Saint Iean de Luz, auroit renuoyé la Lettre dudit fieur Talon fans la vouloir ouurir; & fut propofé d'efloigner derechef ledit fieur Talon, fur les frequentes entreprifes & oppofitions aux intentions de fa Majefté. Ce qui eft prouué par les refponfes qui en furent faites au Suppliant par M. le Cardinal, M. le Tellier, & le fieur Rofe Secretaire de fon Eminence, qui luy prefenta le pacquet du Suppliant; & par autres pieces qui font entre les mains du Greffier de la Chambre, & dont le Suppliant ne peut pas rappeller les termes que fa memoire ne luy fournit pas; mais qui font decififs, & prouuent cét article.

7°. Que fur le renuoy de fa Lettre non ouuerte, auec vne réponfe fafcheufe que luy fit M. le Tellier, & que la Chambre peut obliger ledit fieur Talon de reprefenter, fon emportement fut eftrange, & qu'il fit encore plufieurs menaces contre le Suppliant, ce qui eft fi notoire, qu'il y a peu de perfonnes du Parlement qui n'en ayent eu connoiffance.

8°. Que M. l'Aduocat Maiftre des Requeftes, Allié du Suppliant, & Parent de la Dame fa Femme, s'eftant prefenté au Parlement pour eftre receu audit Office, ledit fieur Talon

(encore que cela ne fut pas de sa Charge , mais de la fonction de Subſtitut , en l'abſence du Suppliant) s'oppoſa à
la reception dudit ſieur l'Aduocat , ſeulement à deſſein de faire
deſplaiſir au Suppliant , dont il s'expliqua aſſez ; & au retour
du Suppliant , ils eurent diuerſes paroles d'aigreur , au veu , &
ſçeu de pluſieurs perſonnes : En ſorte qu'ils ne peurent s'accorder , ledit ſieur Talon perſiſtant en ſa mauuaiſe volonté ,
nonobſtant laquelle ledit ſieur l'Aduocat fut receu.

9°. Que le Suppliant a empeſché le ſieur Voiſin , beau-
frere dudit ſieur Talon d'eſtre Preuoſt des Marchands de Paris ,
en ayant eſcrit & parlé diuerſes fois à M. le Cardinal : & apres
auoir inſiſté pour y mettre Monſieur le Preſident de Maupeou ,
il ſe reduiſit à prier ſon Eminence de ne luy pas donner ce
deſplaiſir d'y mettre le beau-frere dudit ſieur Talon , qu'il ſçauoit eſtre Ennemy mortel du Suppliant ; à quoy ledit ſieur
Cardinal defera , comme il eſt prouué par les reſponſes que
ſon Eminence en eſcriuit au Suppliant : Et de plus le Suppliant ayant ſceu que c'eſtoit Monſieur le Mareſchal Fabert ,
qui auoit demandé cét employ pour ledit ſieur Voiſin , & l'a-
uoit obtenu ; le Suppliant en eſcriuit audit ſieur Fabert , & l'o-
bligea de s'en deſiſter , dont les Lettres ſont encore entre les
mains du Greffier de la Chambre. Le Suppliant demande
qu'elles ſoient leuës , & celles de ſon Eminence pareillement ,
comme faiſant preuue certaine de ce faiĉt , duquel refus &
de la continuation de M. de Seue , le ſieur Talon teſmoigna
tant de mécontentemens qu'il a trauerſé depuis M. de Seue
en pluſieurs occaſions par cette raiſon , dont ledit ſieur de
Seue fit des plaintes au Suppliant , & à d'autres perſonnes de
qualité , qui en peuuent rendre teſmoignage.

10°. Que ledit ſieur Talon n'a eſté choiſi par le ſieur Colbert Partie du Suppliant , pour eſtre Procureur General de la
Chambre , qu'en qualité d'Ennemy declaré du Suppliant , &
auec charge expreſſe de le pourſuiure.

11°. Que le complot en a eſté formé entr'eux dés le mois
d'Octobre 1659. & que tous les aduis du deſtail de ce qui eſt
arriué

arriué depuis, escrits en temps non suspect, en ont esté donnez au Suppliant, & estoient entré ses Papiers de S. Mandé;
qu'il est important & necessaire que la Chambre se fasse re-
presenter, le Suppliant ne pouuant pas les attacher à sa Requeste, s'ils ne sont en sa possession ; & estant contre toutes
les regles de la Iustice, qu'on ne voye pas des pieces justificatiues de sa demande, qui sont au pouuoir de la Chambre,
& entre les mains d'vn Greffier, creature de ses Parties.

12°. Que le Suppliant a parlé tres-souuent au Roy de cette
inimitié declarée dudit sieur Talon, qu'il l'a dit à feu M. le
Cardinal, à Messieurs le Tellier, de Lionne, audit sieur Colbert, & à vn tres-grand nombre de personnes, par lesquelles
ledit Sieur Talon en a eu connoissance, qui peuuent toutes
tesmoigner, que le Suppliant ne comptoit entre tous ceux
qui portent la Robbe, que ledit sieur Talon pour son Ennemy ; & que plusieurs personnes se sont entremises inutilement de les raccommoder ensemble, & entr'autres Messieurs
le President de Maupeou, de Harlay Procureur General du
Parlement, Monsieur l'Abbé de Belesbat, Monsieur Talon
qui est Intendant de Monsieur de Beaufort ; & mesmes jusqu'à Madame Talon sa mere, le Suppliant consentant qu'elle en soit creuë à son serment.

13°. Et enfin, que ledit sieur Talon pour preuue de sa mauuaise volonté, a fait dans l'instruction du Procés, tant de sur-
prises & de nullitez, que toute la procedure se trouuera contre les Ordonnances, Arrests & Reglemens, & contre l'vsage pratiqué de tout temps en matieres criminelles, de la qualité de celle dont il s'agit.

Apres auoir fait rendre ledit Arrest du 3. Mars , auoir fait
interroger le Suppliant, sans decret ny information prealable
pendant trois mois; luy auoir fait refuser les pieces necessaires à sa Defense, Encre, Plumes & Papier , pour soulager sa
memoire, le Conseil qui estoit demandé necessaire dés le commencement du Procés , tant pour le declinatoire que pour
l'opposition à l'Arrest du Conseil , que pour autres raisons

pour lefquelles on l'a toûjours accordé, quand il a efté requis en des occafions moins fauorables que celle dont il s'agiffoit ; & apres auoir fait choifir M. Voifin fon beau-frere, par vne affectation qui ne peut eftre diffimulée, pour faire les Procés verbaux de l'Efpargne, dont il pretendoit fe feruir contre le Suppliant.

Ledit fieur Talon a fait rendre Arreft de prife de corps contre le Suppliant le 17. Iuin, & empefché qu'il ne fuft fignifié, faifant interroger de nouueau le Suppliant, fur des faicts generaux feulement, pour pouuoir dire qu'il auoit refpondu depuis la datte du Decret, encore qu'il fuft inconnu, & caché auec foin & artifice ; n'eftant enoncé dans aucun des Arrefts qui ont efté montrez au Suppliant pofterieurement rendus à la Chambre, & ce de concert auec le Greffier qui en a dreffé le Veu, afin que le Suppliant, par la lecture d'iceux, ne puft apprendre la verité dudit Decret, ledit Arreft ne luy ayant efté leu par Meffieurs les Commiffaires, que le 18. Iuillet enfuiuant, plus d'vn mois apres ledit Decret, comme il paroift par leurs Procés verbaux.

Il a fait auec affectation dreffer ledit Arreft du 17. Iuin, en d'autres termes que ceux rendus en pareil & mefme cas, contre les fieurs Ieannin, & Bernard, n'ayant fait ordonner par iceluy, que le Suppliant feroit interrogé, quoy que cela fuft neceffaire, fur les nouuelles charges qui auoient efté veuës, & auoient donné lieu au Decret ; ce que l'on a obferué pour lefdits fieurs Ieannin & Bernard, encore qu'ils euffent efté interrogez auparauant, auffi bien que le Suppliant.

Il a fait rendre des Arrefts pour les interpellations de refpondre, fans y obferuer les delais de trois jours, qui font neceffaires à l'exemple des trois briefs jours.

Il a fait confronter des tefmoins en grand nombre, fur des faicts fur lefquels le Suppliant n'a jamais efté interrogé, & entr'autres les fieurs Marin, Rollot, Maiffac deux fois, Marchand, des Bordes, Bence deux fois, Iacquier & Chartier ; quoy que ce foient les mefmes tefmoins, fur la depofition defquels on a jugé neceffaire de faire interroger ledit Bernard.

Il a fait oüyr quelques-vns des tefmoins plufieurs fois, jufques à ce qu'il y euft quelqu'vne des depofitions, où le tefmoin euft oublié quelque circonftance fauorable pour l'explication du faict, & pour la juftification du Suppliant ; ne faifant apres faire la confrontation que fur la moins fauorable defdites depofitions, & fupprimant l'autre, dont aucuns tefmoins fe font plains en la prefence du Suppliant.

Il a ofté au Suppliant la connoiffance de plufieurs pieces mentionnées efdites depofitions & Interrogatoires neceffaires à l'intelligence du faict, & aufquelles eftoient relatiues lefdites depofitions ; en forte que le Suppliant n'y pouuoit rien entendre, encore mefme que le contraire euft efté ordonné par Arreft de la Chambre du 7. Iuillet, qui porte que les Declarations & Procés verbaux faits à l'Efpargne feront leus au Suppliant, & neantmoins les declarations mentionnées és depofitions defdits fieurs Chaftelain, Fremond, Arnaud, Paffart, Bence, Monnerot, Baron, Ieannin, & autres, n'ont efté leuës, ny les Procés verbaux fur lefquels font entierement fondez les faicts des Interrogatoires des fieurs Iacquier, & celle du fieur de la Baziniere, qui fe rapporte par les trois quarts des refponfes fur lefquelles il a efté confronté, à ce qui eft porté par le Procés verbal, & à ce qu'a dit Blondel fon Commis ; & neantmoins ledit Blondel n'a efté confronté, ny fes declarations, ny le Procés verbal de l'Efpargne leus au Suppliant, quoy qu'il l'euft requis.

Il a fait rendre Arreft le 4. Octobre, portant appointement à produire, & oüyr droict, & à bailler fes Conclufions, & par le Suppliant fes Defenfes par attenuation, & fait forclore le Suppliant par autre Arreft du   de fournir fes defenfes par attenuation, auant que d'auoir luy-mefme fait fignifier fes Conclufions ; qui eft vne procedure en tout & par tout nulle, infouftenable, pleine de furprifes, & qui fait connoiftre de quel efprit eft porté ledit fieur Talon.

Le Suppliant ne parle point icy des abus & mal-verfations commifes par fa Partie fecrette, ou fes gens, dans les Scee-lez, & Inuentaires, où le Nom dudit fieur Talon ne paroift pas; le Suppliant ne veut pas croire qu'il en ait donné le confeil, pource que cela n'eft pas efcrit dans les aduis du complot.

Il ne veut pas croire non plus, que les falfifications d'ef-critures, & fignatures qui ont efté faites en quelques endroits, & les faux tefmoins qui ont efté pratiquez, l'ayent efté par le miniftere dudit fieur Talon, pource qu'il ne croit pas ledit fieur Talon capable de ces chofes, & que le Suppliant fçait bien quels des agens dudit fieur Colbert font propres à ces pratiques.

Il s'eft renfermé feulement dans quelques furprifes faites à la requefte, & fur les Conclufions dudit fieur Talon, y en ayant beaucoup d'autres, qui fe remarqueront en temps & lieu.

Mais on pourroit faire obferuer en paffant, que ce grand zele de Iuftice, qui fait traitter le Suppliant de la forte qu'il eft traitté; apres auoir rendu des feruices tres-confiderables à l'Eftat; auoir rifqué fes biens, ceux de fa Famille, & de fes Amis, pour faire que le Royaume ne fouffrift aucun incon-uenient faute d'argent, dans le temps que tous les autres Royaumes de l'Europe en manquoient; ce grand zele s'eft bien eftendu jufques à la perfecution des Parents, Alliez & Amis du Suppliant, & de ceux des Gens d'affaires qui ont eu plus d'attache ou d'accés aupres de luy, & l'ont le plus fe-couru dans les befoins de l'Eftat, quoy qu'ils foient inno-cens; & que le mefme fieur Talon n'attaque point par le de-uoir de fa Commiffion tant d'autres perfonnes, qui font dans les termes de l'Edict, portant eftabliffement de la Chambre de Iuftice, & recherche depuis 1635. quoy qu'il y en ait de fort riches, & de fort coulpables, & qu'on ne dit mot à ceux qui ont habitude à la Faueur prefente; au contraire ils font admis à la pourfuite des autres; eux noircis & preuenus de

crimes

crimes affiftent aux Procés verbaux de l'Efpargne , fans y
eftre defnommez; dreffent les faicts des Interrogatoires, des
depofitions , & ont partagé en quelque façon cette mefme
Charge de Procureur General, puis qu'ils en font la plus fecrette fonction, & que le fieur Talon figne ce qu'ils ont di-
geré.   Le Suppliant ne nomme pas le fieur Berryer en exprimant toutes ces chofes ; mais il croit que par cette peinture
chacun le connoiftra particulierement , fi on y adjoufte que
c'eft luy , qui de la derniere mifere eft paruenu aux grandes
Charges, aux grandes fortunes, & aux grandes richeffes, dont
il joüit , defquels on ne demande pas l'origine , comme on
fait à ceux qui eftoient d'autre naiffance , & d'autre qualité,
ont beaucoup moins de biens qu'ils n'auoient auant qu'entrer dans les Emplois des Finances : Mais cette reflexion doit
eftre puiffante fur l'efprit des perfonnes des-intereffées, & faire juger fi le feul zele de l'execution de l'Edict , anime ledit
fieur Talon, ou la paffion, la vengeance, & l'intereft.

Le fieur Foucault Greffier de la Chambre , apres s'eftre
laiffé entendre , parlant au Suppliant, qu'on feroit difficulté
de juger vne recufation contre vn Procureur General , qui
n'eft Partie qu'au nom du Roy ; neantmoins s'expliqua, qu'il
ne croyoit pas que ledit fieur Talon vouluft en faire fonction
à l'efgard du Suppliant, fi le Suppliant prefentoit Requefte ;
mais que toutes les allegations portées par les Procés verbaux
n'eftoient pas fuffifantes.   Le Suppliant a donc quelque raifon d'efperer que ledit fieur Talon voyant la prefente Requefte , ne fera plus de difficulté à vne chofe , qu'il deuoit
def-ja par honneur, & confcience auoir faite.

La maxime qu'on ne peut recufer vn Procureur General,
n'eft point eftablie, n'eft point portée par les Ordonnances:
Il y a des exemples au contraire , & la raifon y repugne entierement, n'y ayant pas plus de fondement d'excepter d'vne
regle fi equitable , fi conforme à la nature , & à la Iuftice,
vn Procureur General, parce qu'il requiert au nom du Roy;
qu'vn Iuge qui juge au nom du Roy : & cependant on recufe

D

les Parlemens entiers, dans les matieres de leur Iurifdiction
plus affeurée par l'interest d'vn petit nombre de leurs Corps,
& on ne reculeroit pas vn feul homme pour fon propre intereft, & pour fes paffions particulieres.

Le Suppliant qui a eu l'honneur d'eftre Procureur General, s'eft abftenu fans difficulté de figner des Conclufions en
des affaires criminelles & ciuiles, où il euft efté obligé d'en
donner contre quelques perfonnes auec lefquelles il auoit eu
des differents, entr'autre contre le fieur de la Borde Vicomte
de Melun, auec lequel il n'en auoit plus alors.

Mais en verité fi cette pretention peut eftre tolerée à vn
Procureur General, en tiltre d'Office, & qui fe trouue en fonction par la neceffité de fa Charge, pour vn faict qui eft naturellement de fa connoiffance, & qu'on ne veüille pas le recufer legerement pour des recufations fondées fur des procedures qu'il auroit mal faites, ou pour d'autres caufes, où la neceffité de fon Employ, & la parole qu'il porte pour le Roy l'auroit engagé; Peut-on dire que ce foit la mefme raifon pour
des querelles, differents, & inimitiez precedentes? Peut-on en
confcience eftendre cette mefme pretention jufqu'à vn homme qui n'a qu'vne Commiffion, choifi exprés pour vn Employ qu'il n'eft pas obligé d'auoir, contre vn homme qui n'eft
pas naturellement fon jufticiable en cette qualité, qui a pieces pour prouuer le complot precedent, & que ce n'eft pas la
qualité de Procureur General de la Chambre, qui le fait Ennemy du Suppliant ; mais la qualité d'Ennemy du Suppliant
qui le fait Procureur General de la Chambre; c'eft vne chofe
qui crie vengeance à Dieu & aux hommes; & le Suppliant eft
perfuadé que la Chambre de Iuftice fera vne action de juftice
en pouruoyant à ce mal, & empefchant cette oppreffion notoire & publique.

Et dautant que le Suppliant a grande raifon de croire, que
ledit fieur Talon voudroit empefcher, que la Chambre ne
prononçaft fauorablement fur fa Requefte, comme il a fait
cy-deuant fur les Procés verbaux de Meffieurs les Commif-

faires, tant par la haine inueterée, qu'il a toûjours portée au
Suppliant ; que par l'intereſt qu'il a que les pieces qui ſont
demandées ne ſoient pas veuës, y en ayant pluſieurs contre
luy.

Ce considere´, NOSSEIGNEVRS, Il vous
plaiſe, en conſequence deſdites cauſes de recuſation, que le
Suppliant offre de prouuer, ſi elles ſont deſniées, & ce dans
le temps de l'Ordonnance, apres que ſes pieces luy auront
eſté renduës, ordonner que ledit ſieur Talon s'abſtiendra de
donner ſes Concluſions ſur la ſuſdite Requeſte preſentée à la
Chambre par le Suppliant, aux fins d'auoir communication
de ſa Production, & de retirer du Greffe d'icelle les pieces
dont il a beſoin pour ſe pouruoir par deuers le Roy ; le tout
ſous les meſmes proteſtations expliquées en ladite Requeſte,
que c'eſt ſans prejudice de ſes Priuileges, & ſans approba-
tion de la Iuriſdiction de la Chambre, à l'eſgard de ſa perſonne ; n'eſtant pas ſon juſticiable ; & vous ferez bien.

RECVEIL

DE QVELQVES POINCTS

tirez des Actes restans du Procez qui
fut fait sous le regne de François I.

A MONSIEVR

LE

CHANCELLIER POYET.

I.

LE s Lettres Patentes, par lesquelles le Roy François I. establissoit vn certain nombre de Iuges, tant du Parlement de Paris, que de quelques autres Compagnies Souueraines du Royaume, & deux Procureurs du Roy, pour faire le procez à M. le Chancellier Poyet, ayant esté presentées à la Cour, toutes les Chambres assemblées, pour y estre solemnellement verifiées : M. le Premier President Lizet, & M. le President de S. André, d'vne part ; & MM. le Maistre, de Marillac, & Brulart, Aduocats, & Procureur Generaux du Roy en la Cour, d'autre ; Se recuserent respectiuement d'eux-mesmes, & s'excuserent d'en connoistre, comme pouuans estre suspects, les vns au Roy, & les autres à l'Accusé. De sorte qu'il fut procedé à l'enregistrement de ces Lettres-là, sur les Conclusions de Me Nicolas Martineau, Aduocat en la Cour, & Substitut de Monsieur le Procureur General ; M. le Roux Conseiller presidant à la Conclusion de la deliberation ; & la Chambre qui fut assi-

21. 22. & 24. d'Avril 1544. apres Pasques, & 10. de Inin.

Abstention voloutaire des Gens du Roy.

A

gnée à MM. les Commiſſaires pour vaquer au jugement du procez, c'eſt la Salle de Saint Loüis.

I I.

7. d'Avril 1543.
auant Paſques.
21. 22. 24. &
26. du meſme
mois 1543. apres
Paſques.
21. de Iuillet
1544.
& 21. d'Avril
1545. apres Paſ-
ques,
Diuerſes Confe-
rences auec l'Ac-
cuſé touchant la
maniere de luy
faire ſon Procez.
Communication
des noms des
Commiſſaires.
Et rejet de plu-
ſieurs Commiſſai-
res, ſur de ſimples
ſuſpicions.

QVE ſi le procez de l'Accuſé luy fut ainſi fait par des
Commiſſaires extraordinaires : outre que c'eſt long-
temps auant l'Ordonnance de Blois, par le 98. art. de
laquelle, qui fut fait ſur les plaintes particulieres des
trois Ordres du Royaume ; l'vſage, ou plûtoſt l'abus des
Commiſſions extraordinaires eſt abſolument réprou-
ué : Il eſt conſtant, que la reſolution en auoit eſté concertée apres pluſieurs allées & venuës, auec luy-meſme,
& auec ſes parens ; & que les cauſes de ſuſpicion qu'il
auoit propoſées contre pluſieurs de ceux ſur qui le Roy
auoit premierement jetté les yeux, auoient eſté trouuées
toutes raiſonnables.

Quoy qu'il en ſoit, M. Guillart Mᶜ des Requeſtes,
& M. Baudry Preſident aux Enqueſtes du Parlement de
Paris, qui auoient depuis eſté employez auec 31. ou 32.
autres dans les Lettres Patentes de Commiſſion, celuy-là, pour preſider à l'inſtruction du procez, & celuy-
cy pour eſtre vn des Iuges ; & M. Remon Premier Preſident au Parlement de Roüen ; Et M. Bourgeois Preſident aux Requeſtes du Palais du Parlement de Dijon,
qui auoient ſemblablement eſté deſignez, pour occuper en la Commiſſion en qualité de Procureurs Generaux du Roy, eſtans quelques jours apres que les
Lettres Patentes eurent eſté expediées, & quelques
jours auant qu'elles euſſent eſté enuoyées au Parlement, entrez en conference auec l'Accuſé, touchant
les perſonnes de ceux que le Roy entendoit luy donner
pour Iuges ; Il auoit répondu, qu'il ne ſçauoit pour
lors aucune cauſe de recuſation contre aucun d'entre

eux ; mais qu'en cas qu'il en furuint à l'aduenir quelqu'vne à fa connoiffance, ~~il pourroit~~ de s'en preualoir.

Neantmoins, comme ces Lettres portoient entr'-
autres chofes, qu'où il aduiendroit, que les Procureurs
du Roy, ou l'Accufé, pour chofes de nouueau venuës
à leur connoiffance, propoferoient quelques caufes de
recufation contre aucuns des Commiffaires, elles feroient mifes en deliberation, & iugées ; Et comme
de plus il eftoit fpecialement dérogé par les mefmes
Lettres au priuilege que l'Accufé auroit eu droit de
pretendre, de ne pouuoir eftre jugé qu'en l'Affemblée
de toutes les Chambres: Auffi la Cour y ayant delibe-
ré en l'Affemblée de toutes les Chambres, n'en ordonna l'enregiftrement, qu'à la charge que la fubftance
des Lettres luy feroit donnée à entendre, & les Lettres mefmes, s'il le requeroit, monftrées, & que les
noms des Commiffaires, dont les Lettres auoient efté
remplies, luy feroient derechef communiquez, afin
qu'il euft à declarer s'il auoit quelque chofe à dire
contre aucun d'entr'eux. Et la Chambre adjoufta à cela, Qu'il luy feroit femblablement declaré, que Me
Martin Berruyer, l'vn des quatre Notaires & Secretai-
res de la Cour, auoit efté pris pour Greffier en ce pro- Greffier recu-
fable.
cez ; afin que s'il auoit quelque caufe de recufation,
ou fufpicion contre luy, il l'a puft propofer, auec af-
feurance que la Chambre y feroit fon deuoir.

Ce qui fut ponctuellement executé de l'Ordonnance, tant de la Chambre, que de la Cour.

Mais l'Accufé ne voulut alors dire autre chofe, finon, qu'il requeroit que l'Ordonnance de la Cour,
& les caufes de cette Ordonnance, fuffent communi-
quées à fon Confeil, qui luy en puft librement parler
& communiquer.

Cependant il ne paroist point, que depuis il euſt eſté
conſeillé, ny qu'il ſe fuſt reſolu de luy-meſme de recuſer aucun de ſes Commiſſaires.

Vne Particularité qui n'eſt pas à negliger ; C'eſt
qu'encore que M. Remon euſt repreſenté à la Chambre, comme le procés auoit dé-ja eſté baillé à M. de
Ligneris ; & cela au moyen de ce qu'il auoit eſté nommé
pour Rapporteur à l'Accuſé, & que l'Accuſé l'auoit
agreable ; Si eſt-ce qu'il ne laiſſa pas de requerir, qu'il
fuſt entant que beſoin ſeroit de nouueau diſtribué : Et
la Chambre en fit purement & ſimplement diſtribution
au meſme M. de Ligneris.

Au reſte toutes les Ordonnances, tous les Reglemens, & tous les Arreſts de la Chambre, *ſont conceus
au nom de la Cour.*

III

Monſievr Remon, M. Bourgeois, & Mᵉ Nicolas Martineau, qui auoient eſté commis pour occuper
en cette Commiſſion, en qualité de Procureurs du
Roy, ayans fait inſtance, à ce qu'il leur fuſt permis
d'aſſiſter au rapport & à la viſitation du Procés, afin de
s'en inſtruire d'autant mieux, & prendre leurs Conclu-
cluſions, à la charge de ſe retirer lors que les Iuges opine-
roient ; & cela ſuiuant, ce qu'ils pretendoient s'eſtre
pratiqué au Procez de Madame de Boiſy, en celuy du
Receueur General Ruzé, & de M. l'Aduocat General
Ruzé ſon Frere, & en celuy de l'Amiral Chabot : Il leur
fut dit, que la Cour n'eſtoit memoratiue de ces exemples,
& ordonné qu'ils ne pourroient aſſiſter au rapport, ny à la
viſitation du Procez : Que s'ils auoient beſoin de s'inſtruire de quelque choſe, ils pourroient prendre communication des ſacs & des pieces, en la maniere accouſtu-
mée. Toutesfois M M. les Gens du Roy ne laiſſerent pas
d'obtenir

d'obtenir des Lettres Patentes de luy, aux mesmes fins.
Mais MM. les Commissaires ordonnerent des Remonstrances par écrit au Roy sur ces Lettres Patentes. Et
apres que les Deputez de MM. les Commissaires, &
M. Remon pour MM. les gens du Roy, eurent contradictoirement esté oüis au Conseil Priué du Roy à
Saint Germain en Laye, où il fut allegué des exemples
contraires à ceux dont MM. les Gens du Roy s'estoient
voulu preualoir, Sçauoir est, ceux des procés de MM. de
Chauureux, Ledet, de la Chenaye & Caluimont, Conseillers du Roy en la Cour, & Ioubert Maistre des Requestes, & que MM. du Conseil en eurent fait leur raport
au Roy: M. Eiraut Garde des Sceaux declara, que le Roy
auoit luy-mesme authorisé & confirmé ce que la Chambre auoit à cét égard arresté. Ce qui y fust seulement
adjoûté, c'est que si MM. les Gens du Roy auoient quelques Requestes ou Remonstrances à faire à la Chambre, l'entrée ne leur en seroit pas déniée; & que si en
procedant à la visitation du procez la Chambre recon-
noissoit quelque chose dont ils deussent estre aduertis,
elle les manderoit.

IV.

Me Nicolas Martineau, de l'aduis de Monsieur
Remon, & depuis M. Remon luy-mesme, remontre-
rent respectiuement à MM. les Commissaires, que
plusieurs papiers, lettres & titres, qui s'estant trouuez
en la possession de l'Accusé, & de ceux qui se mé-
loient de ses affaires, auoient esté saisies & inuentoriez,
estoient demeurez, partie entre les mains de

    & partie entre les mains de Me Iacques
Bastonneau Notaire au Chastelet, qui auoit la principale charge de la maison de l'Accusé) Et parce qu'à
moins que ces papiers fussent mis en * condamnation,
ce pourroit estre occasion à vn chacun de calomnier le

B

31. 24. & 2
de May 5. 6. &
27. Aoust 1544.

28. de May 1544.

* Ne faudroit il
point plustost lire,
Comunication.

jugement qui se pourroit en suiure sur le procez; & à
l'Accusé de dire, que sa deffense luy eust esté ostée & tol-
luë: ils requirent, qu'il pleust à la Chambre ordonner que toutes ces lettres, tiltres & papiers fussent mis
au Greffe, & que l'Accusé en fust aduerty, afin qu'il n'en
pust pretendre cause d'ignorance. Ce qui fust ordonné,
& que les lettres, tiltres, & papiers seroient communiquez à l'Accusé, & à son Conseil, si bon luy sembloit.

V.

DVRANT l'instruction du procez, l'Accusé fust fait venir par plusieurs fois en la Chambre, pour estre interrogé: Et bien qu'il eust esté enjoint à Berruier de chercher
dans les Registres du Greffe de la Cour, en quels lieux
de la Cour auoient esté mis M de Luxembourg Con-
nestable de France, & M. de Nemours, lors qu'ils furent interrogez sur les crimes qui leur estoient imposez,
le Registre du premier interrogatoire que l'Accusé
presta en la Chambre, ny les Registres des interrogatoires suiuans, ne portent pourtant rien de bien precis
de la place où il estoit assis. Mais deux autres Registres
témoignent necessairement qu'il estoit assis au dedans
du Parquet, en vne place honorable.

Or l Accusé s'exculant vn jour enuers ses Iuges des deffauts & de la longueur d'vn Cahier qu'il entendoit leur
lire & mettre par deuers la Cour, & qu'en effet il leur
leut d'vn bout à l'autre, pour sa deffense, touchant les
diuers faits sur lesquels il auoit esté interrogé le iour precedent: le President luy dit, que la Cour ne pouuoit
estre trop instruite pour son innocence; qu'elle estoit
tres-aise de ce qu'il auoit pris la peine de mettre par écrit
& de ce qu'il s'estoit proposé de mettre par deuers elle,
ce dont il auoit presentement fait la lecture: Que s'il
vouloit y adjouster encore quelque chose, *erat illi inte-*
grum; qu'elle le receuroit bien volontiers; & qu'elle

prendroit garde de le bien entendre, faisant le deu de
son Office: & qu'au surplus, la Chambre auoit ordonné,
que tous ses papiers, qui auoient esté inuentoriez, luy seroient communiquez, & à son Conseil, pour s'en aider
en ce qu'il trouueroit luy pouuoir seruir. Au moyen
dequoy l'Accusé continua depuis d'vser autant de fois
que bon luy sembla, de la facilité à laquelle ses Iuges
auoient si benignement condescendu, de la mesme
sorte qu'il auoit fait en cette occasion.

Communcation
entiere de tous les
Papiers.

17.20.23. 25. &
26. de Iuin , &
autres iours sui-
uans 1544.

V. I.

L'Accvse' ayant témoigné qu'il auoit pris quelque
ombrage, de ce qu'au lieu que M. Guillart Maistre des
Requestes, auoit presidé au commencement de l'instruction de son procez, il y voyoit tout à coup presider M.
Minart, qui n'auoit esté employé en la Commission,
qu'en qualité de Conseiller & Président aux enquestes:
(ce qui ne procedoit neantmoins, que de ce que M.
Minart auoit depuis esté pourueu de la charge de President de la Cour:) M. le Président Minart declara, qu'il
ne passeroit outre, jusques à ce que l'Accusé eust librement & ouuertement expliqué ce qu'il auoit seulement
dit in ænigmate & nube. Et afin de luy laisser plus grande
liberté de le faire, il supplia la Cour de l'entendre amplement; & luy remonstra à luy mesme, en se tournant
vers luy, qu'il n'en seroit aucunement mal content, &
ne prendroit en mauuaise part quelque chose qu'il
pust dire : desirant, quant à luy, d'estre déchargé
d'assister au procez, vt tollatur omnis occasio suspicionis: Et
à l'instant il se retira. Mais l'Accusé declara formellement, que quoy qu'il eust dit touchant M. le Président
Minart, si est-ce, qu'au lieu qu'il tenoit, & qu'il auoit
tenu auparauant, & quand il eust encore esté simple
Aduocat en la Cour, il l'auoit toûjours connu de telle
probité, qu'il ne le voudoit jamais recuser:

21. de Iuillet
1544.

8

De maniere que M. le Preſident Minart eſtant rentré, & ayant repris ſa place, fit ſubir a l'Accuſé, vn fort long interrogatoire, & l'Accuſé paſſant pardeuant luy pour ſe retirer, luy proteſta publiquement & à haute voix, qu'il ne le voudroit non plus recuſer, que s'il euſt eſté ſon propre Pere.

VII.

18. d'Aouſt 1544.

Vn iovr M. Remon eſtant entré en la Chambre y rapporta comme le Roy l'ayant mandé à Villiers-Cotterets, s'eſtoit enquis de luy de deux choſes ; l'vne, d'où procedoit la longueur de ce procés ; & l'autre, ſi les Iuges alloient droit en beſogne : & qu'il auoit reſpondu à la premiere demande, Que la multitude & diuerſité des faits contenus au procés eſtoit cauſe de cette longueur ; Ioint que les Iuges trauailloient par tous moyens à rechercher la verité ; Et à l'autre, Qu'il reconnoiſſoit que les Iuges faiſoient entierement leur deuoir, dont il s'eſtoit apperçeu, que le Roy eſtoit tres content ; & que le Roy luy auoit commandé de dire à la Compa-

La Iuſtice & ſincerité recomman dée par le Roy.

gnie, qu'il luy recommandoit la diligence en l'inſtruction du procés, & la ſincerité au Iugement. Et M M. Minart, & Guillart Preſidens, & M. de Ligneris Rapporteur du procés, rapporterent auſſi de leur part à la Chambre, que le Roy les ayant pareillement mandez, ſur l'aduis qui luy auoit eſté donné qu'il ſe faiſoit quelques menées en ce procés ; ils luy auoient remontré ce que la connoiſſance qu'ils auoient de la verité, & leur deuoir leur auoit ſuggeré : & qu'apres les auoir oüis, il leur auoit recommandé d'y vacquer en bonne diligence, & en toute juſtice & equité.

VIII.

20. d'Aouſt.

Pendant l'inſtruction l'Accuſé declara dans la Chambre, qu'il entendoit recuſer M. M. Remon & Bourgeois Procureurs du Roy ; mais qu'auant que de

le faire

le faire, il vouloit communiquer à son Conseil de quelques causes particulieres de recusation. 23. d'Aoust. 1544.

Toutesfois il declara depuis, que quelque cause qu'il
eust de les recuser, il n'entendoit pas s'en ayder, de peur
de retarder le jugement de l'affaire. Tant y a qu'il ne s. d'Aoust 1544
paroist point que personne affectast de demeurer Iu-
ge, ny Procureur du Roy en ce procés, ny que personne ne se pretendist exempt, à cause de sa Charge,
de pouuoir estre recusé. Et le procés ne fut jugé qu'à
plus de huict mois de là. Mais il ne reste rien des Actes
de ce qui se passa durant ces huict derniers mois.

I X.

ENTRE les diuers crimes dont M. le Chancellier
Poyet estoit preuenu, il ne s'estoit pas trouué innocent 15. de May &
17. de Iuin 1544.
de Peculat, & il estoit Superintendant des Finances.
Mais vn des principaux chefs de son accusation proce-
doit de la maniere en laquelle il s'estoit conduit au ju- Arnold. Ferron.
Rer. Gal. lib. 9.
gement du procés de l'Amiral Chabot, où il auoit pre-
sidé. Car il estoit chargé entr'autres choses, D'auoir
empesché que les Conclusions de M M. les Gens du 7. d'Aoust 1544.
Roy ne fussent leuës, à cause qu'elles estoient trop
douces; D'auoir intimidé & menacé les Iuges; D'auoir
reproché à vn des Iuges, comme il opinoit, qu'il prenoit grande peine à sauuer l'Accusé; D'auoir de son
authorité priuée, & contre ce qui auoit esté resolu entre les Iuges à la pluralité des suffrages, changé au dispositif du Iugement qui auoit esté rendu contre l'Accusé, les termes de confiscation des biens feodaux
mouuans nuëment de la Couronne, en ceux de reü-
nion & reuersion perpetuelle & inseparable; Et enfin,
d'y auoir semblablement adjouté les termes d'infide-
lité & de desloyauté, & l'adjudication de quelques
sommes & amendes particulieres au Roy; Comme aussi
la clause par laquelle l'esperance luy estoit interdite de

C

pouuoir iamais eftre reappellé à la Cour, pour quelque feruice ou merite que ce fuft : & celle qui portoit,
qu'il feroit conduit prifonnier, tant en Normandie,
qu'en Bourgogne, pour l'execution du jugement.

23. d'Auril 1545.
apres Pafques.

Et ce qui ne permet pas de reuoquer en doute; que
M. le Chancellier Poyet n'euft efté pleinement conuaincu de toutes ces maluerfations; & qu'elles n'euffent
autant contribué qu'aucunes autres à fonder le juge-

Maiftre Eftienne
Pafquier au 12.
chap. du V. Liure
de fes recherches.

ment qui fut folemnellement prononcé en la Grand'
Chambre du Parlement, toutes les Chambres affemblées, luy eftant debout, nuë tefte au bas du Parquet,
& par lequel il fut priué de fa charge de Chancellier,
& declaré inhabile, & incapable de jamais tenir aucun
autre Office Royal, condamné en cent mil liures d'a-
mende enuers le Roy, & confiné durant l'efpace de 5.
ans en telle Ville, & fous telle garde qu'il plairoit au
Roy : ce font non feulement les Lettres d'abolition
& de declaration d'innocence, que dés l'année fuiuan-
te le Roy ayant fait reuoir par quelques-vns des Iuges,
mefmes de l'Amiral tous les actes de fon procés, luy
auoit, fuiuant leur aduis, octroyées; mais encore les
propres termes de l'Arreft.

29. 30. & 31. de
Iuillet, & 1. 7. 8.
& 12. d'Aouft
1544.

Au moins plufieurs de ceux qui auoient efté Iuges
de l'Amiral, & Mre Simon Cornu Greffier de la Commiffion; ayans premierement depofé comme témoins
au procés de M. le Chancellier Poyet, & luy ayans
efté confrontez, auoient depuis, auffi bien que luy,
efté interrogez & oüis en pleine Chambre fur chacun
de fes faits : & les Iuges de M. le Chancellier Poyet
ayans aucunement égard aux Lettres que la Dame
vefve de l'Amiral auoit obtenuës, tant en fon nom
que comme Garde-noble de leurs enfans, & en confequence defquelles elle s'eftoit fait receuoir partie in-
teruenante au procez; declarerent expreffement nul

tout ce que M. le Chancellier Poyet estoit accusé d'a-
uoir de son authorité changé & adiousté au Iugement
de l'Amiral, sans prejudice des graces que le Roy auoit
déja accordées au defunt, & sauf à elle de se pouruoir
encore par d'autres moyens contre le mesme Iugement, ainsi qu'elle verroit estre à faire.

Fin de la premiere partie.

9 782019 478148